U0905163

项目资助

本书为教育部人文社会科学一般项目青年基金“教师个人教学逻辑的建构表现及其合理发展研究”（项目编号：18YJC880010）研究成果，同时得到重庆市“十四五”重点学科建设经费的资助

教育发展研究丛书/ **彭寿清 冉隆锋 主编**

教师个人教学逻辑研究

董静 / 著

中国社会科学出版社

图书在版编目（CIP）数据

教师个人教学逻辑研究／董静著．—北京：中国社会科学出版社，2022.8
（教育发展研究丛书）
ISBN 978－7－5227－0270－4

Ⅰ.①教…　Ⅱ.①董…　Ⅲ.①教学研究　Ⅳ.①G420

中国版本图书馆CIP数据核字（2022）第091532号

出 版 人　赵剑英
责任编辑　赵　丽
责任校对　李　剑
责任印制　王　超

出　　版　中国社会科学出版社
社　　址　北京鼓楼西大街甲158号
邮　　编　100720
网　　址　http://www.csspw.cn
发 行 部　010－84083685
门 市 部　010－84029450
经　　销　新华书店及其他书店

印　　刷　北京明恒达印务有限公司
装　　订　廊坊市广阳区广增装订厂
版　　次　2022年8月第1版
印　　次　2022年8月第1次印刷

开　　本　710×1000　1/16
印　　张　19.5
字　　数　311千字
定　　价　108.00元

序　言

教师专业的实践品性决定了教师才是教学实践旋钮的把控者，那种企图通过“开处方”的方式来指导教师在实际中做什么的想法注定导致教学变革无法现实有效地发生。作为专业实践者，教师要有作出教学决策和行动的能力，这种能力源于他们过往与当下教学实践的各种经历、体验和感受中形成的对教学活动要素及其关系的理解。因此，只有了解实际支配教师教学行动的规则，我们才能知道教师到底在想些什么，才能找到变革理念与教师教学实践之间的对接点。

统摄教师教学行动的实际规则究竟是什么？本书打破以往教师认知研究的局限，不再使用知识、信念、个人理论、教学智慧等话语表达方式，而是借用逻辑学中的“逻辑”一词来探究教师内心世界，这不只是话语表达方式的变化，而是拓展了一个新的研究视阈。以往教师认知研究所使用的概念不同，其在研究中所关注的侧重点也不同。教师知识研究突出教师教学实践的知识基础；个人理论研究突出教师教学实践依据的个人化组织；教学信念研究突出教师教学实践的观念基础，认为支配教师个体教学实践行为的不是外在的教学理念，而是内在于教师实践活动中被教师所信奉的，并真正支配教师身体与行为的信念。教学智慧研究突出教师教学实践的智慧能力与品质，强调教师教学实践活动的创造性与艺术性特征。本书认为，一定程度而言，教师专业发展的过程就是教师教学思维发展的过程，而教学思维发展的背后是教学逻辑的进化。“教学逻辑”研究依托具体的教学情境，从动态分析的视角，探察在教学问题解决背后教师到底是如何想的，支配他们教学实践的“知”是如何相互关联支配教师作出教学决策的。教学逻辑能够更好地反映教师教学决策的思维过程和依据，更能凸显教学的实践品性，更能表征教师专业发展的水平。

教师的教学行动不是从来就有的，教学逻辑是教师教学行动是其所是的内在根本规则。本书通过对个案教师在单一教学问题和系列教学问题解决中教学决策的分析，发现不同发展阶段教师教学逻辑的建构表现呈现显著差异，并从教师个人生活史的角度对教学逻辑的影响因素进行了深入的分析，提出了教学逻辑合理发展的对策。教师的教学实践不仅需要理由，而且需要正当的理由，寻求教学实践的合理性才是教学逻辑发展的根本。

目　　录

第一章

引　言

第一节　研究背景

一　理论逻辑对教师作为教学实践主体身份的遮蔽

当前我国教学变革所采用的“自上而下”的变革模式将教学实践看成由外在教学理念到教学行为的线性执行过程。然而，“倡导”的教学理念和教师实际“信奉”的教学认识论并不总是具有一致性。事实上，教师不是空着脑子参与教学变革的，他们过往与当下的教学实践经历与体验形塑了他们个人的教学认识论，并实际支配着他们个人的教学实践。理论逻辑的弊端在于忽视了教师作为教学实践主体，其个人教学认识论在教学实践中所发挥的影响作用。

教学理念是“抽离掉了具体事实、具体情境、具体过程等等而留下的一般，是抽离了事物、活动的一切特殊性而剩下的对一般规律或普遍法则的刻画”①。教学理念是抽象的，它不会告诉教师如何运用教学理念应对复杂多变的教学情境，需要教师结合对教学情境中蕴含的教学活动要素及其之间关系的理解进行具体化的把握。可以说，整个教学过程需要教师的自觉思考与把控。教育情境的丰富、多变、复杂的特征决定了教育实践不可能是纯理论的应用过程，教师必须根据教育情境的需要，结合自身的理解、知识与经验等，创造性地开展教育实践。由此可见，教师才是教育实践旋钮的把控者，是教师的实践性知识、使用理论、实

---

① 孟凡丽、程良宏：《教师专业发展路径的理论逻辑和实践逻辑及其批判》，《教师教育研究》2010 年第 4 期。

践智慧、个体性经验、教育学理解等赋予了教育实践以主体性特征。

二 有效教学研究范式转换的启示

有效教学研究范式经历了"有效教师人格特征"研究—"有效教学行为"研究—"有效教学模式"研究—"教师认知"研究的转变。早在20世纪30年代，国外研究者开始从教的角度研究有效教学，他们认为有效教师所具备的个性或品质决定着教学的有效性。然而，随着研究的展开，研究者认识到教师人格特征只是影响教师教学有效性的潜在因素，有效教师人格特征不能与有效教学直接画等号，必须关注课堂上实际发生了什么，由此有效教学行为研究进入研究者的视野。在对有效教学行为研究的过程中，研究者基于"过程—结果"方法论将教学看成一个线性的活动。教学行为是影响教学有效性的直接变量，因此必须抽象概括出影响学生学习成绩的有效教学行为的特征。对有效教学行为特征的研究显然只关注到了教师显性行为的研究，而忽视了对教师教学行为背后认知因素的分析。在对教师有效教学行为研究的过程中，根据解决某类具体教学问题的需要，有效教学行为的研究不再局限于对有效教学行为特征的普遍描述，而是侧重对教学行为的结构、序列、程序、阶段的研究。由此，有效教学模式的研究逐渐兴起。教学模式研究的前提假设是某一教学思想指导下的教学都有其相对稳定的教学程序或框架，教师可以根据具体教学目标、教学内容、学生认知特点以及教师自身特点的需要等选择不同的教学模式。有效教学模式的研究加深了人们对有效教学的理解，有效教学不只关注外显的可操作、可视化的教学行为，更重要的是要关注教学行为背后蕴藏的教学思想。20世纪70年代随着认知心理学和信息加工理论的发展，研究者意识到教师认知才是教师行为的内在根本动力，教学行为乃是教师认知的外在产品。

从有效教学研究的发展脉络来看，研究者越来越关注教师教学行为背后的认知因素对教师教学行为的影响。教学行为本身存在认知依存性和主体相关性。[①] 这个时期，不同研究者在分析教师认知时，所使用的理

---

① 张凤娟：《社会认知主义视域下中学英语教师认知及其影响因素研究》，博士学位论文，东北师范大学，2012年。

论概念不同。如教师个人教学系统、教学原则、实践理论、惯例、教学观念、教学知识、个人实践知识、理论观念、实践知识、隐喻、教学准则、个人理论、具体的教学知识、教师信念、假设和知识系统等。教师认知研究为我们提供了教学研究的新视角。

三　教学理性化对教师角色转变的诉求

教师的教学理性认知水平制约着教学实践的水平。这意味着教师能否以自觉的批判精神对待教学实践，使教学实践成为教学理性审视与指导下的实践将直接关系教学实施的水平。教学中，有些教师往往以直觉反应的方式对待教学实践，以“不变应万变”，使教学工作始终停留在以“过去”为定向的“自在自发状态”。长此以往，教师将“失去判断和鉴别教学行动的思想和智慧，造成教学实践的封闭和狭隘，容易‘居留’在技术上，为技术所累，并在不知不觉中销蚀了个人独特的个性和创造性，难以焕发出生命的活力”①。

当代教学变革对教学理性化提出了要求，要求教师必须改变过去“观念简单性”的思维局限，认真思考或探究对教学活动基本要素及其之间关系的理解。“不能抵达灵魂（观念和假设）的行为改良往往不能持久，旧有的不合理行为常常会卷土重来。”② 因此，为了更好地发挥教师在教学变革中的主体地位，教师必须以“反思实践者”的身份参与教学变革，在教学行动之前能够将惯常化的教学实践及其思维方式暂时“悬置”起来，然后对起决定作用的教学观念及其假设的合理性进行细究。通过对教学信念及其假设的分析与批判，能够帮助教师重塑合理的教学信念与假设，进而提升教学实践的水平。

第二节　文献综述

一　教学实践依据的相关研究

20 世纪 70 年代以来随着信息加工理论和认知心理学的发展以及教学

---

① 刘小兰：《个人理论视角下教师专业化发展的困境》，《教育导刊》2012 年第 5 期。

② 陈大伟：《教师如何运用和发展教育假设》，《中小学教师培训》2011 年第 8 期。

研究范式的转换，人们开始关注教师的“内心世界”，探讨教师个人对教学实践的认识和理解。由此，教师知识、信念和教学智慧等成为用来了解教师“内心世界”的重要话语。

（一）教师知识研究

在关注教学实践依据的过程中，教师知识成为研究者们提出的一个重要概念。教学的问题既不是一个纯理论的问题，也不是一个纯经验的问题，而是实践的问题。既然是实践的问题，教师作为实践的主体，他们所拥有的知识将直接影响教学实践的开展。

从研究取向来看，教师知识研究主要包括三种研究取向：第一种是概念分析取向，以舒尔曼、博尔科和帕特南的研究为代表。这一取向主要从概念分析的视角对教师的知识基础进行应然的分析，虽然研究者的分类不尽相同，但他们都认为教师知识之间相互联系，具有不可分割性，共同影响教师教学行动的选择。第二种是实践取向。概念分析取向虽然从应然角度揭示了教师应该具有的知识基础，但实际支配教师教学行动的知识到底有哪些，它们是如何形成的等问题并没有得到回答。实践取向恰恰弥补了概念分析取向的不足，对实际支配教师教学行动的“在实践中的知识”展开研究，并且在具体的研究中关注的侧重点不同，以埃尔贝茨、康内利和柯兰迪宁等为代表的研究者，强调教师实践知识的个人性、实践性和情境性；以舍恩为代表的研究者，强调教师实践知识的反思性，提出“反思实践知识”的概念，强调经验与反思是教师实践知识获得与发展的重要途径，反思在专家知识的培养中处于核心地位，教学中遇到的问题往往是复杂的、疑惑的、不确定的，它需要教师对其进行建构或重新建构，因此他提出了“行动中反思”和“行动后反思”。第三种是情境取向，与实践取向主要强调个人专业生活对教师知识形成与应用的影响不同的是，情境取向更强调教师团体、组织与学校文化等社会情境对教师知识产生与发展的影响。奥尔森认为，教师的个人知识及其行动中的想法反映了教师对其所属文化的理解①。莱因哈特和英杰在研

① John Olson, “Making Sense of Teaching: Cognition vs Culture”, *Journal of Curriculum Studies*, Vol. 20, No. 2, January 1988, p. 169.

究中也强调情境因素对教师个人知识形成的影响①。

从研究范围来看，教师知识研究涉及了教师知识的结构、来源、表征、形成和发展等多方面的内容。①教师知识结构研究方面，国外代表性研究有舒尔曼的七分法②、埃尔贝茨的五分法③、伯利纳的四分法④、格罗斯曼的六分法⑤以及博尔科和帕特南的三分法等⑥；国内代表性研究有辛涛等人的四分法⑦、傅道春的三分法⑧、刘清华的八分法⑨、陈向明等人的四分法⑩，以及张立忠和熊梅的二分法等⑪。②教师知识来源研究方面，国外代表性的研究包括舒尔曼、格罗斯曼和李克特以及斯迈利等人的研究。其中，舒尔曼将教师知识的来源划分为学科领域的学术研究、教育材料与结构、正式教育学术研究和实践智慧四个方面⑫。格罗斯曼等将教师知识来源划分为高中和本科所受教育、教师教育课程、教师教育

---

① 徐章韬：《面向教学的数学知识——基于数学发生发展的视角》，科学出版社2013年版，第16—17页。

② Lee S. Shulman, "Knowledge and Teaching: Foundations of the New Reform", *Harvard Educational Review*, Vol. 57, No. 1, February 1987, p. 8.

③ Freema Elbaz, *Teacher Thinking: A Study of Practical Knowledge*, London: Croom Helm, 1983, p. 216.

④ Berliner, D. C., "The Nature of Expertise in Teaching", In F. K. Oser, A. Dick, J. L. Patry, eds., *Effective and Responsible Teaching: The New Synthesis*, San Francisco, CA: Jossey-Bass, 1992, pp. 227 - 248.

⑤ Pamela L. Grossman, "Teachers' Knowledge", In T. Husen and T. N. Postlethwaite, eds., *The International Encyclopedia of Education* (2nd), New York: Pergamon, 1994, p. 56.

⑥ Borko, H., Ralph T. P, "Learning to Teach", In R. Calfee and D. Berlincr, eds., *Handbook of Education Psychology: New of Education Psychology*, New York: Macmillan Library Reference, 1996, pp. 251 - 253.

⑦ 辛涛等：《从教师的知识结构看师范教育的改革》，《高等师范教育研究》1999年第6期。

⑧ 傅道春主编：《教师的成长与发展》，教育科学出版社2001年版，第139—142页。

⑨ 刘清华：《教师知识研究的问题与建构路向》，《教育理论与实践》2005年第11期。

⑩ 陈向明等：《搭建实践与理论之桥——教师实践性知识研究》，教育科学出版社2011年版，第77页。

⑪ 张立忠、熊梅：《论教师实践性知识的内涵与结构》，《课程·教材·教法》2010年第4期。

⑫ Lee S. Shulman, "Knowledge and Teaching: Foundations of the New Reform", *Harvard Educational Review*, Vol. 57, No. 1, February 1987, pp. 8 - 12.

的实践经验、教材和其他教师五个方面[①]。斯迈利将教师知识来源划分为十四种，并且以调查问卷的形式对其有效性进行了排序，分别是教师的直接经验、和其他教师的讨论、自己所作的研究、对其他教师的观察、学科专业领域的课程、和专家的讨论、学科专门领域的大学课程、其他专业性的会议和工作坊、专业期刊、研究生院教育课程、正式的教师评价、与管理者的讨论、大学的教育课程和行政部分提供的在职培训。[②] 国内比较有代表性的研究成果当属范良火的研究，他在研究中指出，作为学生的经验、职前培训和在职教学经验等都是教师知识来源的重要途径，并且这些来源在教师不同类型知识的形成中所起的重要程度不同。[③] ③教师知识表征研究方面，研究者埃尔贝茨将教师知识的表征分为实践规则、实践原则和意向三个方面[④]。康内利等人将教师知识的表征形式划分为意向、规则、原则、个人哲学、隐喻、周期与节奏以及叙事整体等几个方面[⑤]。国内研究者姜美玲在前人研究的基础上，将教师知识表征分为意向、隐喻、实践规则、实践原则和个人哲学五个方面[⑥]。陈向明等将教师知识的表征形式划分为四类：图式类表征、行动类表征、语言类表征和综合类表征[⑦]。吴卫东将教师知识的表征划分为两大类：言语表征和行为表征[⑧]。④教师知识形成研究方面，达菲和艾肯黑德认为教师知识是在教师过去的经验、教师目前的教学状况和教师对教学工作的看法三个层面

---

① Pamela L. Grossman and Anna E. Richert, "Unacknowledged knowledge Growth: A Re-examination of the Effects of Teacher Education", *Teaching & Teacher Education*, Vol. 4, No. 1, 1988, pp. 53－62.

② Mark A. Smylie, "Teachers'views of the Effectiveness of Sources of Learning to Teach", *Elementary School Journal*, Vol. 89, No. 5, May 1989, p. 546.

③ 范良火：《教师教学知识发展研究》，华东师范大学出版社 2003 年版，第 47—51 页。

④ 姜美玲：《教师实践性知识研究》，博士学位论文，华东师范大学，2006 年。

⑤ F. Michael Connelly, D. Jean Clandinin and Ming Fang He, "Teachers' Personal Practical Knowledge on the Professional Knowledge Landscape", *Teaching and Teacher Education*, Vol. 13, No. 7, April 1997, pp. 670－672.

⑥ 姜美玲：《教师实践性知识研究》，博士学位论文，华东师范大学，2006 年。

⑦ 陈向明等：《搭建实践与理论之桥——教师实践性知识研究》，教育科学出版社 2011 年版，第 114—146 页。

⑧ 吴卫东：《教师个人知识研究——以小学数学教师为例》，教育科学出版社 2011 年版，第 75—148 页。

因素的相互作用之中形成的[①]。国内研究者张立新从教师生活史的视角出发，认为教师生活史，特别是其中来自生活史的“自我”建构是教师实践性知识形成的关键[②]。陈静静指出教师实践性知识是在对个人经验的独特建构、实践共同体中的协商以及反思中得以不断生成[③]。陈向明等提出了由主体、问题情境、行动反思和信念构成的教师实践性知识生成的“四要素模型”，并分析了教师实践性知识的生成过程。[④] 李丹指出由过去个人生活经验、个体性格素养和社会文化环境建构而来的实践性知识影响着教师当下的教学实践，实践、反思、体悟是促进旧有实践性知识转变为新实践性知识的关键[⑤]。林一钢、潘国文通过对教师实践性知识三层结构的分析，指出教师实践性知识生成的两种基本方式：“面临教育困境—建构或调用已有实践性知识—以行动应对困境—强化实践性知识模块或重新建构实践性知识模块以至成功解决问题”和“观察其他教师的成功授课—探究其成功背后的实践原则和意象—经由反思内化为自己的实践性知识。”[⑥] ⑤教师知识的发展研究方面，李利提出基于案例教学和教育实习的职前教师实践性知识的发展策略[⑦]。邓晶晶和张辉蓉从注重日常积累、实践反思、叙事研究和转识成智四个方面提出教师实践性知识的发展之道[⑧]。

（二）教师信念研究

教师信念成为继教师知识研究之后又一个备受关注的研究教师“内心世界”的重要概念。教师信念对教师教学行为的影响力、对教师理解

---

① Lois Duffee and Glen Aikenhead，“Curriculum Change，Student Evaluation and Teacher Practical Knowledge”，*Journal of Science Education*，Vol. 76，No. 5，March 1992，pp. 493 - 506.

② 张立新：《教师实践性知识形成机制研究》，博士学位论文，上海师范大学，2008 年。

③ 陈静静：《教师实践性知识及其生成机制研究》，博士学位论文，华东师范大学，2009 年。

④ 陈向明等：《搭建实践与理论之桥——教师实践性知识研究》，教育科学出版社 2011 年版，第 149—150 页。

⑤ 李丹：《幼儿教师实践性知识发展研究》，博士学位论文，西南大学，2010 年。

⑥ 林一钢、潘国文：《探析教师实践性知识及其生成机制》，《全球教育展望》2013 年第 10 期。

⑦ 李利：《职前教师实践性知识发展研究》，博士学位论文，苏州大学，2012 年。

⑧ 邓晶晶、张辉蓉：《教师实践性知识：内涵解读与发展之道》，《当代教育科学》2013 年第 19 期。

新课程、开展课堂教学实践以及对教师自身的专业发展都发挥着重要的作用。曹卓指出，“教师有什么样的观点，必然相应地有什么样的教学方法、教学模式、课堂规则，教师持有的信念支配着教师个人的整个教学活动。”[①] 目前，对教师信念的研究主要集中在教师信念的内涵、结构、类型、影响因素、教师信念与教学实践的关系以及教师信念的改变几个方面。

在教师信念内涵研究方面，研究者形成了基本理论观、假定观、取向观、确信观和结构观五种有代表性的观点[②]，这些界定从不同的角度来认识教师信念，为我们深刻认识教师信念提供了一个更加广阔的视角。从对教师信念内涵的界定中，我们可以发现教师信念是一个复杂的概念，这也要求我们要用复杂的思维方式来理解这一概念。

在教师信念结构研究方面，主要形成了三种划分的依据：一是从内容上来划分教师信念。代表性的研究包括欧内斯特的三分法[③]、考尔德黑德的五分法[④]、叶澜的五分法[⑤]、赵昌木的分类[⑥]和谢翌的七分法等[⑦]。二是从层次上将教师信念划分为不同的方面。易凌云、庞丽娟认为个人教育观念是一个复杂的综合体，从横向上可以分为对抽象的教育因素或关系的看法、对具体的教育客体的看法和对具体的教育主体的看法，从纵向上看教师个人教育观念不仅有中心、边缘之分，而且也应该有水平高低之分。[⑧] 三是从内容和来源的双重维度来认识教师信念的结构，如脱中

---

① 郭艳敏：《高中专家与新手型数学教师课堂教学比较研究》，硕士学位论文，辽宁师范大学，2009 年。

② 俞国良、辛自强：《教师信念及其对教师培养的意义》，《教育研究》2000 年第 5 期；林一钢：《教师信念研究述评》，《浙江师范大学学报》（社会科学版）2008 年第 3 期；赵昌木：《论教师信念》，《当代教育科学》2004 年第 9 期；吕国光：《教师信念及其影响因素研究》，博士学位论文，西北师范大学，2004 年。

③ Paul Ernest, “The Knowledge, Beliefs and Attitudes of the Mathematics Teacher: a model”, *Journal of Education for Teaching*, Vol. 15, No. 1, 1989, p. 15.

④ Borg M, “Teachers'Beliefs”, *ELT Journals*, Vol. 55, No. 2, April 2001, pp. 186 – 187.

⑤ 叶澜：《教师角色与教师发展新探》，教育科学出版社 2001 年版，第 232 页。

⑥ 赵昌木：《论教师信念》，《当代教育科学》2004 年第 9 期

⑦ 谢翌：《教师信念：学校教育中的“幽灵”——一所普通中学的个案研究》，博士学位论文，东北师范大学，2006 年。

⑧ 易凌云、庞丽娟：《教师个人教育观念的基本理论问题：内涵、结构与特征》，《湖南师范大学教育科学学报》2006 年第 4 期。

菲在她的研究中，从内容角度将数学教师的信念分为数学学科信念、数学教学信念和数学学习信念；从来源角度将数学教师的信念分为宣称的信念和实践中的信念。①

在教师信念类型研究方面，研究者依据不同标准将教师信念划分为不同的类型：根据性质来划分，可以分为科学与愚昧、正确与错误、积极与消极之分。根据来源划分，可以分为习俗的、亲历的、顿悟的和论证的信念。② 根据运行方式来划分，可以把教师信念划分为“所认同的信念”和“行动中的信念”。根据意识程度来划分，可以把教师信念划分为“有意识”的教师信念和“无意识”的教师信念。根据拥有的方式来划分，可以把教师信念划分为无证据的教师信念和有证据的教师信念。威廉·威伦等将教师信念分为直觉与理性部分，其中经验、传统及个人需求属于直觉部分，科学的教学理论及验证过的实践属于理性部分。③

在教师信念影响因素研究方面，研究者形成了不同的观点。如理查森认为个人生活经历、学校学习和正式知识学习是影响教师信念形成的主要原因④。辛涛、申继亮认为教师教育观念主要受自我建构和文化脚本的影响，前者指教育观念产生于个人的直接经验，后者指教育观念经由文化适应、教育、学校教育等三种文化传递途径形成。⑤ 郭晓娜根据生态系统论，将教师信念的影响因素划分为教师个人特征以及教师生活于其中的小系统、中系统和大系统几个方面⑥。易凌云从教师主体因素、教师在教育实践中的认识客体和外在环境三个方面来分析对教师信念的

---

① 脱中菲：《小学数学教师信念结构及特征的个案研究》，博士学位论文，东北师范大学，2014 年。

② 李润洲：《论教师的教育信念》，《中小学教师培训》2015 年第 6 期。

③ ［美］威廉·威伦等：《有效教学决策》，李森、王纬虹译，教育科学出版社 2008 年版，第 15 页。

④ Virginia Richardson, “The role of attitudes and beliefs in learning to teach”, In J. Sikula, eds. , *Handbook of Research on Teacher Education*, New York: Macmillan, 1996, pp. 109 – 111.

⑤ 辛涛、申继亮：《论教师的教育观念》，《北京师范大学学报》（社会科学版）1999 年第 1 期。

⑥ 郭晓娜：《教师教学信念研究的现状、意义及趋势》，《外国教育研究》2008 年第 10 期。

影响[①]。

在教师信念与教学实践关系研究方面，库斯和鲍尔指出，信念与实践之间并非简单的因果关系，影响两者之间一致性的因素包括：①社会背景，价值、信念，学生、家长、年轻教师、行政人员等的期望，评价实践等；②与环境之间的互动；③教师信念被测量的方式；④政策气候；⑤成功实施某一教学模式的大量的必需的知识[②]。林一钢在研究中指出，"教师信念必然引领教师教学实践的这种假设过于简单且线性化……教师能否按照自己的信念从事教学实践，看教师信念与实践情境之间的张力。不同的张力决定了教师在信念与实践情境两极之间的不同选择。"[③]

在教师信念改变研究方面，众多研究者指出，教师信念的改变受到诸多因素的制约。波斯纳指出，教师信念的改变受到四个因素的制约，对现有的概念的不满意、新概念是可理解的、新概念是可信的、新概念是多产的。[④] 克拉克提出了一个关于教师信念改变的模式，认为教师信念改变受到教师个体知识、信念和态度、外部信息资源与刺激、实践领域和结果的影响，这四个领域通过教师的创生与反思相互作用，促进教师信念的改变。[⑤]

（三）教学智慧研究

教学智慧体现了教师对教学实践复杂性的灵活应对，内蕴着教师个人的教学理解，成为继教师知识、信念之后，又一研究教师"内心世界"的重要领域。

---

① 易凌云：《教师个人教育观念》，教育科学出版社 2010 年版，第 122—157 页。

② Kuhs，T. M. and Ball，D. L.，"Approaches to teaching mathematics：Mapping the domains of knowledge，skills and dispositions"，转引自谢翌《教师信念论》，广东高等教育出版社 2010 年版，第 58 页。

③ 林一钢：《教师信念研究述评》，《浙江师范大学学报》（社会科学版）2008 年第 3 期。

④ George J. Posner，Kenneth A. Strike，Peter W. Hewson and William A. Gertzog，"Accommodation of a Scientific Conception：Toward a Theory of Conceptual Change"，*Science Education*，Vol. 66，No. 2，1982，p. 214.

⑤ David Clarke，Hilary Hollingsworth，"Elaborating a Model of Teacher Professional Growth"，*Teaching and Education*，Vol. 18，No. 8，February2002，p. 951.

目前关于教学智慧的研究主要集中在教学智慧的内涵、特征与养成方面。①关于教学智慧的理解，形成了主体能动性说、能力说、品质说、能力—品质说等不同的观点[①]。②关于教学智慧的特征，研究者形成了多样化的观点。吴德芳在研究中指出，教师的实践智慧具有动态生成、不可言说以及独一无二的特征。其中，动态生成性指千变万化的教学实践活动使得教师的实践智慧永远处于发展、生成的过程中，无固定形态，也没有一定的标准。实践智慧往往表现为教师面对教学情境瞬时的直觉反应，我们很难找到恰当的语言进行描述，具有不可言说性。不同的教师由于其年龄、成长经历、生活背景等的差异，对教学的感悟也会有种种不同，再与个人的思维方式、行为特征相结合，往往会形成极具个性化特点的实践智慧。[②] 杜萍、田慧生分析了教学智慧的五大特征：个性化、集成性、高效性、创新性和动态性。教师年龄、工作经历、思维方式、行为特征和感悟等的差异造成教师教学智慧表现方式、表现内容和表现水平的不同，呈现出鲜明的个体性；教学智慧的运用继承了教师自身的多种认知和能力，体现了集成性；高效性表现在高水平和高效率，高水平指教学智慧不仅是对当下具体的一堂课的教学目标达成的追求，而且包括对教育的终极目标的追求；高效率强调在现有的条件下，节约师生人力、财力成本，尽可能取得更好的教学效果；创新性体现在对当下教学情境的有针对性和创造性的行为；教学智慧是一种发展状态，体现了教师对融通共生、自由和美的课堂状态最高水平层次的追求，体现了教学智慧的动态性。[③] ③关于教学智慧养成的研究，研究者分别从理论与实践经验结合，理解教学艺术的创造性、重视教师实践缄默知识、提高教学研究能力，自我反思与倾听学生、理解同事和理论学习以及摆脱

---

① 赵建军：《教学智慧内涵界说》，《四川师范大学学报》（哲学社会科学版）1999 年第 2 期；程广文、宋乃庆：《论教学智慧》，《教育研究》2006 年第 9 期；王九红：《试论学科教学智慧的内涵、表现和发展》，《教育发展研究》2012 年第 12 期；［加］马克斯·范梅南：《教学机智—教育智慧的意蕴》，李树英译，教育科学出版社 2001 年版，第 12 页；田慧生：《时代呼唤教育智慧及智慧型教师》，《教育研究》2005 年第 2 期。

② 吴德芳：《论教师的实践智慧》，《教育理论与实践》2003 年第 4 期。

③ 杜萍、田慧生：《论教学智慧的内涵、特征与生成要素》，《教育研究》2007 年第 6 期。

教学惯习的桎梏、开展教学研究与反思等方面提出教学智慧养成的策略。①

此外，用来指称教学实践依据的还有教师个人教学理论、个人哲学、教学理性等概念，这些概念的提出为我们更好地理解教学实践的依据提供了广阔的分析视野。

二 不同学科领域对逻辑的相关研究

（一）逻辑学方面的研究

近代以来，欧洲用“逻辑”表示一门学科。从广义来理解，逻辑指研究思维的形式、规律和方法的科学。这里的思维形式指思维内容赖以存在和表达的方式，或者说是思维内容各部分之间赖以联系的结构形式。每一种思维形式，都是对思维内容不同而结构形式相同的具体思维的概括。思维规律指人们在思维过程中必须遵守的规则，如同一律、矛盾律、排中律和充足理由律。思维方法指人们在思维过程中形成的概念、判断、推理和论证的方法，如明确概念的方法、探求因果联系的方法、证明或反驳的方法等。② 从狭义来理解，逻辑是研究推理形式或推理关系的科学，有效推理就是从前提真必然地得出结论真。③ 实际上，两者对逻辑的认识，从根本上来看具有一致性。“有效论证可以看成是正确思维的一种表达，而正确思维可以看成是内在性的有效论证。在这种类似的意义上，正确思维的规律和有效论证的规律是一致的。”④ 在逻辑学中，“概念、判断、推理等逻辑形式，分析与综合、演绎与归纳等逻辑方法，以及若干逻辑规则，成为理性思维和理论表述的重要工具”⑤。王莘指出，逻辑学在人们表达和交流思想、在人们认识事物和把握事物规律的思维能力的

① 徐继存：《论教学智慧及其养成》，《西北师大学报》（社会科学版）2001 年第 1 期；王鉴：《教学智慧：内涵、特点与类型》，《课程教材教法》2006 年第 6 期；张光陆：《教师实践智慧生成的自我理解之路》，《教育学术月刊》2009 年第 7 期；燕镇鸿：《教学智慧研究的价值、进展与趋势》，《西北师大学报》（社会科学版）2010 年第 5 期。

② 程树铭：《逻辑学》，科学出版社 2009 年版，第 2—3 页。

③ 王路：《逻辑的观念》，商务印书馆 2000 年版，第 43 页。

④ ［美］K. J. 欣迪卞：《逻辑哲学》，《哲学译丛》1982 年第 6 期。

⑤ 冯向东：《教育科学的理论与实践逻辑——关于布迪厄实践逻辑的方法论意蕴》，《高等教育研究》2012 年第 2 期。

培养和提高、在间接知识的获得以及在识别、驳斥谬误和诡辩方面都发挥着重要的作用①。可以说，逻辑学的逻辑就是一种概念逻辑，它试图构建以概念为思维起点的严密的思维运演的体系和规则。直到今天，我们仍然需要依靠逻辑学中的逻辑来指导我们如何思维和交流，确保思维和交流的有效性。

（二）社会学方面的研究

“实践逻辑”是法国社会学家布迪厄提出的概念，他认为“实践具有一种不属于逻辑学的逻辑，因此，把逻辑学的逻辑运用于实践的逻辑，就是面临着，通过人们用来描述逻辑的工具而毁灭人们想要描述的逻辑”②，“实践逻辑”不是按照严格的逻辑推理形式进行思考的纯理性逻辑，而是一种“自在逻辑”。正如布迪厄所说，“实践逻辑是自在逻辑，既无有意识的反思又无逻辑的控制。实践逻辑概念是一种无视逻辑的逻辑。这种自相矛盾的逻辑是任何实践的逻辑，更确切地说，是任何实践感的逻辑：实践离不开所涉及的事物，它完全注重于现时，注重于它在现时中发现的、表现为客观性的实践功能，因此它排斥反省，无视左右它的各项原则，无视它所包含的且只有使其发挥作用，亦即使其在时间中展开才能发现的种种可能性。”③ 无意识性、时间紧迫性、情境性和生成性是它的基本特征。无意识性主要表现在两个方面：一是实践逻辑是多元的，能够同时统摄多种相互矛盾的意义。二是实践逻辑具有身体倾向性。实践逻辑是先于认知而存在的，主要受实践者个人经验、阅历等影响，由于长期浸润其中，遂逐渐积淀而成为个人的“无意识”，它往往不经过也不需要经过严密的逻辑推理，而成为支配个体或集体行为方式的一种力量。④ 实践逻辑具有时间紧迫性。布迪厄认为，“实践在时间中构建，并从那里获得其作为顺序的形式，以及由此而生的意义和方向”⑤。由于受到实践任务紧迫性的驱使，实践的决断不可能是在获得详尽无疑

① 王莘：《逻辑》，北京大学出版社 2009 年版，第 1 页。

② ［法］皮埃尔·布尔迪厄：《实践理性：关于行为理论》，谭立德译，生活·读书·新知三联书店 2007 年版，第 135—136 页。

③ ［法］皮埃尔·布迪厄：《实践感》，蒋梓骅译，译林出版社 2003 年版，第 143 页。

④ 阎亚军：《教师教学行为方式变革的实践逻辑》，《教育学术月刊》2009 年第 11 期。

⑤ ［法］皮埃尔·布迪厄：《实践感》，蒋梓骅译，译林出版社 2003 年版，第 154 页。

的信息之后进行的，而是要忽略大量的情况和信息，因此，实践的过程不是一个遵循严格的抽象逻辑的过程。① “实践总是处在当下时间之中的实践，并且，实践还负载着过去，并指向未来，因此，它不可能完全遵循理论家所设想的那种逻辑，也不可能完全按照行动者事先的规划去行事，因为千变万化的制约因素总是迫使行动者不是按照理论可能性而是根据现实可能性对行为路径或行为模式做出选择。”② 实践者会根据变动情境的需要生成相应的实践策略，“这种原则能使行动者应付各种未被预见的变动不拘的情境，它也是各种既持久存在而又可变更的性情倾向的一套系统，通过将过去的各种经验结合在一起的方式，每时每刻都作为各种知觉、评判和行动的母体发挥其作用，从而有可能完成无限复杂多样的任务”③。这表明实践逻辑具有情境性和生成性。

（三）教育学方面的研究

教育学领域中对教育实践逻辑的认识主要有三种代表性的观点，这些观点为我们更好地认识“逻辑”的品性提供了依据。第一种观点，以英国学者卡尔为代表，他将教育实践逻辑理解为人们头脑中的观念。“教育实践是一种有意识地做出的有目的的活动，在某种程度上，这种活动常常只能根据缄默的、最多只在一定程度上得到阐述的思维图式来理解，实践者用这种思维图式来认识他们的经验。在他看来，这些思维图式就是信念体系，这些信念越连贯、越系统，它们就越像一种‘理论’。这种包含了提供思维和行动规则和标准的一系列相互关联的信念和假设就构成了教育实践的逻辑。”④ 第二种观点，以郭元祥为代表，将教育实践逻辑理解为一种客观的存在。“教育实践的逻辑是一种事实逻辑，是教育活动的要素之间及各要素内部因素之间的辩证逻辑联系”⑤。第三种观点，

---

① 张以明：《思辨的逻辑与实践的逻辑——韦伯和余英时经济伦理研究的不同理论路径》，《学习与探索》2006 年第 4 期。

② 朱国华：《权力的文化逻辑》，生活·读书·新知三联书店 2004 年版，第 191 页。

③ 宫留记：《场域、惯习和资本：布迪厄与马克思在实践观上的不同视域》，《河南大学学报》（社会科学版）2007 年第 3 期。

④ ［英］卡尔：《教育理论与教育实践的原理》，载瞿葆奎《教育与教育学》，人民教育出版社 1993 年版，第 557—579 页。

⑤ 郭元祥：《教育理论与教育实践关系的逻辑考察》，《华中师范大学学报》（人文社科版）1999 年第 1 期。

以石中英为代表，将教育实践逻辑理解为一种“主客观统一的文化存在”，不管教育实践行为内容有多大差别，教育实践都有其自身的“一般形式、结构或内在法则”。他认为，“这种实践的逻辑主要支配的是身体——包括了思想、说话、姿态、动作、行为等完整的身体……正是由于这种支配形式的控制，人们才不能随心所欲地对待教育实践，使得教育实践有某种程度上的规律或规则性可循，表现出一定的实践合理性；同时，也正是由于这种支配形式的作用，教育实践才能被源源不断地生产和再生产出来，才能在千差万别的独特性之中形成某种具有很大一致性的实践风格。”①

综合上述观点，本书认为教育实践是主观见之于客观的活动，教育实践在反映教育活动要素之间逻辑关系的同时，也表达了教育实践主体的教育目的或教育价值追求。因此，教育实践逻辑是认识逻辑与事实逻辑的统一。

三　专家—新手教师教学的对比研究

这方面研究的目的在于探寻专家教师优质教学的特质，并以此作为推动新手教师专业发展水平提升的重要手段。主要包括专家—新手教师教学行为、知识结构、教学决策和问题解决几个方面的对比研究。

（一）专家—新手教师教学行为的对比研究

专家—新手教师在课前计划、课堂管理和教学反思等方面都存在显著差异。在课前教学计划方面，莱茵哈特指出，专家教师和新手教师在教学常规、在具体内容的教学知识，对学生错误概念的预料以及将学生的问题与课时目标相联系等方面存在显著差异。② 维斯特曼在研究中指出，新手教师在教学中主要从字面意义上依据对教学大纲的理解进行教学，而优秀教师能够从整体课时计划、学习内容以及学生特点几个方面进行教学。③ 在课堂管理方面，伯利纳的研究表明，专家教师在课堂现象

---

① 石中英：《论教育实践的逻辑》，《教育研究》2006 年第 1 期。

② Gaea Leinhardt, "Expertise in Mathematics Teaching", *Educational Leadership*, Vol. 43, No. 7, April 1986, p. 30.

③ Delores Westerman, "Expert and Novice Teacher Decision Making", *Journal of Teacher Education*, Vol. 42, No. 4, September 1991, p. 296.

解释、课堂教学特征分辨以及典型事件判断等方面都优于新手教师[①]。福加尔蒂等人在研究中指出，专家教师倾向于达成更多的教学目标，使用大量的教学策略并通过多种方式使教学行为满足学生需要，而新手教师缺乏根据学生需要调整教学的能力。[②] 在教学反思方面，新手教师和专家教师教学反思的重点不同，新手教师更关心他们向学生提供的解释、例子和板书的清晰、恰当和规范性，以及应答学生问题的能力等，专家教师更关心教学事件对教学目标达成的影响以及学生理解的情况等。[③]

（二）专家—新手教师知识结构的对比研究

专家教师在学科知识的丰富程度、知识之间的关联性和复杂性、知识的存储形式、知识理解的深刻程度、知识理解的整体性和与学生知识学习直接相关知识的拥有方面都优于新手教师。莱因哈特等人所作的系列研究表明，专家教师拥有更多的学科知识，更能揭示出知识之间的内在联系，新教师的学科知识较少，且知识之间相对独立。[④] 沙威尔森和伯克在研究中指出，相对于新手教师而言，专家教师的知识模式更加精准、复杂、相互关联性大、更加容易理解，专家教师的知识图式中储存的事实、原则和经验的信息量更大，这些信息可以更加完美地结合。[⑤] 斯腾伯格等在研究中提出，相对于新手教师，专家教师不仅拥有更多的知识而且更在于知识在他们记忆中组织方式的差异，专家教师对于问题的深层结构敏感，而且专家教师拥有的知识以脚本、命题结构和图式的形式出现，比新手教师的知识整合得更完整。此外，专家教师还拥有教学得以发生的社会和政治背景的知识[⑥]。国内研究者李琼等采用问卷调查法，考

---

① 董辉、张晨：《国外新手教师与专家教师比较研究综述》，《哈尔滨师范大学社会科学学报》2014 年第 2 期。

② Joan L. Fogarty, Margaret C. Wang and Roy Creek, "A Descriptive Study of Experienced and Novice Teachers' Interactive Instructional Thoughts and Actions", *Journal of Educational Research*, Vol. 77, No. 1, September-October 1983, p. 30.

③ 赖建辉：《国外"专家型与新手型教师"研究述评》，《教学与管理》2002 年第 6 期。

④ Leinhardt, G., Smith, D., "Expertise in Mathematics Instruction: Subject Matter Knowledge", *Journal of Educational Psychology*, Vol. 77, No. 3, pp. 241 – 271.

⑤ 董辉、张晨：《国外新手教师与专家教师比较研究综述》，《哈尔滨师范大学社会科学学报》2014 年第 2 期。

⑥ ［美］R. J. 斯腾伯格，J. A. 霍瓦斯等：《专家型教师教学的原型观》，《华东师范大学学报》（教育科学版）1997 年第 1 期。

察了小学数学专家与非专家教师的学科知识。结果表明，与非专家教师相比，专家教师对数学知识具有深刻的理解，包括深层的概念理解与结构化的知识组织。[①] 杨翠蓉通过比较分析发现，小学数学专家教师在对数学知识理解的深度、与教学任务相关知识的提取、数学知识结构的整体性、与学生知识学习直接相关知识的拥有等方面都优于新手教师。[②]

（三）专家—新手教师教学决策的对比研究

专家教师在决策信息的丰富性、决策过程的关联性以及决策过程的复杂性等方面都有别于新手教师。在决策信息的丰富性研究方面，加涅、盖奇和柏林注意到新手教师由于缺乏精细的认知图式，因此缺少专家教师所拥有的元认知和监控的能力，这些能力能够帮助专家教师监控课堂，识别问题以及作出有助于问题解决的决策。[③] 彼得森和科莫在研究中指出专家和新手教师认知图式复杂性不同，信息丰富的认知图式能够帮助专家教师解决教学中的问题并作出教学决策。[④] 伯克和利文斯顿在对教师教学计划、课堂教学和反思研究之后，将新手教师与专家教师教学所有方面的不同归因于由不精细、少关联和缺少理解性的图式造成的。[⑤] 在决策过程的关联性方面，维斯特曼在研究中指出，专家教师和新手教师在课前决策、课堂决策和课后决策的相关性方面存在显著差异。从整个决策过程来看，专家教师的课前、课堂和课后决策是高度相关的，而新手教师各部分的教学决策之间相对独立，缺少关联性。[⑥] 在决策过程的复杂性

① 李琼、倪玉菁、萧宁波：《小学数学教师的学科知识：专家与非专家教师的对比分析》，《教育学报》2005 年第 6 期。

② 杨翠蓉：《小学数学专家教师和新教师教学过程中的认知比较研究》，博士学位论文，华东师范大学，2006 年。

③ 转引自董辉、张晨：《国外新手教师与专家教师比较研究综述》，《哈尔滨师范大学社会科学学报》2014 年第 2 期。

④ Penelope L. Peterson and Michelle A. Comeaux, "Teachers' Schemata for Classroom Events: The Mental Scaffolding of Teachers'Thinking during Classroom Instruction", *Teaching and Teacher Education*, Vol. 3, No. 4, June 1987, p. 329.

⑤ Hilda Borko and Carol Livingston, "Cognition and Improvisation: Differences in Mathematics Instruction by Expert and Novice Teachers", *American Educational Research Journal*, Vol. 26, No. 4, 1989, p. 492.

⑥ Delores Westerman, "Expert and Novice Teacher Decision Making", *Journal of Teacher Education*, Vol. 42, No. 4, September 1991, p. 298.

方面，豪斯纳和格里菲通过分析专家教师和新手教师的决策过程，发现专家教师决策时头脑中的产生式要比新手教师复杂得多。[①]

（四）专家—新手教师问题解决的对比研究

专家教师与新手教师在发现问题、表征问题和解决问题等方面均存在差异。卡特等人的研究表明，专家教师更易受“异常”问题情景的驱动，一旦发现典型异常问题，就会花大量精力来弄清异常的含义，而新手教师对“异常”问题加工的需要比较低。[②] 季清华等人的研究表明，新手教师和专家教师表征问题的层次不同，新手教师主要从问题的字面特征来表征问题，而专家教师则主要运用抽象的原理来表征问题。[③] 在解决问题方面，新手教师马上尝试解决，不对问题进行表征以及评价可能的解决办法，专家教师则先对问题进行表征，然后再对可能的解决办法进行评价。[④]

四 已有研究的价值和问题

第一，已有关于教学实践依据的研究从知识、信念、智慧等不同的侧面关注教师教学认知与行动的内在基础，大多从静态分析的视角进行客观描述，缺乏动态的分析视角。本书尝试从内容和关系构成的双重视角分析教师教学实践背后的依据，而综观已有的概念都无法准确地刻画教师教学思维的内容和过程，这要求本书挖掘新的话语表达方式，教学逻辑无疑成为必然的选择。

第二，不同学科领域对逻辑的认识与理解的侧重点不同，本书中的教学逻辑既不是纯形式的逻辑学中的逻辑，也不是纯直觉的充满神秘感的实践感的逻辑，而是兼具内容与形式、稳定性与情境性的教学思考与行动的逻辑，这一逻辑符合价值、事实、情境和形式合理性等方面的多

---

① 杨翠蓉：《小学数学专家教师和新教师教学过程中的认知比较研究》，博士学位论文，华东师范大学，2006 年。

② Kathy Carter, Katherine Cusbing, Donna Sabers, Pamela Stein and David berliner, “Expert-Novice Differences in Perceiving and Processing Visual Classroom Information”, *Journal of Teacher Education*, Vol. 39, No. 3, May-June 1988, p. 28.

③ Michelene T. H. Chi, Paul J. Feltovich and Robert Glaser, “Categorization and representation of physics problems by experts and novices”, *Cognitive Science*, Vol. 5, January 1981, p. 121.

④ 连榕：《专家——新手型教师研究述评》，《福建省社会主义学院学报》2001 年第 4 期。

重标准。已有逻辑学、社会学和教育学关于逻辑的研究有助于我们更全面地认识逻辑的品性。

第三，仅仅知道专家—新手教师的差别，对理解新手教师如何成长为专家教师并没有特别大的帮助，还必须在关注专家—新手教师差距的同时，进一步去追踪新手教师发展为专家教师的过程和重要的影响因素。因此，本书正是基于这样的认识，在横向分析专家—新手教师教学逻辑差别的同时，还会对影响个体教师教学逻辑的发展因素进行分析，以此推动新手教师的成长。

第三节　研究问题与意义

一　研究问题

理论逻辑对教师作为教学实践主体身份的遮蔽、有效教学研究范式的转换、教学理性化对教师角色转变的现实诉求以及相关文献的梳理，使得我们必须“回到教学实践本身”，重新认识教师教学实践的特点。教师在教学实践中不是按照理论工作者提出的指令行动，和理论工作者提出的指令相比，教师个人的教学理解具有认知和行动上的“优先性”。教师的教学实践是融入了教师个人理解、感悟与行动的主体性实践。这就要求我们改变原来单纯自上而下促进教师改变的干预方式，以自下而上的方式关注教师的教学实践，了解教师实践中的“知”，教师实践中的“知”才是支配他们认知与行动的内在根本准则，并决定着教师教学实践当下与未来的品质。本书主要解决以下基本问题：

问题一：教师个人教学逻辑是什么？本书首先从本体论上厘清教师教学逻辑的内涵、特征、结构、类型以及价值等问题。

问题二：教师个人教学逻辑是如何形成与发展的？本书对教师个人教学逻辑形成与发展的理论基础、形成的过程，以及发展水平与模型等问题进行理论思考。

问题三：不同发展阶段教师个人教学逻辑的表现是否相同？本书以小学数学教师作为具体的研究对象，主要关注新手—优秀教师在单一教学问题解决和系列教学问题解决中个人教学逻辑的不同表现。

问题四：教师个人教学逻辑的变化特征与影响因素是什么？本书从

价值诉求、认知性质、认知程度、知识提取、逻辑链接五个方面概括出新手教师和优秀教师个人教学逻辑建构的主要特征，并分析造成不同阶段教师个人教学逻辑建构差异的影响因素。

问题五：教师个人教学逻辑如何发展？教师个人教学逻辑的建构不是随意的，应该具有方向性。因此，本书提出教师个人教学逻辑合理发展的问题。教学逻辑合理发展的依据是什么？教学逻辑合理发展的内涵与外延是什么？教师个人教学逻辑合理发展的对策有哪些？

二 研究意义

（一）理论意义

首先，拓展了新的研究视阈。以往研究主要从教师知识、信念、智慧等方面研究教师教学实践背后的依据，大多从内容构成的视角进行分析。本书试图从内容和关系构成的双重视角分析教师教学实践的依据。逻辑原本属于逻辑学的话语表达方式，本书借用逻辑一词来分析教师教学实践的依据及其发展问题，拓展了我国教学研究和教师专业发展研究的视阈。

其次，确立了教学逻辑在学术研究上的地位。在观念认知上确立教学逻辑的存在，唤醒沉睡的教学逻辑存在、批判和发展意识，更好地确立教学逻辑在促进教学改进和教师专业发展方面的学术价值。

最后，系统阐释了教学逻辑的相关理论。本书对教学逻辑的内涵、结构、特征、运演过程、类型、水平、价值、理论基础、变化特征、影响因素以及发展对策等问题进行了系统的阐释，为后续教学逻辑的研究奠定了重要的理论基础。

（二）实践意义

首先，为理解并改进教师教学实践提供了依据。教师的教学实践往往受到处于潜隐状态的行动规则的支配。本书能够使处于潜隐状态的行动规则显性化，帮助教师认识到教学逻辑的事实性存在，并以反思实践者的身份审视教学逻辑的合理性。同时，研究中提出的促进教学逻辑发展的对策能够帮助教师改善教学，进而提高教学的质量。

其次，为推动教师专业发展提供了依据。教师专业发展是一个包含多个维度的概念，专业情意、专业知识、专业能力等都是专业发展所包含的内容。但教学逻辑是一个更加有效的评判教师专业发展水平的重要指标。透过教学逻辑，我们能够更好地理解教师教学理解与教学行动的思维过程，判断教师的教学理解与新课程倡导的教学理念之间存在的差距，进而更好地推动教师的专业发展。

最后，为新手教师的成长提供了依据。本书通过对新手—优秀教师教学逻辑发展之间的对比，以及对新手—优秀教师教学逻辑发展变化及影响因素的追踪，能够更好地把握优秀教师教学逻辑发展的轨迹，进而更好地通过促进新手教师教学逻辑的发展，促进新手教师的专业成长。

第四节　研究方法与过程

一　研究方法的确立

任何研究方法的确立都是为研究问题的需要服务的，本书对教师教学逻辑的挖掘需要在真实的教学情境下观察教师具体的教学行为，并通过与教师的互动，运用多种资料收集的方法，对教师的教学行动以及行动背后的原因进行解释性理解，研究的结果直接受到研究者个人、被研究者以及研究者与被研究者之间互动关系的影响。从研究问题需要来看，本书适合采用质性的研究方法。所谓质性的研究方法是以研究者本人作为研究工具，在自然情境下采用多种资料收集方法对社会现象进行整体性研究，使用归纳法分析资料和形成理论，通过与研究对象互动，对其行为和意义建构获得解释性理解的一种活动。[①] 质性研究是对“如何”和“为什么”问题的思考和回答。从“取径”来看，质性研究包括了历史研究、民族志研究、个案研究、现象学研究、传记研究、扎根理论研究等多种具体的研究方法[②]。为了了解每位教师教学逻辑的具体内容和特点，本书采用个案研究的具体方法。个案研究具有四个基本特征：①通过聚焦在特别的事例上来研究一种现象；②对每一个事例进行深入研究；③

---

① 陈向明：《质的研究方法与社会科学研究》，教育科学出版社 2000 年版，第 12 页。

② 潘慧玲：《教育研究的取径——概念与应用》，华东师范大学出版社 2005 年版，第 36 页。

研究自然背景下的现象；④呈现研究者和被研究者的观点。[①] 从个案研究的类型来看，包括本质性个案研究和工具性个案研究，前者注重对个案本身的研究，研究结论不求推广，后者将个案本身作为一种研究工具，用于了解个案所表现出来的特征。本书中主要采用工具性个案的方法，选择新手教师和优秀教师中最具有典型代表性的教师，以此获得最大差别的信息，反映新手教师和优秀教师教学逻辑的差别。

二 研究对象的选择

（一）个案教师所在学校的基本情况

S 校是 J 市唯一一所九年一贯制学校，学校始建于 2005 年，占地 50000 平方米，目前拥有 85 个教学班，6165 名学子，304 名教职员工。S 校以“做事求实，做人求真”为校训，努力打造“勇于探索，敢为人先”的教师队伍。该校拥有特级教师 4 人，获得全国模范教师、优秀教师、优秀班主任荣誉 5 人，获得省名师、优秀教师等荣誉 8 人，获得市名师、市优秀教师、市优秀班主任等荣誉 30 人，获得市级以上学科带头人、骨干教师、教坛新秀等荣誉 113 人。学校小学部数学学科建设形成了自身的发展特色，在特级教师、省名师 S 教师的带领下创立了“四步教学法”教学模式，并对“数学基本思想在课堂教学中的运用特色”以及“魅力课堂”等科研课题进行研究，该学科还拥有一个省级名师工作室，吸纳了该学科校内外优秀教师的加入。该校无论是在学科建设与发展，在学生综合素质培养，在教师专业素养的提升，抑或是在整体综合实力的评估方面，在本市都处于领先位置。

（二）个案教师的选择

1. 选择标准的确定

为了突出反映教师教学逻辑发展的最大差异性，本书在个案选择的过程中依据效标抽样重点选取了新手教师和优秀教师两类教师作为研究对象。所谓效标抽样，即事先为抽样设定一个标准或一些基本条件，然

---

① 潘苏东、白芸：《作为“质的研究”方法之一的个案研究法的发展》，《全球教育展望》2002 年第 8 期。

后选择所有符合这个标准或这些条件的个案进行研究。① 在研究对象选择的过程中，首先要明确优秀教师和新手教师界定的标准。对于优秀教师的界定，主要有两类标准：一是内在标准。以美国著名的心理学家斯腾伯格和我国学者皮连生为代表，他们提出优秀教师是在专业知识、问题解决效率以及洞察力等方面具有专长的教师。二是外在标准。包括成绩认定、权威认定、身份认定、工作年限认定和联合提名认定等标准。本书在界定优秀教师时，采用综合标准，既看重优秀教师所具备的专业特质，又看重优秀教师所具备的外在特征，这样能够为优秀教师的遴选提供科学合理的依据。这是因为，一般来说，优秀教师所具备的内在教学品质不仅能促进学生学业水平的提高，而且能够为教师赢得相应的尊重、认可和荣誉。此外，教师专业发展的阶段理论表明，教师由新手教师发展成为优秀教师需要一个漫长的过程，需要经历时间的磨炼。因此，本书中的优秀教师指那些教学表现突出，并被学校领导、教师和学生认可，工作至少在 10 年以上，学生成绩突出的经验教师。

在美国，新手教师主要指初任教师，通常指修完了所有职前训练课程，并且已经通过了一些专业评定，受雇于某学区，承担相应教学责任，正处于从事这个职业的第一年。② 而本书中的新手教师，是指入职教师发展成为熟手教师之前的一个发展阶段，工作年限不限于入职的第一年，一般在 1—5 年。③ 因此，本书中的新手教师指取得教师专业资格证书，受雇于所在学校，承担教育教学工作，工作年限在 5 年内的专职教师。

2. 具体对象的确定

在确立研究对象选择标准之后，同时又考虑到学科背景、学历等因素的影响，在经过与学校小学部主管校长，同时也是该学科带头人 S 校长商谈后，首先选择了 6 位数学教师作为研究对象，在经过初期的课堂观察、听课和访谈之后，鉴于研究对象的典型性、研究问题的复杂性和研究时间的有限性，最终确立了以 3 位数学教师为研究对象，其中 2 人为

---

① 陈向明：《质的研究方法与社会科学研究》，教育科学出版社 2000 年版，第 108 页。

② 高忠明：《中学初任物理教师专业成长研究》，博士学位论文，西南大学，2009 年。

③ ［美］Ralph Fessler，Judith C. Christensen：《教师职业生涯周期——教师专业发展指导》，董丽敏等译，中国轻工业出版社 2005 年版，第 22 页。

新手教师，1 人为优秀教师，教师基本情况见表 1—1。

表 1—1　　教师基本情况

教师	教龄	职务	任教年级	学历与专业	听课情况	说明
L 教师	2 年	普通教师	二年级	本科（汉语言文学专业）	9 节（1 节习题课）	新手阶段
C 教师	2 年	普通教师	二年级	研究生（课程与教学论专业）	11 节	新手阶段
T 教师	18 年	教研组长 名师工作室成员	二年级	中专（初始学历） 本科（最终学历） （汉语言文学专业）	9 节（1 节习题课）	优秀阶段

三　研究资料的收集、整理与分析

（一）资料收集的具体方法

本书在研究过程中主要采用了课堂观察、访谈和文本分析的研究方法。

1. 课堂观察法

课堂观察是观察者感官、思维与体验全面参与的一种研究方法，课堂观察在获得直接、连贯和真实的研究信息方面具有独特的优势。本书采用实地观察的方法，深入教师课堂，并同时利用摄像机、录音笔、笔记本等多种媒介记录在自然环境下课堂上所发生的事情。在观察结束后，研究者对典型片段和典型课例进行分析，挖掘背后起支配作用的教学逻辑。课堂观察的具体情况见表 1—2。

表 1—2　　　　　　　　　　听课情况

教师	L 教师	C 教师	T 教师
授课内容	三位数退位减法习题课	十年的变化	十年的变化
	小小图书馆	小小图书馆	十年的变化习题课
	认识角	小蝌蚪的成长	小小图书馆
	认识直角	算得对吗	小蝌蚪的成长
	长方形与正方形	认识角	认识直角
	欣赏与设计	认识直角	长方形与正方形
	奥运开幕	长方形与正方形	平行四边形
	一分钟有多长	平行四边形	奥运开幕
	淘气的作息时间	奥运开幕	一分钟有多长
		一分钟有多长	
		淘气的作息时间	

2. 访谈法

访谈是通过与访谈对象面对面的交谈获得研究信息的一种方法。由于教学逻辑属于教师思维的内容，单纯的课堂观察只能为本书提供了解教师教学逻辑的决策点以及在观察的基础上对教学逻辑作出推测，然而要想全面、深入地了解教师的思维过程，必须借助访谈。本书在使教师教学逻辑外显化的过程中，具体使用了“刺激—回忆”访谈法，通过给教师呈现教学活动的录像、文字材料或语言描述，让教师说出当时教学策略选择的理由，并以记笔记和录音的方式将访谈内容记录下来。

此外，本书中除了使用“刺激—回忆”访谈法，还使用了半结构式访谈，主要用于追踪教师的生活史，了解教师教学逻辑建构的影响因素。研究者在前期课堂观察的基础上，针对不同教师课堂教学的情况设计出有针对性的访谈提纲，事先把电子或文本提纲交给教师，让教师有一个充分思考的时间，每次都以记笔记和录音的方式记录访谈内容。在访谈的过程中不仅有行为上的认真倾听，而且还有情感上的积极回应，努力营造良好的访谈氛围，并抓住关键概念或问题进行追问。访谈中以正式访谈为主，以非正式访谈为辅，正式访谈时间每次不低于 1 小时，非正式访谈时间不定。

3. 文本分析法

任何实物都是一定文化的产物，都是在一定情境下某些人对一定事物的看法的体现。[①] 在实地调查研究中，研究者还收集了教师个人的教案、教学反思日记、教学设计、发表的论文、课件、教师参加教研活动的录像资料、教师博客以及学校的宣传板、网站等信息，对这些资料的收集、整理和分析能够为本书提供所需的研究信息，使研究建立在充盈的事实材料基础上，进一步提高了研究的可信度。

（二）资料的整理与分析

1. 资料整理与分析的流程

资料收集上来之后，资料是无序的，而且资料本身并不会说话，需要研究者依据一定的标准对资料进行整理与分析，赋予其在本书中的意义。因此，可以说资料整理与分析的过程实际上就是对资料的意义进行阐释的过程。在对资料进行整理与分析的过程中，研究者秉承及时、有序、逐步聚焦的原则，先对相关资料进行及时整理，然后进行“原始阅读”，并按照一定的标准进行分类，比如哪些属于反映教学逻辑差异的资料、哪些属于反映教学逻辑变化的资料，哪些属于反映教学逻辑影响因素的资料，再接下来依据不同的类别逐步聚焦，针对问题查缺补漏。资料整理与分析的整个过程见图1—1。

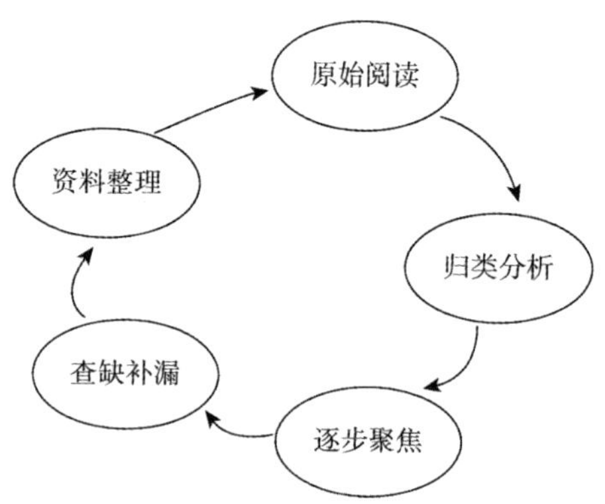

图1—1　资料整理与分析的流程

① 陈向明：《质的研究方法与社会科学研究》，教育科学出版社2000年版，第257页。

2. 资料分析的具体方法

情境分析法和类属分析法是资料分析中常用的两种具体方法。在研究过程中，研究者也充分利用了这两种方法。

所谓情境分析法是将研究资料置于事情所发生的自然情境之中并对其进行描述的方法。在本书中，研究者主要在两处用到了情境分析法，一处是将教师个人教学逻辑的内容置于具体教学情境的教学决策之中进行分析；另一处是将教师教学逻辑形成的影响因素置于教师个人成长的生活史之中进行分析。情境分析法能够将个人与所处的情境有机联系起来，更加真实地还原当事人建构意义的方式和脉络。

所谓类属分析法是将研究资料依据一定的标准进行类别化分析的一种方法。在本书中，研究者主要在两处用到了类属分析法，一处是在对教师教学逻辑的差异进行分析时；另一处是对教师教学逻辑建构的影响因素进行分析，从生活史的角度将影响教师教学逻辑建构的因素划分为不同的方面。

四　研究伦理与效度

（一）研究伦理

研究伦理是质的研究中不可回避的重要问题，研究是否符合伦理道德规范将直接影响研究者与被研究者之间的关系，进而影响到研究本身的品质。为此，在本书中，研究者力求做到以下几个方面来确保研究符合基本的伦理道德规范。

一是征得学校守门人的同意。研究者在进入研究现场之前首先征得了学校守门人——L 校长的同意，研究者将研究的目的、研究的主要问题、研究的对象和方法以及研究的价值等相关问题向 L 校长进行了说明。L 校长在认可本书价值的基础上，向研究者推荐了小学部的主管校长 S，同时也是数学学科的带头人，他成立了一个数学学科的省级名师工作室。在 L 校长的引荐下，研究者又向 S 校长进行了课题研究的相关说明，S 校长热情地为本书推荐了 6 名教师作为初期的研究对象。

二是说明研究意图，让教师了解研究过程。对于参与研究的几位教师，研究者向他们说明了本书的意图、研究的计划与步骤以及需要教师配合的工作。

三是研究过程遵循尊重和保密的原则。为了取得教师的信任，让他们能够更好地参与到本书中来，每次进入研究现场之前以及在研究中需要进行录像、录音的时候都先征得教师本人的意见。同时，为了避免研究中由于自身利益的顾虑而影响研究的真实性，研究者向教师保证凡是涉及教师个人隐私的内容不会在研究中出现，确保教师能够在研究中真实地表现出自身对教学的看法和相应的行为。

四是对研究结果进行客观分析。研究过程中，研究者始终秉持认真负责的态度，对研究对象负责、对自身负责，用客观资料说话，不对研究资料进行编造或虚构，客观还原研究的过程和结果。

五是研究结束后对参与研究的学校领导和教师表示感谢。没有个案学校领导的支持，本书无法顺利进入研究现场开展研究工作。个案教师平时工作非常繁忙，研究中资料的收集占用了他们很多的时间和精力，没有他们的支持与配合，本书也不能顺利开展。因此，当研究结束之后，研究者衷心表达了对他们的感谢。

（二）研究效度

研究效度在质的研究中主要表现为“可靠性”“真实性”和“确切性”，在质的研究中，研究效度会受到“效度失真”的威胁，因此，为了保证研究效度，研究者致力于做到以下几个方面：

第一，及时进行资料整理与分析。一般来说，研究会有一个最佳的时期，错过了这个最佳时期，无论是研究者，还是被研究者对研究问题的把握都有可能由于记忆和感觉遗忘的问题而“失真”。因此，在本书中，对于课堂观察和实物分析收集上的资料，研究者进行了及时整理，因为课堂观察和实物搜集刚刚做完，研究者一般印象比较深刻，甚至会有一些直觉或灵感的出现，这些都是研究中非常宝贵的资源，研究者要及时地记录下来并作为后续研究关注的焦点。刺激—回忆访谈与课堂观察之间的间隔时间不宜过长，一般控制在两周之内，否则由于时间过长，教师产生遗忘，影响研究效度。

第二，排除教师顾虑，避免受到“研究效应”的影响。在质的研究中，被研究者有可能因为被研究而出现与以往不一样的表现，进而导致研究的“失效”。为此，研究者事先向被研究者说明研究的意图和采用的保密原则以及被研究者本人是否如实反映自身的认知对本书的重要性。

同时，在整个研究过程中始终保持“中立”的态度，对教师的言行不妄加评论，尽量赢得教师的信任。

第三，采取“三角互证”的方法确保研究结果的一致性。鉴于教师的言行有可能存在不一致的可能，本书在研究过程中采用课堂观察、访谈、实物搜集“三角互证”的方法，通过对课堂观察、访谈、实物搜集结果之间的相互比较，来检验教师言行的一致性。

第四，发挥研究者个人积极因素的影响。一般来说，质的研究中主要以研究者本人作为研究工具，深入研究现场进行研究，因此，研究者本人的专业学识、研究水平、实践能力都直接影响着研究的效度。为了提高研究者本人的专业敏感性以及判断和分析的能力，事先研究者本人做了大量的准备工作，比如阅读数学课程标准及解读、阅读教材及教参、观看网上数学教学设计、教学视频及相关评课分析。研究者本人在高校工作，长期从事教育科学研究工作，工作期间主持省部级多项课题，具备较好的研究和实践能力。此外，由于研究者本人没有中小学工作的经验，更能够以“局外人”的身份参与到研究中，对研究问题保持敏感性。但同时，研究者不是空着脑子进入研究现场的，在研究开始之前，头脑中已经有了一定的“前提假设”，为了避免“前提假设”对研究真实性的影响，在研究中，研究者暂时“悬置”相关“前提假设”，用客观研究的事实说话，真实反映研究的结果。

第五，寻求多方人员的反馈意见。为了确保研究的效度，研究者本人在研究过程中寻求多方人员的反馈意见，以此确保研究结果的一致性和可靠性。首先，研究者将研究发现和结论告知被研究者，听取被研究者的意见，对于双方意见不一致的地方，再次询问、听取反馈意见并积极反思。其次，鉴于本人没有数学教学的经验，为了确保研究分析的合理性，研究过程中还寻求对数学教学现象和问题比较熟悉的人的意见，这包括一名大学学者、两名教研员和两名小学优秀教师的意见。其中大学学者 M 为课程与教学、小学数学教育、课程与教学评价领域的专家，多年从事相关研究，发表著作多部，主持相关课题多项；J 和 S 均为区教师进修学校教研员，省级学科带头人，省级骨干教师，省级教学大赛一等奖获得者，发表过多篇省级论文；Y 和 Q 有从事小学数学教学的多年经验，并仍奋斗在小学一线致力于小学数学教学的工作，其中 Y 为省级特级教师，省数学学科名师工作室主持人，教育学博士，从事小学数学教学研究多年。Q 为省级学科带头人，省级骨干教师，全国教学大赛一等奖获得者，两人均发表过多篇省级论文。

五 研究的局限性

第一，研究时间的局限性。每项研究都有它的周期，本书也不例外。要想比较全面、深入地剖析研究问题，质性研究需要较长的时间。但鉴于本书涉入研究现场的时间只有 3 个月，可能不一定能够全面揭示教师教学逻辑发展的情况。

第二，研究对象选择的局限性。本书在个案研究过程中力求选择最具有典型性的个案，但限于研究者自身的时间和精力等原因，可能选择的个案不一定能够反映出教学逻辑发展的全部类型。

第三，研究方法运用的局限性。由于质的研究对研究者本人的要求比较高，研究者自身对访谈、课堂观察和实物分析等方法的运用还需不断地学习与提升。

第二章

教师个人教学逻辑的意蕴

在明确研究问题的基础上，本书首先对“教学逻辑”的本体展开研究，即对教学逻辑提出的前提假设、基本内涵、结构、特征、价值以及类型等问题进行了理论探讨，这为深入理解教师教学逻辑以及后续有效开展实证研究奠定了基础。

第一节　教师个人教学逻辑的前提假设

一　教师的存在是“抽象存在”，还是“具体存在”

以往学界关于教师的话语讨论建立在将教师作为“抽象人”的前提假设之上，即在教学实践中，教师应该统一按照理论工作者所标榜的具有“真理”名义的理论规范地开展教学实践。社会学家布迪厄曾对这种逻辑的谬误进行了尖锐的批判，“即持有某种逻辑的专业人士常常依据理性行动理论的假设，用科学家从实践活动概括出来的思维概念取代行动者们在社会中建构的实践感”①。在“抽象人”逻辑的支配下，教师扮演技术工人的角色，按照理论工作者所“倡导的”“统一的”“公共的”教学规范思考或行动，这是对教师个人所拥有的教学主体身份和权利的“僭越”。尽管理论工作者所倡导的教学规范在一定范围内能够为教师教学决策提供科学的依据，但却无法代替教师在具体而复杂的教学现实中作出决定。

① ［法］布迪厄、［美］华康德：《实践与反思——反思社会学导引》，李猛、李康译，中央编译出版社2004年版，第167页。

“从现实的情形看，对行动具有实际规范意义的往往既不是纯粹的普遍原则，也非单纯的特定情景，而是具体的实践判断”①。教学实践中，教师是在自身教学逻辑的框架内根据对教学活动的价值判断、实践经验和具体情境的感知等，进行教学决策或开展教学行动。教学逻辑代表了教师实践判断的一种“偏好”，是教师个人所认可和信奉的实践原则。这种“偏好”是普遍性的，只要有情境、有选择、有决定就会体现出这种偏好。教师个体的教学逻辑激发、维持、规范着个人的教学实践，决定着教学实践的过去、现在和未来。在教学实践中，教师作为“存在者”，不是“抽象”的存在，而是“具体”的存在，是个人历史在教师身上的体现。因此，理论工作者在面对教师进行研究时，要改变对教师的“传统假设”，不要将教师作为“抽象的人”来看待，而应该将其作为“具体的人”来看待，以“解释者”的身份从教师自我理解的角度来看待教师的教学实践。教师未必是按照理论工作者所倡导的理性行动法则开展实践活动，但他的行动一定是建基于个体教学逻辑的框架之上的。正是个体教学逻辑的存在，使得教师的教学实践具有了思考与行动的稳定风格。对教师个体而言，教学逻辑具有自洽性，不一定严密、完备但却是教师教学实践是其所是的根由。

二　教师的存在是“简单存在”，还是“复杂存在”

自然科学发展的简单性思维建立在对世界本真确定性的寻求之上，认为事物之间是一种简单的因果关系。受这种简单性思维的影响，教师沦为教学理论向教学现实转化的工具，教学理论成为主宰教学实践的金科玉律，教师成为教学理论的实施者和反映者。这种对教学理论与教学实践关系的简单、片面的理解必将教师置于教学实践的客体地位，也必将带来教师教学实践结果的同质性。埃德加·莫兰的复杂性理论表明，“课堂教学系统是一个由教师、学生、教材、教学情境等诸多教学要素有机结合而成的复杂结构体，这些要素之间的联系是多层次的，既与外部系统（社会、家庭）相联系，又与内部各层次要素保持互动，从而使教

① 杨国荣：《人类行动与实践智慧》，生活·读书·新知三联书店2013年版，第293页。

学系统始终处于开放状态和动态发展演化中。”① 课堂教学系统的复杂性决定了教学实践不可能是由教学理论到教学现实的线性的、简单的执行过程，中间必然涉及教师对教学系统内外各种关系的理解和把握。首先，教学实践的复杂性体现在多元教学价值追求并存于同一课堂教学之中。教学理论总是基于某种特定的教学价值立场建立起来的，教学价值立场只有数量上的不同，在性质上具有可通约性。而教学实践具有多元的价值立场，教师在教学实践中要面对和处理自身教学发展的价值追求，社会、家庭对学生发展的价值追求，学科发展的价值追求以及学生自身发展的价值追求之间的关系。其次，教学实践的复杂性体现在教学情境的变动不居。由于教学情境所蕴含的各种教学活动要素是变化的，作为一个复杂的教学系统，系统内任一教学活动要素的改变，教师都要据此随时调整其他活动要素与之协调统一。自然科学发展的简单思维显然将教学看成脱离情境的教学理论的普遍应用过程，必然导致教学实践的“异化”。

教学实践的复杂性决定了“教师存在”的复杂性。这种复杂性体现在：首先，教师要将教学作为一种伦理的实践活动。这种伦理的实践活动建立在对教学活动价值“善”的思考基础之上。这种“善”是广义理解上的善，是对教学活动在成就社会、学生和教师各自意义上的思考。另一方面教师要将教学作为智慧性的实践活动。“一个人之所以是有智慧的，并不是因为他有理性，可以掌握一些关于固定原理的根本而不可证明的真理并根据这些真理演绎出它们所控制的特殊事物，而是因为他能够估计情境的可能性并能根据这种估计来采取行动。”② 复杂的教学情境所需要的是策略，而不是程序。前者是建立在对教学情境可能性把握基础上的教学行动方案，后者是建立在对教学情境确定性把握基础上的教学行动方案。教学行动方案的选择需要教师综合教学情境中随时可能出现的各种信息进行判断，需要的是一种“审慎”的教学决策态度。教学逻辑的提出恰恰建立在对“教师存在”复杂性理解的认识之上，教学逻

① 罗小兰、路春雷：《复杂性思维视域下的课堂教学改革》，《教育理论与实践》2013 年第 31 卷第 28 期。

② 邓友超：《教师实践智慧及其养成》，教育科学出版社 2007 年版，第 45 页。

辑的形成体现了教师对教学价值诉求和教学情境把握和判断的复杂过程。

三 教师的存在是“自在存在”，还是“自觉存在”

教学实践的可持续发展性决定了教师存在的“自觉性”，教师不是教学理论的被动消费者，教师总是在深化学习外界教学理论和反思教学经验的基础上形成个人的教学理解。但并不是所有教师个人的教学理解都建立在对教学价值“正当性”、对教学规律“客观性”和对教学现实“灵活性”的思考之上。这就使得教师个人教学理解的建构必须具有“自觉性”，只有这样才能形成合理的教学理解，推动教学实践的持续改进。教学逻辑的提出恰恰建立在对教师“自觉存在”的认识之上。作为一名教育工作者，他所需要的是一种经过深思熟虑、系统化的并自觉运用于教学实践的教学逻辑，这也是所有教育工作者应该努力追求的发展目标。然而，现实中并非所有的教育工作者都能达到如此的发展程度。这就需要教师改变过去习惯化的教学思维和行动方式，以“积极的”“坚持不懈的”和“仔细的”的态度对待自身的教学实践。[①] 唯有如此，教师才能使处于意识阈之下的、处于潜隐状态的、零散的教学逻辑显性化并接受教学理性的审视与批判，使教学思考与行动的依据建立在理性辩护的基础之上。

教师在教学中不是日复一日、年复一年的在既有的教学逻辑框架下开展教学实践，教师个体教学逻辑是一个不断完善的过程。教师只有在教学实践中，不断反观自身，通过主体我与客体我的对话，才能促进教师个体教学逻辑从“旧质”到“新质”的转变，这不仅是新手型教师成长为专家型教师的必由之路，同时也是专家型教师不断追求卓越的发展之路。一个卓越的教师既能够从对教学基本问题的本质思考中看待具体的教学问题，不为他者的教学逻辑所限制，也不为具体的教学情境所牵绊，他能够一以贯之地运用自己在长期的教学实践活动中所形塑的合理的教学逻辑处理日常教学实践中的问题，使自己的教学思考与教学行动具有一以贯之的合逻辑性。同时，他又能够使自身的教学逻辑不断得到超越和完善，使教学生命质量得到提升。

---

① 熊川武：《反思性教学》，华东师范大学出版社 1999 年版，第 92 页。

第二节　教师个人教学逻辑之界说

一　教师个人教学逻辑的内涵

从构词上看，教学逻辑是由“教学”和“逻辑”组成。那么，我们可以分别从“教学”和“逻辑”的内涵来理解“教学逻辑”的概念。

（一）对“教学”的理解

由于不同的研究者在对教学概念界定时所关注的角度不同，大致包括两个方面：

从教学活动的构成要素来看，研究者分别从不同的角度来界定教学。有的将教学看成教师的教，把“教学法”解释为“各种教授方术者”①。有的将教学看成师生双边的活动过程。“所谓教学，乃是教师教、学生学的统一活动；在这个活动中，学生掌握一定的知识和技能，同时，身心获得一定的发展，形成一定的思想品德。”② 有的研究者虽认同教学活动的双边性，但并不认为师生在教学活动中具有对称性。“在广义上，教学就是指教的人指导学的人以一定的文化为对象进行学习的活动。在狭义上，专指学校中教师引导学生一起进行的，以特定的文化为对象的教与学的统一的活动。”③ 有的认为除了教师和学生是教学活动不可缺少的教学要素，教学还应包括师生相互作用的中介。因此，有人提出“教学是以课程内容为中介的师生双方教和学的共同活动”④。

从教学活动的价值追求来看，有的认为“关于教学，通常认为这是教师和教师指导下的学生以掌握知识体系、技能和技巧为目的的连续不断的相互作用的活动的总和”⑤。有的认为“教学永远具有教育性，培养学生的世界观、性格、思维和活动是不可分割的”⑥。有的认为“教学的

---

① 施良方、崔允漷主编：《教学理论：课堂教学的原理、策略与研究》，华东师范大学出版社 1999 年版，第 6 页。

② 王策三：《教学论稿》（第二版），人民教育出版社 2005 年版，第 87 页。

③ 黄甫全、王本陆主编：《现代教学论学程》，教育科学出版社 1998 年版，第 4 页。

④ 顾明远主编：《教育大辞典》，上海教育出版社 1990 年版，第 178 页。

⑤ ［苏］M. 斯卡特金：《中学教学论》，赵维贤译，人民教育出版社 1988 年版，第 155 页。

⑥ ［苏］姆阿达尼洛夫、勃朴叶希波夫编著：《教学论》，人民教育出版社 1981 年版，第 117 页。

课题就在于最大限度地发展人的全部潜力，使之掌握一定的知识、技能、态度、能力，以便成为一个在社会中出色地活动，为社会的继续发展与人类生活的进步向上做出贡献的人”①。

本书认为判断一种活动是不是教学活动，应具备一些必要的逻辑条件。第一，教学是一种意向性实践活动。教学作为一种实践活动，不同于单纯地实施，教学体现了教师对教学的理解和价值追求。教学的意向性对教学活动起到引导、规范和调节的作用。第二，促进学生的学是教学的旨归。教学不仅具有意向性，是一种人为的活动，而且这种意向性与学生学习结果存在逻辑上的必然联系。教学的意向性必须以促进学生的学习与发展为根本旨归。也就是说，“学”是一切“教”存在的全部理由。教师教学目标的设定、内容的选择与组织、教学活动的展开都以促进“学”为最终目标。这是因为学生作为教学的对象，同时也是学习的主体，学习的过程主要是学生内化知识并获得发展的过程。教师在教学中必须以学生为主体，研究学生学习的特点和规律，并据此选择易于学生接受的学习内容和学习方式。正如钟启泉教授所说的，教学乃是借助“学科”教学去促进“学生的变革与发展”的教育实践，把“人的存在”及其变革、发展作为原点去认识“教学”的本质，对于教学的科学探讨来说具有极其重要的意义。② 第三，师生在教学中不具有对称性。虽然，“学”是一切教学存在的全部理由。教学的根本目的在于使学生由“初始状态”向“预期状态”转变，但转变的根本在于教师的教学。“教更多处于自变量的位置，教是一切教学发生的原因、努力的对象、教学出‘效’的关键。”③

基于以上分析，可以认为教学是教师引导下的以人类文化科学知识的传递为中介，以促进学生发展为目的的实践活动。简言之，教学是教师理解和操作下的实践活动，是教师思维运演与具体操作的统一。

（二）对“逻辑”的理解

从词源上看，“逻辑”是英语 Logic 的音译词，它起源于古希腊文

① ［日］佐藤正夫：《教学论原理》，钟启泉译，人民教育出版社 1996 年版，第 43 页。

② 钟启泉：《教学实践辨》，《上海教育科研》1996 年第 2 期。

③ 龙宝新、陈晓端：《有效教学的概念重构和理论思考》，《湖南师范大学教育科学学报》2005 年第 4 期。

logos（逻各斯）。“逻各斯”一词是多义的，主要包括：①一般的规律、原理和规则；②命题，说明，解释，论证等；③理性，推理，推理能力，与经验相对的抽象理论，与直觉相对的有条理的推理；④尺度、关系、比例、比率等；⑤价值，分量。[①]

“逻各斯”最初起源于古希腊辩证法奠基人赫拉克利特对万物本原的探寻。他认为“这个世界，对于一切存在物都是一样的，它不是任何神所创造的，也不是任何人所创造的；它过去、现在、未来永远是一团永恒的活火，在一定的分寸上燃烧，在一定的分寸上熄灭”，他把世界遵循的这种普遍的、必然的客观规律叫作“逻各斯”，他认为“万物都根据这个逻各斯而产生……”既然万物都有自己的逻各斯，那么人在思维认识过程必须遵守这个逻各斯，或者像他自己所说的“听从……逻各斯”，“逻各斯也是人人共有的，是灵魂所固有的，它自行增长”。[②] 可见，在赫拉克利特看来，“逻各斯”既存在于客观事物之中，又存在于人的思维中，并且主观的逻各斯要符合客观的逻各斯。这里的“逻各斯”既指客观事物的规律和秩序，又指人的思维的规律和秩序。

巴门尼德站在客观唯心主义的立场上来认识“逻各斯”，他认为要想得到“关于真理的可靠的逻各斯”，必须抛弃变的思想，而考察那不变、不动、不可分的存在，并将它与“非存在”严格区分开来，这样，能够被思维、被言说的“逻各斯”实质就是“一种语言概念的一般抽象物”，但这种语言是概念化的，并且概念是严格按照逻各斯组织起来即逻辑化的语言，而不是和感觉、表象联系起来描述变动事物的或随意表述的日常语言，确定的世界只依赖于理性思维和逻辑化的语言。[③] 可见，巴门尼德是在理性思维或论证的意义上使用“逻各斯”。

亚里士多德进一步发展了巴门尼德对“逻各斯”的认识，亚里士多德指出人类的实践表达着逻各斯，那么，人类又是如何理解逻各斯的呢？他提出人们可以通过语言交谈来达成对逻各斯的理解。在他那里，语言

---

① 陈波：《逻辑学导论》，中国人民大出版社 2003 年版，第 1—2 页。

② 马玉珂：《西方逻辑史》，中国人民大学出版社 1985 年版，第 3 页。

③ 关锋：《实践的理性和理性的实践——马克思实践理性思想探析》，人民出版社 2009 年版，第 12 页。

言说的理性真理必须符合形式逻辑的规则与方法。亚里士多德是第一个全面、系统地研究形式逻辑的学者。他研究形式逻辑的目的是为思维的正确可靠性立法。可见，亚里士多德是在言说或交谈的有效性上使用“逻各斯”。

从“逻辑”的词源分析来看，客观事物的秩序和规律是逻辑的基本释义，当人们的思维遵循这种秩序和规律的时候则衍生出逻辑的命题、说明、解释、论证、推理等含义。本书中的逻辑，主要指人类思维的依据，是主观性与客观性的统一体。正如石中英教授所指出的，逻辑“既非一种纯粹观念的存在，也非一种纯粹实体的存在，而是一种介于二者之间的存在”①。我们可以从以下几个方面来理解逻辑的内涵：

第一，从逻辑的构成来看，逻辑是一个复杂的综合体。从内容来看，逻辑不仅代表了人类的理性探究能力，更代表了人类对世界图景“善”的追求。“世界在本质上是一种可理解、有秩序的体系，客观事物的运动变化背后一定存在着一套起支配作用的规律法则，人类可以凭借理性去认识这套规律法则。理性是人类以逻辑、经验把握世界，认识世界包括认识人类自己的一种能力。”② 可见，逻辑是理性精神的一部分，是一种人们追求普遍的确定性和规范性的原初的心理趋向。③ 通过逻辑，人类能够获得关于“世界是什么”的“真知”。同时，人类的实践不仅在于解释世界，更在于对世界的改造。因此，人类的逻辑不仅蕴含着对世界图景“真”的追求，更蕴含着对世界图景“善”的向往。只有在对世界图景“真”和“善”的和谐追求下统摄的逻辑，才能促进实践“合理”地发展。从结构来看，逻辑是人类在自身价值诉求、知识经验、实践情境和行动方式之间形成的耦合关系，对个体来说，往往呈现出“先验”的特征，渗透在个体的思维和行为之中，影响或规范着个体的认识或行为。从发展来看，逻辑是人类知、情、意、行统一发展的过程。知，即理性认知，是人们对行动所遵循的事实和价值依据的理解；情，即情感体验，是人们表达的对行动依据的评价和由此产生的内心体验和态度。如果理

---

① 石中英：《论教育实践的逻辑》，《教育研究》2006 年第 1 期。

② 于伟：《现代性与教育》，北京师范大学出版社 2006 年版，第 47 页。

③ 金熳然：《论教育理论的生成逻辑》，硕士学位论文，东北师范大学，2014 年。

性认知的行动依据不能被个体在情感上认同，那么这种行动依据只能表现为一种外在的行动律令，不能转化为人们实际行动的理由；意，即意志努力，是为实现由理性认知和情感认同产生的教学行动所做出的自觉努力。然而实践中，经常会出现“知其当行而不行”的“意志软弱”问题。[①] 可见，逻辑关乎理性之知，关乎人们对行动意义的认识，是人们对“应当是什么”的理性判断。但这种理性判断能否转化为实际的行动依据，更要看它在情感层面能否被个体所认同和接受，在意志层面能否被自觉地做出努力的行动。行，即实际行动，是在理性认知、情感认同、意志努力之下所表现出来的实际行动。

第二，从逻辑的产生来看，逻辑是个体在长期的实践探索中形成的理性行动规则。对于逻辑的来源，不同的研究者有不同的认识。如康德基于唯心主义先验主义立场提出“先验逻辑”的概念，他认为逻辑形式不是由具体思维内容抽象而得，而是先于经验的，逻辑规律是思维本身所固有的先天的规律，逻辑既不能从任何科学借用任何原则，也不能从任何经验借用任何原则，它除了先天的规律，并不包含别的什么，逻辑依赖于先天的原则，从这里一切逻辑规则得以派生并得到证明。[②] 黑格尔认为，逻辑是思维形式与思维内容的统一，思维的逻辑离不开“纯存在”。列宁在对黑格尔的观点作评价时写道：“黑格尔的确证明了：逻辑形式和逻辑规律不是空洞的外壳，而是客观世界的反映。更确些说，不是证明了，而是天才地猜测到了。”[③] 列宁则指出：“人的实践经过千百万次的重复，它在人的意识中以逻辑的格固定下来，这些格正是（而且只是）由于千百万次的重复才有先入之见的巩固性和公理的性质。”[④] 列宁的话表明，人类在实践活动中经过千百万次的重复形成了逻辑的格，而逻辑的格又通过人类思维的千百万次的重复最终固定下来，具有公理的性质。皮亚杰的发生认识论进一步验证了列宁关于逻辑起源的认识。皮亚杰认为逻辑数学运算结构源于对各种不同结构的实践—操作活动的反

---

① 杨国荣：《人类行动与实践智慧》，生活·读书·新知三联书店 2013 年版，第 105 页。

② 马玉珂：《西方逻辑史》，中国人民大学出版社 1985 年版，第 281 页。

③ 列宁：《列宁全集》，转引自武高寿《对辩证法、认识论和逻辑学三者同一思想的理解》，《山西大学学报》1985 年第 3 期。

④ 周文彰：《思维逻辑的来源和本质》，《中州学刊》1989 年第 1 期。

身抽象，实践—操作活动的结构经过意识的沉淀，最终内化为人类思维逻辑的结构。黑格尔、列宁和皮亚杰都指出逻辑并不是“先验存在的”，逻辑源于人类的实践活动，是人们在实践过程中经过主体意识“凝聚”而成的，是具有相对稳定性和一贯性的实践原则或规范。

第三，从逻辑的功能来看，逻辑在使人类自身存在具有可理解性的同时，赋予了人类自由思考与行动的权利。“人的存在”是一种定在，即一种规定性的存在，而这种规定性又通过人与世界（自然、社会、他人）的互动，通过反思、概括与抽象形成的，是一种逻辑关照下的规定性。“人的定在”蕴含了人类对自身与世界关系在本体论、认识论、价值论和方法论等方面的认知。也就是说，逻辑是人类是其所是的理由，这一理由成为人类用以判断、解释、评价和规范自身思想和行动的标准或尺度。“人的存在”与逻辑具有内在的一致性。一方面，逻辑是在人的多种规定性存在的统筹认识基础上形成的；另一方面，人的存在品性又是由逻辑所支配的。透过逻辑，人类能够了解自身存在的根由和存在的品性。人类是一个能动的生命体，他们不是在外在力量的支配下被动的存在，而是一个积极主动的存在。人类具有主观能动性，他们是在自身实践探索、感悟与思考中建构并发展自身的存在，每一种存在的背后都蕴含着人类自身对世界的感知与理解，这种自我建构存在的方式赋予了人类自由思考与行动的权利。但同时，人类的存在又具有品性上的差异，这就决定了人类必须通过逻辑，为自身的合理存在提供建设性的工具。只有了解人类自身存在的逻辑，并以此为起点，人类才能进一步深化对世界客观事物及其之间关系的理解，才能获得真正的自由与权利。

第四，从逻辑的思维特征来看，逻辑具有经验与理性的双重属性。逻辑是认知主体在综合考量认识客体及其之间关系以及多方价值诉求的基础上形成的理性认识结果。理性是人的本质属性，它能够帮助人类更好地认识客观世界及其之间的关系，能够帮助人类更好地认识和分析问题，能够帮助人类更好地确定自身的价值追求和存在方式。只有建立在理性认识基础上的逻辑才更稳定、更可靠。然而，逻辑并不是单纯依靠理性凭空建立起来的，逻辑的构建很大程度上依赖于人类在实践生活中积累的经验。可以说，经验是逻辑构建的重要基础或来源，否则逻辑的构建成了无源之水、无本之木。然而，人类在实践生活中积累的经验往往具有“非自觉”的一面，“常常通过潜意识、不知不觉的心理状态和行为习惯起作用”。[①] 由于经验并不是同质性的存在，经验之间存在性质上的差别，这就决定了由经验建立起来的逻辑需要经过理性的审视与批判。经验是逻辑构建的基石，理性是逻辑通往自由自觉的必经之路。

第五，从逻辑的发展来看，逻辑性质的改变或水平的提升需要人类建立自我反思的自觉品性。美国著名哲学家桑塔亚纳曾指出，“一旦人类不再完善沉浸于感觉之中，他就会前瞻未来、回顾以往而有所悔恨和企慕；与关注当下的感觉奔流相反，……当生命冲动经过反思改造而对以往经历所做的判断产生同情时，我们就可以很恰当地把它称为理性。理性的生活取决于反思所产生并证明有效的那些环节。通过这种方式，不在场的成分即作用于当下，而一时难以感知的价值亦得到了估量。”[②] 可见，理性的生活是与反思批判精神紧密联系在一起的。虽然每个人都有自身存在的逻辑，但并不是每个人都能在自觉的水平上审视和运用逻辑。只有经过严密的思维论证或实践检验的逻辑才是合理的逻辑。因此，我们不能把逻辑作为无须验证的，似乎具有“先验合理性”的原则来指导实践。这就需要人类具备反思批判的自觉品格。反思批判的自觉品格通常建立在如下前提假设的基础上：任何观点或思想都可以并且应该受到质疑和批判；任何观点或思想，都应该通过理性的论证来为自身辩护；在理性和逻辑面前，任何人或任何思想都没有对于质疑、批判的豁免权，“把一切送上理智的法庭”可以被看作反思批判精神的基本特征。[③] 逻辑的自我反思与批判，能够使逻辑始终处于理性的审视、批判与自我改造中，能够帮助人类摆脱思维受不合理逻辑的牵制，为逻辑的合理发展提供空间。

（三）对“教学逻辑”的理解

由前文对“教学”和“逻辑”的释义，“教学逻辑”是教师在借助学科教学促进学生发展的实践活动中所遵循的相对稳定的教学依据。具

---

① 王庆坤：《教育哲学——一种哲学价值论视角的研究》，华中师范大学2006年版，第216页。

② 王习胜、张建军：《逻辑的社会功能》，北京大学出版社2010年版，第3页。

③ 陈波：《逻辑哲学研究》，中国人民大学出版社2013年版，第422—423页。

体而言，教学逻辑是教师在深化理解教学问题或具体开展教学实践活动中对教学相关要素关系权衡时所遵循的相对稳定的依据或规则。我们可以从以下几个方面来理解教学逻辑。

第一，从教学逻辑的构成来看，教学逻辑是一个复杂的综合体。从内容来看，教学逻辑反映了教师对教学世界图景“真”和“善”的双向诉求。教学逻辑不仅反映了教师对教学世界客观要素及其之间关系的把握程度，而且反映了教师个人对教学世界建构的主观诉求，是对教学世界“真”与“善”双向诉求的统一。一方面，“真”确保了教学逻辑建构的“规约性”。教学是事理之学，正如杜威所言：“如果没有关于实际条件和因果关系的知识，任何‘应如何去做’的建立和准则都是愚蠢的冒险；同时，任何确立为目的和价值的东西都是空洞的理想。”① 另一方面，“善”确保了教学逻辑建构目的的“正当性”。教学实践是一种以“善”为目的的道德活动，教学实践价值或目的的正当性是决定教学实践合理性的前提。因此，教学逻辑的建构要反映教学实践对变革教学对象和成就教师自身的意义。② 从结构来看，教学逻辑反映了教师对影响教学活动的教学价值、知识经验、实践情境和行动策略之间耦合关系的把握。其中，教学价值代表了教师对教学活动“善”的诉求，决定着教学逻辑建构的方向。知识经验是教学逻辑建构的基础，决定着教师对影响教学活动的关键要素及其之间关系的价值判断。实践情境是教学行动选择的现实场域，教师对教学行动的思考或抉择离不开教师对现实场域蕴含的一切主客观环境的分析。这实际上是教师对教学情境所蕴含的各种教学信息的知觉加工过程，需要教师对教学情境中各要素的权重及其之间的相互关系进行评估。行动策略是教师在特定教学情境中针对教学问题所最终考虑选择的教学策略，教师对教学策略的选择实际上是其自身对具有现实可行性的教学策略的判断与权衡的过程。从发展来看，教学逻辑是教师知、情、意、行统一发展的过程。教学认识是教学逻辑建构的基础，教学情感体验是对教学认识所做的价值判断，它决定着教师对教学

---

① 南纪稳、张立昌：《教学规律研究：必要性及研究逻辑》，《教育研究》2010 年第 12 期。

② 董静、于海波：《教学理性：从“自在”到“自为”的转变》，《教育理论与实践》2015 年第 7 期。

认识的接受或拒绝。意志努力是指教师对教学认识付诸实践过程中克服困难所做的努力程度，能够确保教师教学认识和行动的一贯性。教学行动是教师将教学认识、教学情感体验、教学意志努力统合起来所采取的实际教学策略。

第二，从教学逻辑的产生来看，教学逻辑是教师在长期的教学实践过程中形成的理性行动规则。教学逻辑既不是凭空产生的，也不是直接借鉴他人经验的结果。任一教学逻辑的形成都是教师个人在教学实践的活动中，经过主体的尝试、探索与情感认同的基础上形成的，具有身体性的特征。教学逻辑的产生离不开教师身体的参与，是教师通过亲身参与教学过程，将外来的专家理论、同行经验和传统认识统合到自身的实践过程中，经过实践的反复探索和结果评估形成的具有自我认同性的认识，是教师“身在其中”获得的理性认知结果。由于教学逻辑具有典型的个体依存性，这就使得不同教学实践经历的教师所形成的教学逻辑必然会呈现出鲜明的个体特征，体现出不同的认知偏好。“一切被认知了的教学存在都是一种被形塑和形成了的教学存在，这种教学存在乃是一种经过特殊过滤和把握的东西。”① 教学逻辑是对教学存在进行过滤和把握的工具，其中无不涉及基于教师个人对教学基本问题的认知判断。而不同个体对相同问题的认知并不具有一致性，由此形成了不同的教学认识或判断取向。但无论性质如何，它们都从事实层面成为教师教学行动的内在根由。

第三，从教学逻辑的功能来看，教学逻辑为教师自身的教学存在提供了自我理解与发展的工具。教学逻辑是教师在教学实践中形成和发展起来的，内蕴着教师个人对影响教学活动的关键要素及其之间关系的理解以及教师个人对教学世界建构的价值诉求。每一位教师的教学认识和教学行动都建立在自身所形塑的教学逻辑的基础之上，只不过由于长期的教学实践，他们已经内化为教师认知和行动的规则，以自在的方式发挥作用，并使自身的教学实践具有了日常化的特征。教师在教学实践中往往忘记了教学的初衷，而沦为技术人员。透过教学逻辑，教师才能了

---

① 徐继存：《教学研究意味着什么——兼论教学论研究者的责任与使命》，《课程·教材·教法》2015 年第 2 期。

解自身教学存在的最初根由，不仅知道自己在做什么，而且知道自己为什么这样做。这样，教师的教学存在不再是一种自在的、程序化的、盲目的存在，而是一种自觉的、反思性的、理性的存在。同时，教学从根本上来说是一项规范性事业，有它基本的价值诉求。通过教学逻辑，教师能够始终保持慎思的态度对待自身的教学实践，使教学实践朝向合理的价值诉求发展。

第四，从教学逻辑的思维特征来看，教学逻辑具有经验与理性的双重属性。教师很多时候是通过对具体教学情境下教学经验实际效果的体验来建构教学逻辑，教学逻辑的形成离不开教师对教学经验中蕴含着的对教学世界中各种复杂关系的理解，它们构成了教师教学逻辑建构的基础。但由于教师所习得的教学经验中不免蕴含着教师对教学的不科学、不合理的认识，并导致教学实践的异化，这就使得教学逻辑必须建立在教学理性的水平上。所谓理性水平的教学逻辑，是指教师能够主动分析教学经验的性质，以“真”和“善”的双重标准来筛选教学经验，使教学经验建立在理性认知的水平之上。这样，教师教学逻辑的建构既克服了理论逻辑只具有理想性、缺乏现实性的弊端，又克服了教学逻辑单纯建立在肤浅的教学经验之上。教师教学逻辑的建构既具有经验性的成分，又具有理性的成分，是经验与理性的统一体。

第五，从教学逻辑的发展来看，教学逻辑的发展与教学反思水平的提升具有同构性。教学逻辑的发展过程实际上就是教师不断地反思与批判自身教学实践活动“前提”的过程。正如伯林所言：“如果不对假定的前提进行检验，将它们束之高阁，社会就会陷入僵化，信仰就会变成教条，想象就会变得呆滞，智慧就会陷入贫乏。”① 因此，教学逻辑的发展需要教师以“返乡的陌生人”的身份重新审视教学实践。所谓“返乡的陌生人”，就是“用探究和惊异的眼光来看待我们所生活的世界，如同从久居的他乡重新回家时那样。返乡人会注意到环境中他以前未注意到的细节与类型，他发现他必须思考本地的仪式和习俗，好让其再次产生意义”②。教学逻辑的发展要求教师对教学实践保持警惕与开放的头脑，以

① 孙正聿：《理论思维的前提批判》，中国人民大学出版社2010年版，第8页。

② 李德林：《教学个性研究》，博士学位论文，山东师范大学，2010年。

一种质疑的精神对待教学逻辑，并不断对其进行检验、修正与完善。每一次对教学实践的重新审视，实际上是教师不断形成对教学新认识、新理解、新筹划的过程。正如海德格尔所指出的，“对前筹划的每一次修正，为的就是能够预先做出新的意义筹划，在意义的统一体明确的确定之前，各种相互竞争的筹划可以彼此同时出现。诠释开始于前把握，而前把握可以为更合适的把握所代替，正是这种不断进行的新筹划过程构成了理解与诠释的意义运动。”①

二　教师个人教学逻辑的结构

系统论研究表明：“结构是系统中各要素之间的关系和联系的形式”②。该概念表明，要素和要素之间的关系是结构研究中两个核心的问题。换言之，明确了教学逻辑的要素及其之间的关系，教师个人教学逻辑的结构就会清晰地呈现在我们面前，我们也能够由此判断教师个人教学逻辑发展的情况。因此，本书主要从内容构成以及关系构成两个维度来思考教师教学逻辑的结构。

（一）教师个人教学逻辑的内容构成

从内容来看，教学逻辑是一个由教师个人无数的关于学科教学的信念或知识，为了解决在某一特定教学情境中的教学问题，通过一定的耦合关系组成的，这些信念或知识构成了教师教学逻辑的基础，内蕴在教师个人的头脑中。可以说，每个教师个人头脑中都具备这些信念或知识，只不过它们在不同教师头脑中的权重、认知倾向性和相互作用方式不同，由此造成了教师教学认知风格和教学实践方式的差异。目前，关于教师信念或知识的研究有很多，无论从信念或知识哪个层面来理解，它们事实上都是教师基于个人的教学实践形成的实践认识结果，都是事实层面支配教师个人认识或行动的依据。因此，本书不再对信念或知识进行区分，事实上，它们也很难区分。正如帕贾瑞斯认为的，虽然人们把信念粗略地看作个人价值、态度和意识形态，而知识对于教师更多的则是事

---

① 洪秀敏、姜勇：《论教师的“哲学运思”之境》，《教师教育研究》2015 年第 7 期。

② 刘学智：《对学生自我教育能力测量标准与方法的思考》，《现代中小学教育》1999 年第 6 期。

实性的命题，但人们还是把知识和信念看成不可分离的整体。① 它们都是教师个人在实际教学实践中真正信奉并实际使用的行动依据，并构成了教师教学逻辑的基础。因此，本书这里统一用“认识”来表示教学逻辑的基础。此外，用“认识”来表示教学逻辑的基础还有一层原因，教师教学逻辑的构成基础不是静止不变的，这些构成基础将随着教师的实践以及个人的感知与体悟有所发展，用“认识”来表示教学逻辑的构成基础，更能表达教学逻辑构成基础发展的动态性。

已有关于“教师信念”“教师知识”和“教师实践性知识”的研究为教师教学逻辑构成要素维度的确立提供了重要的研究基础。比如，考尔德黑德将教师信念划分为五个方面：关于学习者和学习的信念、关于教学活动的信念、关于学科的信念、关于怎样教学的信念、关于自我和教师角色的信念。② 艾尔贝茨将教师的实践知识划分为五个方面：自我的知识、教学环境的知识、学科的知识、课程发展的知识以及教学的知识。③ 舒尔曼将教师知识分为七类：内容知识、一般教学法知识、课程知识、学科教学法知识、学生知识、教育环境知识以及教育宗旨、目的、价值与其哲学或历史背景知识。④

综观已有研究，尽管研究者对教师信念或知识维度所包含成分的划分不尽相同，但主要都是从横向视角进行维度建构。这其中存在若干问题，如有的研究者在成分划分时将属于同一级别的内容划分成并列的类别；有的研究者在成分划分时存在交叉现象；有的研究者的分类过于简单，不能涵盖教学现实所包含的复杂维度。此外，所有分类存在的共同问题在于只对一级分类进行区分，没有在一级分类基础上更为细致的思考。本书恰恰弥补了以往研究的不足。具体而言，教学逻辑的内容构成主要包括以下几个方面：

---

① 尼克·温鲁普、简·范德瑞尔、鲍琳·梅尔：《教师知识和教学的知识基础》，《北京大学教育评论》2008 年第 1 期。

② Calderhead, J. , *Teachers: Beliefs and knowledge*，转引自谢翌《教师信念论》，广东高等教育出版社 2010 年版，第 45 页。

③ Elbaz F. , *Teacher Thinking: A Study of Practical Knowledge*, London: Croom Helm, 1983, p. 14.

④ Lee S. Shulman, “Knowledge and Teaching: Foundations of the New Reform”, *Harvard Educational Review*, Vol. 57, No. 1, February 1987, p. 8.

A. 教学目的认识。教学首先是一个价值负载的过程，教学目的反映了教师对教学的价值追求，是对“为什么而教”的回答，它直接影响着教师教什么和怎么教。教学目的认识是整个教学活动思考的起点，对其他认识起到统领的作用。教学目的认识主要包括教师对教学目的的空间架构和性质的认识，其中，教学目的的空间架构指教师对具体教学在知识与技能、过程与方法以及情感态度、价值观三个领域所涉猎的教学目标的思考；性质认识指教师对具体领域教学目标倾向性的认识。

B. 学科内容认识。学科内容认识是教学之基，教师实现有效教学的条件之一在于形成对所教学科内容的深刻理解。具体而言，教师对学科内容的理解主要包括对重要的事实、概念、原理或规则及其关系的认识、对学科本质的认识，即对学科知识性质、形成过程、特点和结构等的认识以及对学科价值的认识等。

C. 学生认识。学生是学习的主体，学习的过程是学生与客体对话的过程，这使得我们必须将关注点放在学情分析上，这是有效教学的逻辑起点。具体而言，教师对学生的认识主要包括对学生所具有的知识、经验、能力和思维特征的认识；对学生学习规律的认识；对学生学习需要的认识；对学生学习习惯的认识；对学生学习动机的认识；对学生学习风格的认识以及对学生学习困难的认识等。

D. 教学认识。教学认识是教师形成的对教与学的基本观点。具体而言，教学认识主要包括对教的本质的认识；对教师作用的认识；对学生作用与地位的认识；对师生关系的认识；对学的本质的认识；对教学策略的认识以及对教学评价的认识等。

E. 自我认识。自我认识指教师形成的对自我以及自我与他人关系的认识。艾尔贝茨曾指出教师自我认识的重要性，“教师对自身专业角色的看法、对自己在教室和学校之地位的观感，对教师的权利和义务的看法等都会审慎影响教师如何掌控知识及如何将知识呈现给学生”①。帕尔默也曾指出，“作为教师，无论我们获得哪方面关于自我的知识，都有益于更好的服务教学和学术。优秀教师需要自我知识，这是隐蔽在朴实见解

① Elbaz F., *Teacher Thinking: A Study of Practical Knowledge*, London: Croom Helm, 1983, p. 46.

中的奥秘。”① 具体而言，教师的自我知识主要包括对自我身份的认识；对自我已经具备的知识、经验和能力的认识；对自我权责的认识；对自我价值、追求、需要、个性特征等的认识以及对自我与他人关系的认识等。

F. 课程认识。关于课程认识的理解不外乎两种，一种是关于课程的认识，主要指关于课程开发或编制的知识，以艾尔贝茨和舒尔曼为代表；另一种是作为课程的认识，即纳入课程之中为教师施教、学生学习的内容和对象②，以格罗斯曼和郭晓明为代表；本书中取课程认识的第二种理解，采纳格罗斯曼对课程认识二级维度的划分：一是横向的课程认识，主要指对特定年级特定主题内容选择、组织及与其他主题联系的认识，以及不同学科内容主题之间联系的认识；二是纵向的课程认识，主要指不同年级相同主题内容之间关系的认识；三是对课程资源的认识，主要指对课程资源来源的认识，如教科书、网络媒体、教师或学生经验以及其他来源等的认识。

G. 情境认识。情境是影响教师教学的一切外部变量的总和，是教师工作所面对的具体时空环境。从内容构成来看，既包括物质方面的情境，又包括人文方面的情境；从范围来看，既包括社会情境，又包括学校和课堂情境。具体而言，可以将情境认识划分为以下几个方面：一是对课堂物质与社会环境的认识，主要指对教室物质环境、可利用的技术、学习资源的认识（课堂物质环境）以及对班级规模和组织类型、对班级规章制度、对学生家庭背景、对学生身心状态与发展水平、对不同学生需要、对学生反应、对课堂气氛、对教材、对自身身心状态的认识以及对教学时间的认识等（课堂社会环境）；二是所在学校物质环境和社会环境的认识，主要指对学校基础设施配置、学校办学理念、惯习、教师文化、规章制度等的认识；三是对更大的社会环境的认识，主要指对社会习俗、文化、传统等的认识。

---

① ［美］帕克·帕尔默：《教学勇气——漫步教师心灵》，吴国珍等译，华东师范大学出版社 2005 年版，第 3 页。

② 郭晓明：《课程知识与个体精神自由——课程知识问题的哲学深思》，教育科学出版社 2005 年版，第 498 页。

（二）教师个人教学逻辑内容之间的关系构成

上述对教学逻辑要素构成的认识，只是从静态层面对教学逻辑构成要素进行了描述。实际上，教学逻辑表达的是对教师头脑中认识库中认识的瞬间提取和关联。这个过程不仅与教师头脑中形成的认识有关，而且与教师对头脑中的认识在解决具体教学问题中各要素的选择及其之间关系的认识有关。教师头脑中的认识包括了前文提到的教学目的认识、学科内容认识、学生认识、教学认识、自我认识、课程认识和情境认识几大部分，在没有使用之前，以静态方式存储于教师个人认识库中。一般而言，教师头脑中认识库中的认识越深刻、丰富，认识之间越紧密相连，越有助于教师以深刻、多样、关联的认识在实践中作为教学逻辑的内容要件去解决实际的教学问题。不同发展水平的教师，其大脑中认识库中的认识存在显著差别。一般而言，优秀教师认识库中的认识比较深刻、丰富，认识结构比较完整；而新手教师认识库中的认识比较肤浅、单一，认识结构存在缺失。教师大脑中认识库中认识的差别直接影响教师教学逻辑的建构水平。此外，在面对实际教学问题时，不同发展水平的教师对大脑中认识库中认识的提取和关联表现出显著的差别。优秀教师在认识提取的关联程度上明显优于新手教师，优秀教师能在多个教学要素关联的基础上思考教学问题，且对教学要素之间关联的确认往往建立在反复实践验证的基础上；而新手教师只能在个别教学要素关联的基础上思考教学问题，且这种对教学要素之间关联的思考往往建立在自我假定的基础上，缺乏实践的反复验证。

三　教师个人教学逻辑的特征

（一）个体性

教学逻辑是教师个体在与自身教学实践的持续对话过程中形成的，以教师个体的存在为前提条件，而教师个体的存在不是一种抽象的存在，是一种历史文化的存在。正如马克思所言，“人的存在是有机生命所经历的前一个过程的结果。只是在这个过程的一定阶段上，人才成为人。但是一旦人已经存在，人，作为人类历史的经常前提，也是人类历史的经常的产物和结果，而人只有作为自己本身的产物和结果才成为前提。”[①] 可见，作为认识主体，教师并不是空着脑子参与到教学实践中的，教师总是以自己已经占有的教学依据或规则进行教学思维或采取教学行动。教学如何被认识、解释、规范、批判或改造与教师所占有的教学理解密切相关。因此，必须站在教师个人历史的传统中来揭示和理解教师个人所建构的教学逻辑。由于不同教师个体的生活、学习和工作经历不同，积累的教学经验的不同，拥有的知识体系、思维方式和价值观念等的不同，造成支撑教师教学思考与教学行动的教学逻辑的不同。可以说，教师个人形成的教学逻辑是教师个体对教学赋予的“我”的解说，都是独一无二的，具有鲜明的个体性。

（二）潜隐性

潜隐性是从教学逻辑发挥作用的方式来说的，教学逻辑是在教学惯习和场域的互构过程中经过行动的反复以及意识的沉淀，内化为教师教学实践的潜在规则而自发地产生影响。它像一只“看不见的手”隐藏在教师教学思维与教学行动的过程之中，以“不自觉的和无条件的方式”[②] 规范着教师想什么和不想什么，怎样想和不怎样想，怎样做和不怎样做，它既是教师思想和行为的一种根据，又是教师思想和行为的一种限度。教学逻辑的潜隐性使得教学逻辑常常由于得不到及时地公开问诊而错失了自我纠正或更新的时机，教师的教学实践始终停留在“以过去为定向”的“自在自发状态”。因此，教学逻辑的显性化显得非常必要，它能够使隐藏在教学思考与教学行动背后的教学逻辑从“幕后”走向“台前”，接受教学理性的重新审视、批判与纠正。

（三）优先性

相对于外在的教学信息、教学知识或教学理论的影响而言，教学逻辑对教师的认识与行动的影响具有优先性，主要表现在以下两个方面：一是教学逻辑是事实上支配教师个人认识与行为的依据，具有行动定向的特征。也就是说，对教师自身教学实践起支配作用的是教师个人通过亲身实践形成的教学逻辑，而不是外在的教学信息、知识或理论。作为

① 孙正聿：《哲学通论》（修订版），复旦大学出版社 2005 年版，第 66—67 页。
② 孙正聿：《哲学通论》（修订版），复旦大学出版社 2005 年版，第 106 页。

教师头脑中的“民间教育学”（folk pedagogy），教学逻辑发挥着基础性的作用。二是教学逻辑制约着教师对外来信息、知识或理论的接受与学习。只有外在的教学信息、教学知识或教学理论与教学逻辑在认知倾向性上具有一致性时，教师才会主动将其纳入自己已有的教学逻辑框架之内，否则将采取拒斥的态度。可见，教学逻辑是教师获得一切外来教学知识、信息或理论的“过滤器”，对外来教学信息、知识或理论的获得起着促进或阻碍的作用。因此，不了解教师头脑中的教学逻辑，只向他们宣讲倡导的教学理论，一旦进入教学实践领域，教师的教学认识与实践依然受到自身固有教学逻辑的支配。

（四）稳定性

教师作为教学实践活动的发起者，无论其自觉还是不自觉，其教学实践都不会是偶然的，教师不会“恰好”就这么做。事实上，在一定的历史时期内，教师在教学实践中都有其一以贯之的教学立场，正是这一以贯之的教学立场才使得教师的教学实践表现出整体性、统一性和鲜明的个体性。作为教师个体教学实践的依据或规则，教学逻辑是对自身多样化教学实践的“最根本的解释”，一旦形成，具有相对的稳定性。教学实践中，教师不是随心所欲地对待教学实践，在情境理性的背后贯穿的是教师相对稳定的“具有普遍有效性”的普遍理性。稳定的教学逻辑形塑了教师具有内在一致性的教学实践样式，稳定的教学逻辑使得理解教师个人教学实践具有了可能性。

（五）具身性

具身性是认知科学由信息加工范式—联结主义范式—具身认知范式转变过程中出现的一个重要概念。具身认知范式强调认知不是一种先验的能力，而是一个身体参与其中的连续进化发展的情境性过程[①]。我们可以从三个方面来理解教学逻辑的“具身性”：第一，教学逻辑是身体参与其中的产物。“认知源于身体与世界的相互作用，心智依赖机体的各种经验，这些经验来自具有独特知觉和运动能力的身体，而这些能力不可分离地相连在一起，共同形成一个记忆、情绪、语言和生命的其他方面在

① 李恒威、盛晓明：《认知的具身化》，《科学学研究》2006年第2期。

其中编织在一起的机体。”[1] 由身体涉入获得的各种感受、情绪、体验等都参与教师教学逻辑的建构。这表明教学逻辑不是纯粹的抽象思维的结果，教学逻辑与教师个体的知识与经验、生活史、感受体验等紧密联系在一起。第二，教学逻辑的建构是嵌入环境中的智能体的实时、适应性的活动[2]。这是因为教师所知觉到的教学实践意义不可能独立于教学情境之外。教学逻辑的建构实际上包含两个过程：一是依赖于环境刺激的自下而上的加工，即一个适应的过程；二是依赖于人的已有主体性的自上而下的加工，即一个解释和构造的过程。[3] 来自情境的加工是教学逻辑建构的基础，教学逻辑是对接下来面对的现实教学情境下教学行动选择的解释。换言之，教学逻辑是“情境理解”下的产物，教师的教学行动既不像理性主义所主张的那样由理论派生出实践，也不像行为主义所主张的那样将理论付诸实践[4]，而是建基于现实具体的某种“情境理解”之上。教学情境本身所蕴含的价值导向、实践原则、文化氛围、师生关系、班级环境和物质条件等成为制约教学逻辑建构的主客观条件，教师要据此修正或调整教学逻辑。第三，教学逻辑的性质与水平由教师身体、认知与环境的互动方式所决定。当教师能够在身心统一、主体间交流互动以及身体与环境的协调统一中建构教学逻辑时，此时的教学逻辑则代表了理性建构的最高水平。

（六）情感性

教学逻辑的形塑不是教师对客观教学要素及其之间关系的“镜式反映”，是教师个体通过“身体参与”在与客观环境的相互作用过程中获得的认识，具有浓厚的“情感性”。这种“情感性”不是心理学意义上狭义的非智力因素的情感性，而是充满了个体是非价值判断、权衡与比较的情感性，成为教师在教学逻辑建构中“认识和理解教学人事与自身之间

---

① 张良：《论具身认知理论的课程与教学意蕴》，《全球教育展望》2013 年第 4 期。

② 邱关军：《从离身到具身：当代教学思维方式的转型》，《教育理论与实践》2013 年第 1 期。

③ 盛晓明、李恒威：《情境认知》，《科学学研究》2007 年第 5 期。

④ 易凌云：《教师个人教育观念》，教育科学出版社 2010 年版，第 19 页。

关系的价值参照系"[①]。在教学决策中，教师一般会选择与其情感体验相符合的教学认识或教学理解作为教学逻辑建构的重要思想基础，并以一种一贯的、潜移默化的方式发挥作用。可以说，情感性往往成为教师在实际教学决策中对教学逻辑构件选择的"过滤器"，并影响着教师对多样化教学认识或教学理解选择的态度。情感性是教学决策最核心的特征。

（七）实践性

来自教学实践，在教学实践中发展和为了教学实践是教学逻辑实践性的集中表现。首先，教学逻辑来自教学实践。在教学实践中，教师主要根据自身的发展需要、具体教学实践情境的特点和个人理性对教学现象或教学事件进行解释或说明。可以说，个体的教学实践孕育了个体独有的教学逻辑。其次，教学逻辑具有发展性。从历时性的角度来看，作为个体思想与行动的"解释原则"，教学逻辑只是阶段性的解释原则，这是因为教学实践活动是不断发展变化的，因此，教师对教学实践的认识与理解不是一成不变的。教师会随着教学实践活动水平的提升和认识的深化，推动自身教学逻辑性质的改变或水平的跃迁。最后，教师对教学逻辑的揭示、明晰、归类和批判的根本动力源自对自身教学实践的合理化诉求。苏格拉底曾说过"未经审视的生活是不值得过的"，审视就是对某一种生活的合理性与合法性的前提进行追问。[②] 教师的教学认识或教学实践活动有其赖以存在的逻辑支点。教学逻辑的审视就是对逻辑支点的反思与批判，以此加快教学实践的合理化进程。

（八）复杂性

教学逻辑的复杂性指教学逻辑在数量和表征方面不是唯一的。在数量上，同一教师的教学逻辑可能是多元的，甚至是相互矛盾的，其在个体教学行动中是否能够居于核心地位受到教学情境改变的影响。在表征方面，教学逻辑存在一致性与多样性差异、表面性与本质性差异、言说性与行动性差异等特点。同一教师不同教学行动背后可能蕴藏着相同的教学逻辑，教学逻辑在具有内在一致性的同时，具有情境多样性；不同

---

① 李森、高岩：《教师教学决策的情感机制与实践策略》，《课程·教材·教法》2012 年第 10 期。

② 张海波：《教育问题的前提批判》，博士学位论文，东北师范大学，2011 年。

教师相同教学行动背后可能蕴藏着不同的教学逻辑；同一教师口头言说的教学逻辑可能与行动中的教学逻辑存在不一致性。因此，要想真实反映教师的教学逻辑，就需要对教师的教学逻辑进行多方面思考和识别。

第三节　教师个人教学逻辑的价值与类型

一　教师个人教学逻辑的价值

（一）对教学逻辑的体认有助于教师教学主体身份的形塑

在教学实践中，教学逻辑能够帮助教师理解教学实践中的相关问题、进行教学决策和采取教学行动。对教学逻辑的体认能够帮助教师肩负起教学的责任，有意识地思考自己正在做什么以及为什么这么做。① 当教师能够清晰地思考并回答这些问题的时候，表明教师教学实践主体意识的觉醒。教学实践主体意识的觉醒意味着教师能够以审慎的态度对待日常的教学实践，既不受自身已有的教学实践常规的束缚，也不受外在的教学规范的桎梏，从例行的和技术化的教学实践行为中解放出来，成为教学实践的自觉主体。后现代主义哲学家福柯对主体是认识主体、权力主体和伦理主体统一的理解②，有助于我们重新思考主体的内涵。福柯所理解的主体是一种超越既有权力—知识结构的自由主体。正如福柯所言，“那些有意并自愿的行为，人们不仅要用它们来给自己的行为制定规则，还试图通过它们改造自身，改变它们的独一无二的存在，把他们的生活变成承载了某些审美价值并满足某些风格标准的艺术作品。”③ 而这样的主体恰恰建立在“关心自我”的伦理学意义之上。所谓“关心自我”就是反观自身，体现的是个体与自我的一种关系。这里的“自我”不是现代哲学中理性“自我”，而是具体的、实践中的，不可替代的“自我”④。可以说，“关心自我”是“认识自我”和“实现自我生成与创造”的前提。主体只有反观自身、从生命和自由的角度才能更好地认识自我，从

---

① 蒋晓：《美国教育工作者的教育哲学探析》，《外国教育动态》1988 年第 3 期。

② 熊川武：《反思性教学》，华东师范大学出版社 1999 年版，第 115 页。

③ 李姗姗：《福柯的自我建构理论及其教育意义》，《东北师大学报》（哲学社会科学版）2008 年第 4 期。

④ 张中：《主体、自我与生存》，《理论与现代化》2013 年第 3 期。

而实现生命的权力。

福柯的主体理论对于理解自觉主体的内涵具有重要的借鉴价值。对具体的、实践中的教师的教学逻辑的体认，有助于教师成为教学实践的自觉主体，从而获得教学自由。首先，对教学逻辑的体认，有助于教师实现由“自信主体”向“反思主体”的转变，教师不再以“不证自明”的态度对待自身的教学实践，能够反观自身，关心自身教学实践是什么、为什么、何以生成或建构。教师只有对自身的教学不断地进行反思，才能认识到教学实践的现有局限并不断寻求新的突破。其次，对教学逻辑的体认，有助于教师实现由“形式主体”向“实质主体”的转变，教师不再受他者教学理论或教学规范的束缚，能够独立、自主、多样地开展教学实践，进而开拓教学实践的“可能生活”①。最后，对教学逻辑的体认，有助于教师实现由“理性主体”向“伦理主体”的转变，教师能够以一种“关心”的态度对待自身的教学实践，而这种关心又是建立在对自身作为教学生命体存在思考的基础之上的。换言之，对教学逻辑的体认赋予了教师一种伦理的教学生活态度。教师能够时刻将“自我”作为关心和反思的对象，不断探寻对于自身发展具有价值的教学理解和教学生活方式。

（二）对教学逻辑的体认有助于教师专业素质的发展

教师在教学实践中是如何对教育对象施加教育影响的？事实表明，教师专业素质是一个各部分相互关联的整体，教师就是靠这个整体结构向教育对象施加影响。② 教师专业素质是一个包含专业理想、专业知识、专业能力和专业自我的复合体，教师专业素质的结构关系着教学实践的现实水平。那么，我们如何考察现实中教师专业素质的发展情况，教学逻辑为我们提供了有效的工具，我们可以把教学逻辑看成对教师专业素质的综合反映。教学逻辑是教师根据自身对教育教学工作的感受与理解、个人志趣、能力、个性特点与知识结构等形成的理性认知结果，是在个人专业理想、专业知识、专业能力和专业自我发展的基础上形成的。教学逻辑的性质、结构和水平往往是对教师个人专业素质的反映。个体教

① 赵汀阳：《论可能生活——一种关于幸福和公正的理论》，中国人民大学出版社 2004 年版，第 150 页。

② 于海波：《论教师的哲学素养》，《社会科学战线》2011 年第 9 期。

学逻辑越与教学客观规律趋近、越能表达个人合理的教学理想，结构越严谨、系统化，越能在主体意识层面得以澄清、反省和提升，个体教师的专业素质越高，越能有效帮助教师进行合理的教学决策。

可以说，教学逻辑是教师专业素质的“晴雨表”，透过对教师教学逻辑的关注与分析，教师个体能够更加及时有效地发掘自身专业素质结构中存在的问题并改进。如教师专业理想的建立是教师个体教学逻辑构建的精神内核，内蕴着教师个人对教学工作所持的本体论、认识论、价值论和方法论；专业知识是教师个体教学逻辑构建的知识基础，教师专业知识的量、质和结构的复合性影响着个体教学逻辑结构的建构；教师的专业能力，如语言表达能力、反思能力等的发展也影响着教师个体教学逻辑的建构水平。现实中，不同的专业素质结构形塑了不同的教学逻辑。教学逻辑形成的过程实际上也是教师个体专业素质逐渐完善，形成专业自我的过程。对教学逻辑的强调，目的在于为教师提供一个重新审视自我教学实践性质与问题的新视角，帮助教师加强自身专业素质建设，形成个性化和独特的教育教学生活方式。

（三）对教学逻辑的体认有助于课堂教学实践水平的提升

杜威在对知和行关系考察的过程中提出，一方面，从词源学来看，“知识”和“行动的能力”是同源的词，“做事的能力可能是知识的最基本的意义”；另一方面，人的行动是基于观念、知识的，受观念、知识的指引，是观念、知识的运行过程、具体化过程。① 在杜威看来，人类的知与行是统一存在的。教学实践事实上也是知与行统一的过程。教师外在的教学行为总是受到内在教学观念、教学知识的支配，教师是在对教学活动的认知、理解与判断的基础上展开教学行为的。所以，要想提高课堂教学实践的水平，不仅要改变教师现有的教学行为，更重要的要改变内在起决定作用的教学观念或教学知识。对教学逻辑的体认有助于教师反思影响自身教学决策的教学观念或教学知识基础，它们是教师在与外部教学世界关系的展开过程中形成的认知结果。从内容来看，“是人们通过认识—实践活动，对外部世界的事物的结构、属性、本质和规律等的观念的或理论的掌握”；从形式来看，“是人们借助于语言符号，通过概

① 张华：《课程与教学论》，上海教育出版社 2001 年版，第 54 页。

念、范畴的思维逻辑体系，在思维形式中再现关于外部世界的事物的建构和结构的客观逻辑”。[①] 作为一种认知结果，教学观念或教学知识必然在个体身上呈现出明显的差异性，进而影响教学行为的展开。所以，要想提高课堂教学实践的水平，首先要改变教学行为背后起支配作用的认知结构系统。

教学实践既表达了主体教师的教学追求和教学需要，又反映了教师对复杂多变的教学世界及其内部各要素之间关系的洞察和把握。教学实践作为主观见之于客观的活动，自然受到主—客观关系之间矛盾运动的制约。当教师以习惯、程序化的态度对待自身的教学实践，那么此时，教师所展开的教学实践是一种“重复性”的实践。而“实践对象的多样性、可变性、复杂性和发展性等特点决定了教学实践不能简单地复制先前的实践目标、实践形式、实践方法和实践路径，而应根据实践对象的需求和外界的变化不断更新”[②]。这事实上决定了教学实践从本质上来看是一种“创造性”实践。对教学逻辑的持续体认与反思有助于教师不断检视自身的教学观念或教学知识，从而在更高的“创造性水平”上开展教学实践。可以说，教学实践是“发生在人与外部世界的扩展着、深化着的相互作用和相互关联中的开放过程”[③]。这意味着保持开放的头脑，在动态变化的教学实践过程中保持自身对教学实践的“主体势”是促进教师开展创造性教学实践，提高课堂教学实践水平的关键。

二　教师个人教学逻辑的类型

依据不同的分类标准，可以将教师个人教学逻辑划分为以下几种类型：

（一）从价值诉求来看，分为“工具效用型”“解释理解型”和“探究建构型”

不同性质的教学逻辑代表了教师不同的教学价值诉求，从教师实际的教学价值诉求来看，可以将教学逻辑划分为“工具效用型”“解释理解

---

① 夏甄陶：《认识的主—客体相关原理》，湖北教育出版社 1996 年版，第 15 页。

② 安富海：《教学实践是一种创造性实践》，《高等教育研究》2014 年第 3 期。

③ 夏甄陶：《认识的主—客体相关原理》，湖北教育出版社 1996 年版，第 13 页。

型”和“探究建构型”三个主要类型。持“工具效用型”教学逻辑的教师，其在教学实践中以“考试”为中心，更关心外在的、短期功利价值的实现，教学上局限于以“考试”为中心的教材内容的传递，教师在教学中扮演“传声筒”或“扬声器”的作用，教学评价上更关心学生对确定的、规范的教学结论的识记和掌握，以学生在“考试”中“分数”的多少作为评价学生的标准，整个教学只关心学生应试能力的培养。持“解释理解型”教学逻辑的教师，其在教学实践中以“知识”为中心，教学上局限于以固定的知识体系为中心的内容传递，教师在教学中扮演“解释者”或“说明者”的角色，教学评价上更关心学生对确定知识内容的理解。持“探究建构型”教学逻辑的教师，其在教学实践中以“促进学生思维的发展”为中心，教学上不仅关心静态教学内容的传递，同时注重课堂教学中动态教学内容的生成，教师在教学中扮演学生学习的引导者、促进者和合作者的角色，教学过程中始终以学生为主体，让学生经历知识的形成和建构过程，教学评价上更关心学科在促进学生思维能力和思维品质培养方面的价值。

（二）从建构方式来看，分为“自我假定型”的教学逻辑和“实践反思型”的教学逻辑

每个教师都拥有自身教学认知和行动的教学逻辑，但不同人建构教学逻辑的方式可能存在很大差别，有的教师的教学逻辑是通过“自我假定”的方式建构起来的，也就是说教学逻辑在建构的过程中并没有经过实践的验证，其可靠性完全凭借教师个人的主观臆断。可想而知，如果教师不能认识到其教学逻辑的局限性，教学必然受困于旧有教学逻辑的误导，甚至有可能使教学向相反的方向发展。在“自我假定”基础上建构起来的教学逻辑，其可靠性有待质疑。而有的教师的教学逻辑是在实践与反思的互动过程中建构起来的，教学逻辑的合理性经过了实践的验证和理性的反思，具有相对的可靠性。

（三）从思维方式来看，分为“习惯型”的教学逻辑和“惯习型”的教学逻辑

不同思维方式下的教学逻辑也存在根本的差别。从思维的开放程度来看，封闭型思维方式运作下的教学逻辑一旦形成，便具有固着性，在教学实践中表现出一贯的教学认知和教学行动图式，教师很少主动感知

和对其反思。而开放型思维方式运作下的教学逻辑是一种惯习型的教学逻辑，惯习型教学逻辑与习惯型教学逻辑最大的不同在于，它是一个开放的性情倾向系统，它能随时根据外界教学信息的输入而不断发生改变或扩充，持续建构性是惯习型教学逻辑最本质的特点。这类思维方式的教师，在教学实践中是一个能动的个体，她们能够始终保持对教学实践的敏感性，避免自身教学实践受已有教学习惯的束缚，主动思考并探索有效的教学实践样式。

（四）从拥有方式来看，分为“倡导的”教学逻辑和“行动中”的教学逻辑

教学逻辑在教师个人身上发挥作用的方式不同，有的属于“倡导的”教学逻辑，是教师口头言说中表达出来的教学逻辑。一般而言，“倡导的”教学逻辑属于外界教学理论界倡导和认同的教学逻辑，是教学理论工作者在遵循教学规律和对某一教学价值认同的前提下形成的，旨在为教学实践工作者提供一套普适的、基本的教学规范。而“行动中”的教学逻辑，往往内隐于教师的教学行动中，是每个教师在实际的教学工作中基于自身的教学体验形成的。从与教学实践的关系来看，行动中的教学逻辑是每个教师真正信奉并切实转化为具体教学实践的内在根本准则，而“倡导的”教学逻辑往往具有理想性。现实中，“倡导的”教学逻辑与“行动中”的教学逻辑往往具有不一致性，往往使理论界和实践界自说自话。因此，要想使“倡导的”教学逻辑能够被教师个人认同并实践的关键在于，不仅加强教师对“倡导的”教学逻辑的学习与理解，设法找到“倡导的”教学逻辑与“行动中”的教学逻辑的对接点，同时，还要加强“倡导的”教学逻辑对教学实践的批判、反思和重建。

（五）从意识程度来看，分为“无意识”的教学逻辑和“意识到”的教学逻辑

一般情况下教学逻辑处于潜隐状态，无论是优秀教师，还是新手教师常常在潜移默化中受教学逻辑的影响，处于“无意识”状态。当教学逻辑处于“无意识”状态时，教师不能意识到自身教学逻辑的存在，更无法言说，但教学逻辑却实实在在地影响着教师的教学认知和教学行动。一旦教师被要求说出自己教学行动背后的教学逻辑，教学逻辑则由“无意识”领域上升到“意识”领域，这时，教学逻辑开始由“幕后”走到

“台前”，教师能够意识到教学逻辑的存在，甚至能够主动反思与批判既有教学逻辑的问题。教学逻辑由“无意识”状态向“意识”状态转变的关键在于教师主体意识的觉醒和他者的提示。因此，积极探索可视化和可言说的途径，使处于潜隐状态的教学逻辑外显化，才能促进原有教学逻辑水平的跃迁。

第三章

教师个人教学逻辑的形成与发展

作为教师个人教学实践的依据，教学逻辑不是从来就有的。那么，教学逻辑是如何产生，又是如何发展？具身认知科学理论、缄默知识理论和反思性教学理论为我们更好地认识教学逻辑的产生与发展提供了理论基础。在分析教学逻辑产生与发展相关理论的基础上，我们又对教师教学逻辑的表征和运演过程、教师教学逻辑的发展水平与模型进行了探讨。

第一节　教师个人教学逻辑形成与发展的理论基础

一　具身认知科学理论

始于20世纪50年代的认知科学经历了两代认知科学的发展，其中，第一代是建立在身心二元论假设之上的以符号加工理论和联结主义为代表的传统认知科学，第二代是建立在身心一元论假设之上的具身认知科学。与传统认知科学摒弃“身体”在认知过程中的作用不同，具身认知科学尤为强调身体在认知过程中的重要性，强调认知源于身体并在身体中得以建构，身体是作为“主体”参与认知过程，认知是身体在与环境相互作用的过程中形成的，环境本身就是身体的一部分。第二代认知科学的发展，改变了我们传统观念中对认知的理解，即认知是发生在“脖子以上的学习”①，身体只是作为人与外界环境互动的工具，身体本身不

① 殷明、刘电芝：《身心融合学习：具身认知及其教育意蕴》，《课程·教材·教法》2015年第7期。

参与认知过程。传统认知科学把认知作为独立于身体的计算过程，具有类似于计算机信息处理系统的加工过程。传统认知科学摒弃身体的神经生理结构和活动图示在认知和理性能力形成过程中的价值。第二代具身认知科学强调认知的身体依赖性、具身性、情境性、发展性和动力学性，具身认知科学为我们更好地理解人类的认知过程开辟了新的视野。

（一）具身认知科学理论的发展脉络

传统认知科学建立在认知本质的计算性和认知功能的独立性假设之上，认为人类的认知过程完全由大脑来支配的，与身体无关。这种离身性认知观受到了众多学者的质疑和批判，他们提出了与离身性认知观相反的观点。

在哲学方面，胡塞尔、海德格尔、梅洛·庞蒂、詹姆斯和杜威是早期具身认知思想提出的代表。胡塞尔从意义的相关性问题，即“世界与主观被给予方式之间的相关性”指出，“我们所谈论的世界既是我们内在活动的表达，也是对外在世界认知的表达”，也就是说意义既不是单纯来自外部世界，也不是主体的臆想或由纯粹的反思自我统摄，而是发生于主体和外部世界相互作用的活动的构成过程中，意义是相互作用活动的给出和建构。[①] 德国哲学家海德格尔提出了“在世存在”的概念，也就是说人的存在是与其他各种存在交织在一起的，人从出生之日起就被嵌入身体、环境、历史、社会之中，人的存在是一个整体存在。[②] 海德格尔的观点表明，人类认知意义的获得对身体及其理解活动的高度依赖性。法国现象学家梅洛·庞蒂通过对身体体验现象学的分析提出了以身体为主体的知觉活动，与传统认知科学将身体仅作为一种纯粹的生理因素不同的是，梅洛·庞蒂将身体作为知觉客体的条件和知觉意义产生的来源。这里，身体与心智是融为一体的。一方面，认知或心智是身体的认知或心智，也就是说，人类是通过身体知觉外界事物，身体的结构和活动方式决定了人类知觉的内容和方式，决定了人类思想、观念、推理和体验的生成。另一方面，身体是心智或认知的身体，即心智在身体之中，心

① 费多益：《寓身认知心理学》，上海教育出版社 2010 年版，第 21—22 页。

② 叶浩生：《西方心理学中的具身认知研究思潮》，《华中师范大学学报》（人文社会科学版）2011 年第 4 期。

智与身体融为一体，失去了心智的作用，人的身体会变为纯粹的“肉体”，外界事物的存在及其之间的关系对于“肉体”来说便失去了知觉的意义，因而也无法获得各种知觉体验。可见，在身体现象学看来，心智、身体、环境是一个相互联系的有机整体，“我”的存在就是在这种相互联系的有机整体中被塑造出来的。实用主义哲学家詹姆斯和杜威也都在各自理论的阐述中提出了心智具身性的观点，其中，詹姆斯在他的情绪理论中指出身体在情绪反应中所具有的重要作用，他指出“如果离开了作为认识对象的物理环境，心理事实就无法得到正确的解释。传统理性心理学的最大错误就在于把灵魂视为一种绝对精神的东西……同世界中的具体事物没有关系……”。①詹姆斯的理论指出情绪的产生依赖身体与环境互动中身体活动经验的获得。杜威也在他的理论中论述了身体在认知中的重要作用，在他看来人类的认知、知识、语言与思维等与人类的身体是统一的，认识发展的基础是人类身体的行动。

在心理学方面，早期格式塔学说中提出的不存在“无意象思想”的观点和吉布森的生态心理学观点都可以看作早期具身认知思想的先驱。在心理学上，对具身认知科学的发展具有重要影响的不得不提及皮亚杰和维果茨基。其中，皮亚杰在“发生认识论”中提出的“动作内化”“运算”和“进化”的概念十分重要。在皮亚杰看来，身体的活动即动作是感知和思维发展的基础，认知结构的起源是动作的一般性协调，而动作是身体与环境相互作用的桥梁。认知结构的形成以外显动作在心理层面的内化实现，皮亚杰将这种在心理层面上进行的内化动作称为“运算”，这种“运算”具有连续进化的特点，即认知结构不是一成不变的，它有发展变化的过程，认知主体通过同化—顺应的连续建构过程实现认知结构的不断改变和调整。与皮亚杰相似，维果茨基也强调身体活动在认知中的重要性，特别强调高级水平的思维对外部活动的依赖性。但与皮亚杰不同的地方在于，维果茨基强调人类的认知主要不是在个体内部形成的，而是在人与社会环境的互动过程中形成的。上述观点都是对传统认知科学身心二元论的驳斥，这些观点进一步促进了具身认知思想的形成。

---

① 叶浩生:《身心二元论的困境与具身认知研究的兴起》,《心理科学》2011 年第 4 期。

在经历了早期萌芽期之后，具身认知思想进入了系统论述阶段。西伦谈了对具身的理解，他指出，“认知依赖于经验的种类，这些经验出自于具有特殊的知觉和运动能力的身体，而这些能力不可分离的相连在一起，共同形成一个记忆、情绪、语言和生命的其他方面在其中编织在一起的机体。”[①] 认知科学哲学家、思想家拉考夫和约翰逊在总结已有人工智能、神经科学、生理学和哲学等学科领域的研究后，提出了认知是具身的和进化的思想。他们认为人类是以“体认”的方式知觉世界，外部世界概念和意义的获得是在人的身体与外界事物空间关系的把握基础上获得的。同时，他们认为人类的理性是进化的，它建立在低等动物所具有的知觉和运动能力的连续统中。克拉克、克兰西、安德森等人主要从身体与情境的互动方面来谈论认知的具身性。西伦、史密斯、伊利亚斯密斯和戈尔德等提出了动态认知的观点，都强调认知是随时间变化的适应性活动。瓦雷拉、汤普逊和罗施等也提出了认知具身性、情境性、生成性和进化的观点。其中认知的具身性指认知依赖于具有特殊知觉和肌动能力的身体获得的经验的种类，认知的情境性主要强调人类的生活经验、历史和社会文化因素对认知的影响，人的身体被置于一个包括生物、心理和文化的更广泛的环境之中。认知的生成性指知识是在身体与环境的互动中生成和发展的，认识不是预先给予的对世界的表征。认识的进化强调包含大脑、神经结构、生理结构和感官运动系统的身体是进化的，并且人类的高级认知能力与低级感官运动能力具有进化的连续性。在研究中，威尔逊以及泽马克和克瑞斯雷形成了较为系统的具身认知主张。其中威尔逊提出了六个基本主张，分别是：认知是情境的；认知是具有时间压力的；认知是基于环境的；环境是认知系统的一部分；认知是行动导向的；离线的认知是基于身体的。[②] 泽马克和克瑞斯雷提出了三点基本主张：①认可身体及其感官运动活动在认知中的作用；②支持身体活动的（进化的）生物环境中理解认知；③认知被看作一个实时、情境中的活动，认知与知觉和行动是不可分割的。[③]

---

① 李恒威、肖家燕：《认知的具身观》，《自然辩证法通讯》2006 年第 1 期。

② 李恒威、肖家燕：《认知的具身观》，《自然辩证法通讯》2006 年第 1 期。

③ 费多益：《寓身认知心理学》，上海教育出版社 2010 年版，第 68 页。

（二）具身认知科学理论的主要观点

纵观具身认知科学理论的发展大致经历了早期萌芽和系统论述两个主要阶段，概括起来，其基本观点主要包括以下几个方面：

1. 认知是“主体身体”参与其中的产物

与传统认知科学主张认知发生在大脑层面，与身体无关的“离身认知观”不同，具身认知科学将认知加工置于身体层面，十分关注身体作为认知加工载体存在的重要性。“身体”在具身认知科学中具有了新的意义，他们认为“大脑”在“身体”中，“身体”在环境中，认知在“大脑”“身体”与“环境”的互构中形成。“身体”不再是一个单纯的“物理存在”，而是一个“主体存在”。作为主体的“身体”，它的生理结构、神经系统、感觉运动系统不仅参与认知，而且个体通过身体获得的各种感受、体悟和经验等也参与认知或心智的形成，即便是那些高级的、复杂的抽象概念、认知、思维、推理过程的形成都以身体为基础。由此，人就不再是抽象存在的大写的“人”，而是有血有肉的具体存在的小写的“人”。由于不同“人”的身体生理结构、神经系统、感觉运动系统的差异以及在与外界环境互动中互动方式的不同，决定了由身体参与获得的认知或心智必然存在差别。也就是说，认知或心智首先是通过“身体”涉入环境之中，并在与环境互构的过程中形塑了人的认知或心智。同时，这种形塑离不开认知或心智作用的发挥。“心灵不是外在旁观者，它在与世界的不断交互作用中产生着困惑，解决着问题，探寻着生活的意义与价值”①。也就是说，人的认知或心智的形成不是一个由外在事物到心理的真值映射过程，而是由个体进行的意义建构过程，参与认知或心智形成过程的身体是作为身与心的统一体存在的。

2. 认知是身体嵌入环境中的适应性活动

认知不仅基于身体，而且这个身体是处于环境之中的，认知恰恰是身体在与开放的、动态的、实时的环境互动中形成的。吉布森的生态心理学理论、克拉克的“反孤立主义”理论、克兰西的“情境认知”理论和安德森的“社会—文化情境”理论是其中最典型的代表，他们都将情境性作为认知研究的重要维度，认为认知与环境是紧密相连、密不可分

---

① 张静静：《身心二元论的消解及其教育影响》，《基础教育》2014 年第 5 期。

的。认知意义恰恰是主体在环境中并通过环境进行感知、体验与建构的结果。这个环境是一个广泛的概念，是一个包含了自然的、心理的和社会文化的环境。个体的认知正是在这样一个包含多个维度的复杂环境体系中形成的，这就要求对个体认知的研究必须置于所在的环境脉络之中，分析环境所蕴含的丰富信息对个体认知的影响。可以说，个体认知都有它的情境基础，这个情境为个体认知的形成提供了认知阈限，也就是说个体所在的自然、心理和社会文化环境形塑了个体认知的水平。即便是在离身认知活动中，其认知也会受到以前情境支配下的认知的影响，以前的情境会为认知活动提供方向、线索和相应的体验记忆。因此，在情境中并通过情境来思考认知活动是具身认知的又一要点。

3. 认知是连续进化的动态活动

所谓认知的“进化论”指认知不是固定不变的，人类的认知是通过身体与环境的互构不断进化的过程。这主要源于两个方面的认识：一是人类的身体是进化的。身体的生理结构、功能、感觉运动体系以及获得的经验的种类都处于发展变化之中，并且身体的进化是在大脑、身体与环境的动力学系统中实现的。正如戈尔德所说的“认知系统不仅仅被封装在大脑中，确切地说，神经系统、身体和环境都持续地改变着，并且同时地彼此影响，所以真正的认识系统是包含这三者的统一的系统”①。也就是说，身体的进化是在身体作用于环境并被环境反作用后实现的。二是人类高级认知活动与低级认知活动不是截然分开的，两者处于不断进化的连续统中。也就是说，高级认知活动是在低级感知—运动能力的基础上形成的。这意味着人类的认知不是一次事件，而是一个渐进的过程。

（三）具身认知科学理论的启示

1. 具身认知科学理论引发了对教学逻辑建构主体的反思

传统认知科学理论下认知是发生在大脑内部的抽象符号加工过程，这种加工过程类似于计算机的信息加工过程，获得的认知意义是客观的、普遍的、脱离情境的和离身的。鉴于具身认知科学理论中对“身体”在认知活动中作用的强调，使我们对认知建构方式的认识发生了根本性的

① 李恒威、肖家燕：《认知的具身观》，《自然辩证法通讯》2006 年第 1 期。

改变。认知是认知主体身体参与实践之中形成的，获得的认知意义是个体的、具体的、情境的和具身的。这启示我们用崭新的“认知观”来重新反思教学逻辑的建构方式。作为认知依据的教学逻辑，其形塑的过程不是建立在“旁观主义的认识论”之上的，即教学逻辑完全不受认知主体身体及其在环境中涉入的范围和程度的影响。教学逻辑成了外在于教师的教学规范和教学行动纲领。由于身体在教学实践中的缺位，教学实践成了观念推演的过程。这种“防身体”的教学实践观使教师失去了在教学实践中的主体身份感，也很难获得关于教学实践的真知灼见。具身认知科学理论要求重拾“身体”在教学实践中的主体地位，只有回到身体、回到体验，才能最终“回到事情本身”，真实还原教学逻辑主体建构的方式，恢复教师个人的生活经历、知识背景、感受体验等在教学逻辑建构中的合法地位。从整体的视角将教师作为一个活生生的“人”来看待是教学逻辑分析的应有之法。

2. 具身认知科学理论引发了对教学逻辑建构方式的反思

具身认知科学理论强调认知是一种“身体嵌入式”的存在，即任何认知的形成都离不开“身体”和所在“环境”的影响，任何认知的形成都是“我”与“环境”互动之后的结果。或者可以说，认知意义的生成是“环境”刺激和“身体”积极感知与体验的结果。因此，“身体”除了生理结构、神经系统和感觉运动能力，“身体”涉入“环境”的范围和程度，“身体”拥有的认知、动作和情绪体验，“身体”对“环境”的反映程度和所体现的价值观念以及“身体”所在“环境”的品质都会影响教学逻辑建构的品质。因此，只有将对教学逻辑的分析置于“环境”与“身体”之中，才能真实还原教学逻辑建构的方式。任何教学逻辑都是教师基于特定的时间和空间“身体嵌入式”思考的结果，关注教师“身体”活动的领域、涉入环境的程度以及环境对教师存在的意义是解读教师教学逻辑建构方式的有效途径。

3. 具身认知科学理论引发了对教学逻辑建构过程的反思

具身认知科学理论中提出的认知的“进化论”观点有助于我们进一步认识教学逻辑的建构过程，教学逻辑的建构是一个持续发展的过程，教学逻辑的水平会随着教师主体身体知识结构、情感体验、思维方式的变化而有所改变，这一改变是通过教师主体身体与教学情境的交互影响实现的。一方面，教师主体涉入现实生活环境的空间在不断变化，由职前的学徒生涯、大学教育、教育实习、职初的教学体验等逐渐扩大到在职的各种教学体验，包括教学观摩、在职培训、校本教研、参加大赛课、阅读书籍、学历提升、同事交流、教学反思以及为人父母的生活体验等。由于教师涉入现实生活环境空间的改变，使得教师形成的教学逻辑必然发生相应的变化。另一方面，教师教学逻辑水平的提升是一个逐渐演进的过程。高水平教学逻辑的实现不是一蹴而就的，而是建立在低级教学逻辑水平不断跃迁的基础之上的。教学逻辑的进化论思想为教学逻辑的可持续发展奠定了基础，教师不仅要正视已有低级教学逻辑的存在，而且要针对其形塑的原因进行细致的分析，这样才能促进教学逻辑在原有水平上的不断跃迁。

二 缄默知识理论

（一）缄默知识理论的发展脉络

缄默知识的思想萌芽于早期研究者对知识及其分类的探讨。古希腊哲学家德谟克利特将知识划分为“真实知识”和“暧昧知识”两类。其中，“真实知识”是通过理智获得的，感觉所获得的知识是暧昧的，它停留于事物的现象，并受认识主体因素的影响，具有主体间的差异性。[①] 柏拉图将人类的灵魂划分为四类：理性、理智、信念和想象。其中，经由理性获得的是知识，面对的是可知的世界；经由信念和想象获得的是意见，面对的是可感的世界，往往因人而异，缺乏确定性；经由理智获得的是介于“知识”与“意见”之间的实用科技，是低级的知识。柏拉图对人类灵魂维度的划分，使我们认识到人类在把握世界的过程中，既有理性的参与，又有非理性的涉入。之后，亚里士多德对“经验知识”和“技术知识”的划分，再次使我们认识到个体经验存在的客观事实。可见，知识中除了有反映事物本质特征，可以通过理智方式加以把握的普遍的、明确的知识，还有来自感觉经验、偶然的、模糊的知识，它们同样是人类知识不可或缺的重要组成部分。

尽管人类知识结构中事实上存在着来自个人感官、经验的缄默知识，

---

① 方明：《缄默知识面面观》，博士学位论文，南京师范大学，2002 年。

但在理性主义者看来，这些缄默知识不具有存在的合法性，这主要源于他们所持有的客观主义认识论。在他们看来，只有具有普遍性、客观性、公共性、永恒性、明确性的知识才是科学知识。比如笛卡儿将天赋的“理性观念”作为他整个认识论大厦的根基。在他看来，只有理性观念才能准确把握客观存在的物质实体，具有个别差异和变换不定的感觉不可能是知识的来源。[①] 理性主义者在论述知识的过程中极力排除来自个体感觉、经验的缄默知识的存在及对学习的影响。正如罗素所言“科学知识的目的在于去掉一切个人的因素，说出人类集体智慧”[②]。理性主义者所持有的客观主义认识论发展的一个后果，是认知主体受到“遮蔽”。特别是到了波普尔那里，他对于世界 3 的极力推崇，使得客观主义认识论得到了强有力的支持。波普尔指出，与世界 2 给予我们的主观知识不同，世界 3 能够给予我们客观的知识，而后者才是科学的知识。由此，波普尔形成了“没有认知主体的认识论”[③]。然而，之后的研究者却提出了与理性主义者不同的观点，这些观点为缄默知识理论的提出及丰富奠定了基础。

20 世纪 40 年代，英国哲学家赖尔在他出版的《心的概念》一书中，将知识分为“知道什么”的命题性知识和“知道如何”的程序性知识两类。同时，他指出，“在日常生活以及特殊的教育活动中，我们极为关注的是人的能力而不是认识了多少东西，是人的活动而不是掌握了多少真理”[④]。赖尔认为实践先于理论，人们在他们还没有考虑指示他们应当怎样完成某些种类的活动的命题时，就有可能借助于智力去完成这些活动。[⑤] 1958 年英国著名的化学家和哲学家波兰尼指出，“人类有两种知识，通常所说的知识是用书面文字或地图、数学公式来表述的，这只是知识的一种形式，还有一种知识是不能系统表述的，例如我们有关自己

---

① 张九洲：《知识观转变与课程改革——从现代到后现代》，《大理学院学报》2008 年第 7 期。

② 蔡华：《西方缄默知识理论的源流》，《求索》2013 年第 5 期。

③ 郁振华：《“没有认知主体的认识论”之批判：波普、哈克和波兰尼》，《哲学分析》2010 年第 1 期。

④ ［英］吉尔伯特·赖尔：《心的概念》，刘建荣译，上海译文出版社 1988 年版，第 23 页。

⑤ 张海芳：《哈耶克的知识观探析》，硕士学位论文，山东师范大学，2006 年。

行为的某种知识，如果我们将前一种知识称为显性知识的话，那么我们就可以将后一种知识称为缄默知识。”① 他将缄默知识划分为强的缄默知识和弱的缄默知识，其中那些无法用言语表达，但可以通过行动来表达的知识属于强的缄默知识；那些事实上虽未被表达，但可以用命题来表达的知识属于弱的缄默知识。波兰尼对强的和弱的缄默知识的认识表明，缄默知识是可以被认识的和谈论的，“只不过对它的描述比通常的情形更不准确甚或非常模糊”②。在研究中，波兰尼指出了缄默知识所具有的优先性和创造性功能，“缄默知识是自足的，而明确知识则必须依赖于被缄默地理解和运用。因此，所有知识不是缄默知识就是根植于缄默知识。一种完全明确的知识是不可思议的”③。“人类之所以能发现新的知识，靠的正是小鼠在认识迷宫时所用的意会能力”④。此外，波兰尼还分析了缄默知识所具有的三元结构：认识者、焦点意识和辅助意识，缄默知识恰恰建立在由辅助意识到焦点意识转向的动态过程之中，这一过程是认识者通过“寓居”的方式，对来自研究对象的诸多细节、信息，身体的各项机能以及对以往的经验和外在理论的辅助意识，达成对研究对象的整体认识。显然，在波兰尼看来，缄默知识是一种高度个人化的知识，与认识者密不可分。它要求个人的热情参与，要依赖于识知者的技能、理解力、直觉、个人判断以及情感体验。⑤ 同时这种个人化的知识又与主观知识相区别，它是认识者以高度的责任心，带着普遍的意图，在接触外部实在的基础上获得的认识成果。⑥ 显然，波兰尼的缄默知识论既凸显了个人在缄默知识获得过程中的突出作用，又强调了人的认识与外部实在的统一。同时，这种高度个人化的知识只能靠个体的实践探索、顿悟和同行之间的观摩才能获得，为此，波兰尼十分注重学徒制在缄默知识获得中的作用。英国著名的经济学家和政治哲学家哈耶克在他出版的《自

---

① 吴晓义：《国外缄默知识研究述评》，《外国教育研究》2005 年第 9 期。

② 李白鹤：《波兰尼的“默会认识”思想研究》，《武汉大学学报》（哲学社会科学版）2006 年第 4 期。

③ 郁振华：《从表达问题看默会知识》，《哲学研究》2003 年第 5 期。

④ 李白鹤：《波兰尼的“默会认识”思想研究》，《武汉大学学报》（哲学社会科学版）2006 年第 4 期。

⑤ 贺斌：《默会知识研究：概述与启示》，《全球教育展望》2013 年第 5 期。

⑥ 郁振华：《波兰尼的默会认识论》，《自然辩证法研究》2001 年第 8 期。

由秩序原理》一书中写道："我们的智识亦非我们的知识之全部。我们的习惯及技术、我们的偏好和态度、我们的制度，在这个意义上讲，都是我们对过去经验的调适。"[①] 可见，哈耶克极大地继承了赖尔和波兰尼关于缄默知识的思想，认为理论知识并非知识的全部，缄默知识大量存在。同时，哈耶克将这种知识理解为"特定时空之情势的知识"[②]，是"人们在互动和应对具体情势的过程中通过不断试错而积累下来的个人经验"[③]。

20 世纪 80 年代之后，缄默知识理论进入深化发展阶段，研究者从功能、性质、类型和运行机制上加深了对缄默知识的认识。从功能上来看，心理学家斯滕伯格不仅看到了缄默知识对人类言论和行动所起的基础性作用，也看到了这种作用既可能是积极的，也可能是消极的。从性质上来看，缄默知识除了具有"难以言说性""优先性"和"个人性"，还具有"情境性""文化性"和"层次性"等特征。情境性指"缄默知识是一种典型的需要从它得以被使用的工作或情形中获得的知识"[④]；文化性指缄默知识总是与一定文化传统中人们所分享的概念、符号、知识体系分不开；层次性指缄默知识根据能够被意识和表达的程度可以被划分为"无意识的知识""能够意识到但不能通过言语表达的知识"以及"能够意识到且能够通过言语表达的知识"不同的层次。[⑤] 从类型上来看，研究者们认识到缄默知识有具体与整体之分，现实中除了有与具体的情境和任务相关的具体缄默知识，还有与整个任务的完成相关的缄默认识模式。从运行机制上看，野中郁次郎提出了缄默知识与显性知识之间转化的 SECI模型，为缄默知识的显性化以及批判、修正与完善提供了具体的途径。

进入 21 世纪，缄默知识理论已经渗透到更多的研究领域，缄默知识的类型和研究范围得到了进一步的拓展。从缄默知识的类型来看，雷诺

---

① 吴赋光：《浅论哈耶克市场经济秩序成立的知识论基础》，《西南民族学院学报》（哲学社会科学版）1999 年第 6 期。

② 张海芳：《哈耶克的知识观探析》，硕士学位论文，山东师范大学，2006 年。

③ 周晓琴：《知识与理性——哈耶克知识论观照下的比较教育研究》，《外国教育研究》2009 年第 1 期。

④ 窦军生：《默会知识研究的缘起、困惑与出路》，《自然辩证法通讯》2012 年第 6 期。

⑤ 石中英：《缄默知识与教学改革》，《北京师范大学学报》（人文社会科学版）2001 年第 3 期。

斯等人认为除了有个体缄默知识，还有集体缄默知识，这是一种“在组织成员长期以来共同经历的生产过程、事件和心理体验的基础上形成的一种约定俗成、不言自明的默契，它像一种看不见摸不着的力量，影响着组织运营的各个方面”①。从缄默知识的研究范围来看，约翰内森和斯第沃特分别阐述了知识资本和智力资本的构成，并认为缄默知识是知识资本和智力资本的重要构成或核心②。

（二）缄默知识理论的主要观点

西方缄默知识理论从萌芽—遮蔽—深入—拓展的发展历程，为我们更好地理解该理论提供了重要的历史线索。综观西方缄默知识理论的已有研究，可以将其主要观点概括为以下几个方面：

1. 缄默知识是高度个人化的知识

与现代主义对知识普遍性和公共性特征的强调不同，缄默知识是一种与认知主体紧密相关的个人化知识。缄默知识是个人参与实践的过程中获得的体验知识，而不是对客观事物及其之间关系的纯粹“镜式反映”的“旁观者知识”。个人的价值观、信念、情感、心智模式、直觉、洞察力、判断力、评价力等都参与知识获得的过程。离开了认知者所具有的个体性特征，认知者不可能获得缄默知识。个人作出任何判断都是在个人稳定的内部“解释框架”的统摄之下进行的，而这个“解释框架”具有高度的个体依存性。其中，个人的价值观、信念、情感属于一类，反映了认知者的精神状态；心智模式、直觉、洞察力、判断力、评价力等属于一类，反映了认知者的能力状态。可见，认知主体是状态义和能力义下的知识拥有者。认知主体在价值观、信念、情感等状态义和在心智模式、直觉、洞察力、判断力、评价力等能力义下表现的不同，必然会使缄默知识呈现出属于个人的、独特的特征。

2. 缄默知识是一种优先性知识

人类的知识实际上是一个由缄默知识到显性知识的连续体，完全内隐的和完全外显的知识处于连续体的两极，大多数知识存在于两极之间。

---

① 解继丽、扶斌：《在显性与隐性之间的教师知识——论教师的“缄口知识”》，《学术探索》2014 年第 1 期。

② 吴晓义：《国外缄默知识研究述评》，《外国教育研究》2005 年第 9 期。

从知识的构成来看，缄默知识是认知者在具体实践的过程中，通过自身的感知、体验、沉思和总结的方式获得的具有实效性的知识。用斯滕伯格的话说，缄默知识是“以行动为导向的知识，是程序性的，它的获得一般不需要他人的帮助，它能促使个人实现自己所追求的价值目标”①。相对于显性知识，缄默知识具有优先性。波兰尼指出，“默会知识是自足的，而明确知识则必须依赖于被默会地理解和运用。因此，所有知识不是默会知识就是根植于默会知识。一种完全明确的知识是不可思议的。”②个人的任何观念、态度和行为，事实上受个人缄默知识的影响，即便是个人在学习和接受外在明确知识的时候，也要看其能否与个人已有的缄默知识相一致。又由于个人缄默知识性质的不同，常常导致由缄默知识引导的个人认知和行动向不同的方向发展。“缄默知识既能成为一种提高行为效率的资源，也能成为导致行为效率低下甚至是失败的根源。缄默知识的功效取决于人们对它们的接受及有效使用。”③ 可见，个人越是能够在理性的层面认识缄默知识，缄默知识越能得到及时有效地修正与完善，个人的认知与行动越能向合理的方向发展。只有正确认识缄默知识的优先性，才能更好地使其朝着合理的方向发展。

3. 缄默知识是一种情境化知识

没有情境就没有个人缄默知识的产生。日本学者野中郁次郎用“场”这一词汇来表示情境。在他看来，情境是缄默知识得以产生、分享和运用的重要场所。情境为个人实现知识的转换和螺旋上升提供了动力、品质和场所保障。社会的、文化的、历史的情境对个人来说非常重要，它们为个人解释信息、创造意义奠定了基础。个人缄默知识的获得不可能超越所处社会、文化、历史等的限域，一切缄默知识都是对当下情境反映的“函数”。情境是信息通过解释变为知识的重要场所。从根本上来说，缄默知识就是要寻求在特殊情境下对特殊任务或问题的最良好的反映手段。当然，情境并不是单一的物理空间，而是由具体的时空组成的，

---

① Robert J. Sternberg etal, *Practical Intelligence in Everyday Life*，转引自黄荣怀、郑兰琴《隐性知识及其相关研究》，《开放教育研究》2004 年第 6 期。

② 郁振华：《从表达问题看默会知识》，《哲学研究》2003 年第 5 期。

③ 蔡华：《西方缄默知识理论的源流》，《求索》2013 年第 5 期。

它包括物理的、虚拟的和心理的空间。野中郁次郎将“场”分为“启动场”“对话场”“系统场”和“练习场”。缄默知识是个人或集体在不同的“场”中通过彼此间“面对面”或“虚拟互动”的方式得以分享和内化[①]。此外，情境总是处于变化之中，具有“此在”的品质。缄默知识的获得离不开认知者对情境“此在”特点的关注和把握。简言之，缄默知识是认知者在特定的情境下对其所蕴含的复杂和不确定关系洞察与分析的基础上形成的，具有情境依存性。

4. 缄默知识的习得依赖个人的识知能力

波兰尼对缄默知识三元结构和习得机制的分析表明，缄默知识的习得是认识者在由辅助意识向焦点意识转变的过程中，通过对认识对象诸多线索、细节的分析和把握，最终达成对认识对象的整体理解。可见，个人的识知能力影响着个人缄默知识的习得。个人只有通过“内居”的方式，通过观察、感悟、参与、倾听、体验等多种不同的方式，将身体置于认识对象之中，这样才能深入洞察认识对象的本质，达成对认识对象全面、深刻和一致的理解。个人的识知能力从根本上彰显了个人的“心智力量”，个人越能积极主动地发挥个人的识知能力，就越能全面与深刻地洞察认识对象的诸多细节，并能将其转化为对认识对象整体的把握。又由于缄默知识事实上存在着在原则上是否具有可言说性之分，这使得识知能力在不同类型缄默知识的习得过程中发挥作用的方式不同。对于原则上不具有可言说性的缄默知识来说，识知能力通过对认知对象行动表达方式的分析来习得缄默知识；对于原则上具有可言说性的缄默知识而言，识知能力通过对认知对象言语表达或行动表达的方式来习得。

5. 缄默知识的习得离不开社会文化的影响

缄默知识的习得需要个人与社会双重因素的参与。缄默知识的习得既与认知者个人紧密相关，同时又离不开社会文化的影响。所谓社会文化是一定时期内人们所共享的价值观念、信仰、符号体系、思维和行为方式，它往往以潜移默化的方式影响着社会中的每一个体，社会习俗、惯例、传统、规则和制度等是社会文化的主要表征形式。处于不同文化

---

① Ikujiro Nonaka, Ryoko Toyama and Noboru Konno, “SECI, Ba and Leadership: A Unified Model of Dynamic Knowledge Creation”, *Long Range Planning*, Vol. 33, No. 1, 2000, p. 16.

传统的人们分享了不同的社会文化，并为人们规定了行动的方式。哈耶克“无知论”中对“一般性无知”和“必然无知”的划分中指出，人类的缄默知识部分的来自社会领域中对包括工具、传统习惯、制度等在内的诸多知识的传承和积累，而对于这部分知识的习得，人类处于必然无知状态，[①] 事实上，尽管人类对这部分知识必然无知，但这部分知识却在事实层面影响着人类的行动方式。哈耶克认为行动者在很大程度上是通过遵循社会行为规则而把握他们在社会世界中的行事方式的，这些社会行为规则不仅能够使行动者在拥有知识的时候交流或传播这些知识，而且还能够使他们在并不拥有必需的知识的时候应对无知。[②]

6. 缄默知识的发展在于经验的重构

经验是缄默知识形成的来源，经验是认知者通过实践在与周围环境互动的过程中形成的对认知对象的理解。经验的性质受到认知者个体经验范围与程度的影响。从根本上来说，缄默知识是在经验中并通过经验发展的。一方面，个人缄默知识的形成不可能脱离具体的经验，经验是个人缄默知识发展的基础。个人通过自身实践、观摩学习、参与社会互动以及接触社会传统、习俗、道德、规范等文化因素的过程中习得了大量的经验，并作为个人建构内在认知框架的基础。另一方面，个人缄默知识又通过对经验的审视与批判得以重构。当缄默知识所赖以存在的经验，在性质上一旦被现实证明是狭隘的、错误的，旧有的经验就需要得以修正；当缄默知识所赖以存在的经验，在适用性上一旦被现实证明是无效的，旧有的经验就需要在新的情境脉络下得以重新解读。

（三）缄默知识理论的启示

1. 教学逻辑的形成与发展离不开对教师个人系数的分析

教学逻辑是教师个人在与教学实践“相遇”过程中形成的认知和行动规则，必然有教师个人系数的介入。教师个人系数主要包括两个方面，情感系数和能力系数。一方面，情感系数系指教师个人所具有的教学价值观念、信念、情感、态度、体验等。具有不同教学价值观、教学信念、

---

① 张海芳：《哈耶克的知识观探析》，硕士学位论文，山东师范大学，2006 年。

② 方明：《缄默知识面面观——有关缄默知识的心理学探讨》，博士学位论文，南京师范大学，2002 年。

教学情感、教学态度的教师，其对教学实践的理解必然呈现出鲜明的个体性。对于教师个人来说，“对象对主体的意义不在于它或他是可以认识的物，而在于在对象上凝聚了主体的客观化了的生活和精神”①。教学逻辑是教师个人是非价值判断参与其中形成的认知和行动规则，是教师内心情感参与其中的形成物。另一方面，能力系数系指教师个人所具有的教学感知力、洞察力、直觉、辨别力、评价力等。具有不同能力的教师，其对教学实践的理解力必然不同。现实中，并不是所有的教师都能拥有合理的教学逻辑，也并不是所有的教师都能站在理性觉解的层面对个人所拥有的教学逻辑进行全面的分析，促其发展。由此，只有获得积极的情感体验和高超的教学能力，教师的教学逻辑才能得到合理的发展。

2. 重视缄默知识在教学逻辑形成与发展中的优先作用

教师个人教学逻辑的形成与发展离不开缄默知识作用的发挥。教师个人缄默知识是教师在长期的与教学实践相关的活动中形成的关于“如何教”的知识。这一知识是教师个人通过身体“内居”的方式，在综合把握教学内外各要素及其之间关系的基础上形成的认识，代表了教师个人对这一知识在认知层面的认同与接受，并且已经内化为教师的行动准则，具有行动指向性。而外在的教学理论，企图用他者的教学理论来规范教师实际教学行为的做法，是对教师个人作为专业发展主体身份与权力的僭越。任何美好的教学理论，如果不能被教师个人所认同与接受，那么再美好的教学理论也只能永远停留在“倡导”层面，无法现实地转化为教师实际的行为。因此，在教学实践中，揭示教师个人头脑中的缄默知识，使个人缄默知识向“显性化”转变以及促进缄默知识与外在教学理论的融合，在教师个人教学逻辑的形成与发展中显得尤为重要。

3. 在情境中生长是教学逻辑形成与发展的主要方式

教学逻辑是教师个人在教学情境中对其所蕴含的各种关系洞察与分析的基础上建构起来的认知与行动规则。教学逻辑的建构离不开对当下教学情境特征的分析。教学情境既包括宏观的社会、历史、文化情境，也包括具体的教学中的人、事、物之间的关系。前者是教师个人所处的时代背景，后者是教师个人所处的具体环境。教师个人所形成的任何判

① 蔡春：《个人知识：教育实现“转识成智”的关键》，《教育研究》2006 年第 1 期。

断都不可能超越时代和具体的阈限。一个真正有智慧的教师，一定是能够深刻洞察和把握所处教学情境中的各种复杂关系，并能有效选择对于教学情境来说最好的教学反应方式。教学逻辑一定是合情合理的发展，其中“合情”就是合乎情境的需要。基于现实的情境并随情境的变动，随时调整自身对教学实践的处理方式，是教学逻辑在情境中生长的主要含义。

4. 个人识知能力的提高是教学逻辑持续发展的保障

作为教师个人认知与行动的基础，教学逻辑是教师个人通过“识知”的过程主动建构的结果。首先，教学逻辑的建构是教师个人通过“识知”活动主动建构教学意义的过程。不同的教师，对于教学意义的理解不同。教学意义的诠释是教师个人在对社会、学生、自身、家长等多方面主体的教学价值诉求的博弈与权衡的过程中形成的，这需要依赖教师个人的“识知”能力。其次，教学逻辑的建构是教师个人通过“识知”活动理解教学关系的过程。在教学活动中，教学内部各要素及其之间的关系以及教学内部要素与教学外部要素之间的关系是错综复杂的，不同教师的“识知能力”不同，其对教学关系的理解和把握程度也存在差异。再次，教学逻辑的智慧表达是教师个人通过“识知”活动主动协调一般原则与具体情境之间关系的过程。作为教师个人认知与行动的一般原则，教学逻辑具有相对的稳定性和一贯性。但是这并不意味着教学逻辑是一成不变的，教学逻辑的丰富和发展必须通过情境化的处理来实现。当教师个人能够将一般的教学逻辑与具体的教学情境结合起来，通过对情境的洞察能力和辨识能力的运用，采取灵活多变的教学应对措施，教师则表现出高超的教学逻辑运用水平。因此，在教师个人教学逻辑建构和发展的过程中，必须高度重视个人识知能力的培养。

5. 重视社会文化对教学逻辑形成与发展的影响

我们在理解教师个人教学逻辑的时候，应优先对教师所处的社会文化进行分析。社会所蕴含的价值观念、信念、思维方式、态度等会通过社会传统、习俗、制度、舆论、道德、规范等形式表现出来，并通过不自觉的方式影响教师个人教学逻辑的建构。作为背景因素，社会文化在教师个人教学逻辑的建构中发挥着不可忽视的作用，它为个人提供了认知的工具，并决定着个人教学逻辑建构的性质和方向。因此，在对教师个人教学逻辑进行分析的时候，要深刻洞察教师所处社会文化的性质。教师正是在种种社会文化因素的制约下，逐渐学会了各种规则，并将其作为自身行动的律令。

6. 对经验的解读与反思是教学逻辑形成与发展的基石

经验是人与环境互动的结果，是行动与结果的联结。经验是一种生命性、历史性和境遇性的存在，教师是在“经历—体验—总结”的教育生涯中，经过自身教育实践的反复淘选，选取其中的某些部分，构成了教师自身的核心经验体系。[①] 经验内蕴着教师个人的教学价值追求和对教学实践的情感体验，不仅制约着教师当前的教学实践方式，而且预示着教师在未来教学实践活动中的行为反应方式。而经验本身并不都是积极的，有些经验反映了教师合理的教学价值诉求，并正确地反映了教学活动要素之间的关系，能够将个人的教学实践导向正确的方向；而有些经验则反映了教师不合理的教学价值诉求，并错误地反映了教学活动要素之间的关系，能够将个人的教学实践导向错误的深渊。因此，对教师个人由累积效应形成的经验要进行解读、分析与反思，这是教师个人教学逻辑实现“合理发展”的基石。

三 反思性教学理论

反思性教学是在顺应世界范围内的教育改革和教师专业化发展浪潮的背景下，在各种反思性文化发展的基础上产生的一种教学思潮，是在针对传统技术性教学弊端的基础上提出来的。传统技术性教学将教师看作教学的技术人员，用理论工作者事先设计好的程序解决实践中的问题。传统技术性教学下教师的教学实践是一种操作性实践，具有重复性、惰性和超稳态的特征，扼杀了教师教学实践的自主性和创造性。反思性教学认为教师不是他人观念或理论的简单复制者，教师个人所拥有的知识、信念、理论框架能够帮助他们提出并解决教学实践中出现的问题。教学实践是教师运用个人知识或理论思考问题并不断作出决策的过程，教师要能够以自觉的、理性的态度对待自身的教学实践，对其自身所拥有的知识或理论进行主动的、持续的检验和修正，以此推动自身教学实践的

① 王帅、方红：《教师个体经验价值辩证与实践突破》，《全球教育展望》2011 年第 4 期。

合理化发展。

（一）反思性教学理论的发展脉络

20世纪80年代以来，“反思”一词开始引起西方世界乃至其他各国的关注和探讨，并成为后来“反思性教学”理念产生的重要思想基础。英国哲学家洛克是较早对“反思”进行研究的人。他将反思看成对获得观念的心灵的反观自照，是人们把自己的心理活动作为认识对象的认识活动，是对思维的思维，在这种反观自照中，心灵获得不同于感觉得来的观念的观念。[①] 荷兰哲学家斯宾诺莎将自己的认识论方法称为“反思的知识”，即“观念的观念”，对作为认识结果的观念的再认识即为“反思”，“反思”促进了理智向知识的推进。[②] 尽管洛克和斯宾诺莎分别从思维活动过程和思维结果不同的角度阐述“反思”的内涵，但他们都强调了人类理智在把握世界本质上所具有的主观能动性；此外，虽然洛克和斯宾诺莎提出的反思方法不同，前者将“反思”建立在对感觉经验的直观把握之上，后者将“反思”建立在对“真观念”的把握和逻辑推演之上。但正是由于他们各自所提倡的“反思”方法具有的局限性，使我们认识到科学的反思既离不开对经验的把握，也离不开人类的理性思辨能力，科学的反思需要靠“经验”和“理性”两条腿支撑。[③]

继洛克和斯宾诺莎之后，美国教育哲学家杜威是较系统论述反思思维的人。在对人类不同思维方式比较的基础上，杜威认为反思思维是最好的思维方式，是“对某个问题进行反复的、严肃的、持续不断的深思”，或“对于任何信念或假设性的知识，按照其所依据的基础和进一步导出的结论，去进行主动的、持续的和周密的思考”。[④] 反思思维旨在通过连续的、有秩序的和可控制的思维“寻找出情境所许可的准确规定的关系”，或者说反思思维旨在使结论的得出建立在“比较和权衡种种证据

① 洛克：《人类理解论》，商务印书馆1957年版，第68—71页。

② ［荷兰］斯宾诺莎：《知性改进论》，贺麟译，商务印书馆1960年版，第29—31页。

③ 黄克剑：《洛克的“反省”和斯宾诺莎的“反思”》，《哲学研究》1986年第3期。

④ ［美］约翰·杜威：《我们怎样思维·经验与教育》，姜文闵译，人民教育出版社2005年版，第11—16页。

和假设之上”。[①] 与洛克和斯宾诺莎将“反思”看成内省的元认知过程不同，杜威将反思思维看成问题解决的高级认知过程，是思维活动与探究活动的统一。此外，与反思技巧相比，杜威更强调反思态度的重要性，并提出了“虚心”“专心”和“责任心”三种反思态度。虽然杜威在论述反思思维时，他的论述对象是学生，他本人也并没有明确提出反思性教学这一概念，但杜威对反思思维的论述对教师摆脱冲动、惯例性的教学实践具有重要的启发意义。

杜威之后，美国学者舍恩首次提出“反思实践者”的概念，实践者的反思包括“在行动中的反思”和“对行动的反思”两类。舍恩发现专业教育给学生提供的“专业知识”并不能帮助学生解决实践中的真实难题。舍恩将“专业知识”遭受的信心危机归咎于专业知识的错置，即认为知识先于实践，高于实践，实践是一个“理论的实践化”的过程[②]。然而，专业领域有“高硬之地”与“低湿之地”之别[③]。“高硬之地”上的问题“易控制”，可以通过“应用基于研究的理论和技能而得到解决”，“低湿之地”上的问题“棘手而混乱”，“无法通过技术手段解决”，然而，那些处于“高硬之地”上的问题，“无论其技术意义多么重要，相对于个人或整个社会来说往往无足轻重”，而那些处于“低湿之地”上的问题往往是人们最关心的。[④] 舍恩在描述优秀专业工作者实践活动的基础上，揭示了专业实践“在行动中反思”的特性。他认为优秀实践者在实践过程中展示的“反思”技能，与其说依赖的是科学方法、原理或技术，不如说是个人“行动中的知识”。它常常以缄默的方式存在于实践者在面对不确定、不稳定、独特而又充满价值冲突的情境时所表现出来的那种

---

① ［美］约翰·杜威：《我们怎样思维·经验与教育》，姜文闵译，人民教育出版社 2005 年版，第 68—70 页。

② 刘徽：《思与行的纠结——舍恩“反映的实践者——专业工作者如何在行动中思考”评介》，《全球教育展望》2007 年第 11 期。

③ 洪明：《反思实践取向的教学理念——舍恩教学思想探析》，《外国教育研究》2003 年第 8 期。

④ ［美］唐纳德·A. 舍恩：《培养反映的实践者》，郝彩虹等译，教育科学出版社 2008 年版，第 3 页。

艺术和直觉过程中，并由“现场的实验”来推动和检验。[1] 舍恩认为“行动中的知识”是专业实践者通过“与情境的反思性对话”形成的。专业实践者通过对情境中问题的注意、周遭环境的分析、已有的“经验库”和对情境的辨识进行问题的重新框定和解决。个人的实践知识是在个人与情境的反思与回话过程中生成的，由于大多处于潜隐状态，自发地发挥作用，因此得不到及时的反省。在此基础上，舍恩又提出了另一种反思，即“对行动的反思”，以此来修正或完善既有的知识。之后，舍恩将对“反思实践者”问题的探讨延伸至教师教育领域，并于 1987 年在美国教育研究协会召开的“21 世纪教学管理与教师教育：促进教师成为反思性实践者”的专题讨论会上作了“促进反思性教学”的报告[2]。他所谓的“反思性教学”是教师从自己的教学经验中学习的过程[3]。舍恩提出的“反思实践者”和“反思性教学”理论建立在实践认识论之上，他认为实践不是一个价值中立的技术操作过程，是实践者与情境进行反思性对话的过程，在这个过程中，实践者一方面受情境的形塑，另一方面又影响着情境。舍恩的理论有助于揭示隐藏在教师实践背后的缄默知识的存在，使其认识到自身知识与经验对实践和理论建构的双重价值，并在此基础上成为教学实践的自觉主体。但同时，舍恩也并没有忽视理论在指导实践中的价值，他提出的“对行动的反思”实际上是对优秀专业实践者所拥有的专业理论的强调。舍恩的“反思实践者”和“反思性教学”理论有助于我们重新思考教育理论与教育实践之间的关系，从而更好地帮助教师有效的开展教学实践。

自舍恩提出“反思性教学”之后，研究者们分别从反思的属性、内容指向、关注范畴和活动主体等不同的视角探讨了对这一概念的理解。从属性来看，研究者主要从理智—非理智的维度来认识“反思性教学”。如维拉将“反思性教学”界定为“教师借助发展逻辑推理的技能和仔细

① 洪明：《反思实践取向的教学理念——舍恩教学思想探析》，《外国教育研究》2003 年第 8 期。

② 黄小平：《教师教育的改革：反思性教学和反思型教师教育研究》，硕士学位论文，江西师范大学，2004 年。

③ 仲秀英、周先进：《教师专业发展：反思性教学的视角》，《中国教育学刊》2006 年第 11 期。

推敲的判断以及支持反思的态度进行的批判性分析的过程”①。显然，这一界定指出了“反思性教学”的理智属性。格林尼、诺丁、柯思根等人则认为“反思性教学”不仅是理智参与的认知行为，同时也伴随着教师情绪、情感体验等非认知因素，是一个与理智和情感同时关联的过程。②从内容指向来看，研究者主要从技术—伦理的维度来认识“反思性教学”。一种观点认为“反思性教学”是一定教学目的指导下对教学措施的思考过程；另一种观点认为“反思性教学”不仅从技术层面，同时还应从伦理道德层面对教学实践的合理性进行思考。从关注范畴来看，研究者主要从内部—外部的维度来认识“反思性教学”。一种观点将“反思性教学”看成教师孤立开展的个人对话活动；另一种观点看到了群体间协作对话对“反思性教学”的重要性。之后，研究者们又对反思性教学的模式、策略、反思性教师的培训以及反思性教学的评价等问题进行了研究与思考。

国内对反思性教学关注得比较晚，比较早的系统研究反思性教学理论的是华东师范大学的熊川武教授，他在《反思性教学》一书中较系统地介绍了该理论，并引发国内研究者对反思性教学思潮的再度关注和探讨。

（二）反思性教学理论的主要观点

国内外研究者的已有研究可以帮助我们更好地理解反思性教学的内涵。简要来看，我们可以从以下几个方面来理解反思性教学：

1. 反思性教学以教师实践知识为知识基础

实践知识作为反思性教学的知识基础是在批判实证主义认识论弊端的基础上提出来的。实证主义认识论认为专业实践者是通过运用统一的、系统的、专门的、科学的理论解决实践问题的工具人。然而，理论所具有的普遍性、预设性和价值单一性的特点与实践所具有的具体性、变动性和价值多元性特点之间的矛盾，决定了教师作为教学实践决策者的身份。实践知识事实上是教师在日常的教学实践过程，通过与教学情境的互动形成的个人知识，具有缄默性，但在事实层面支配着教师的教学行

① 熊川武：《反思性教学》，华东师范大学出版社 1999 年版，第 1 页。

② 刘加霞、申继亮：《国外教学反思内涵研究述评》，《比较教育研究》2003 年第 10 期。

为。可以说，教师实践知识是个人理解教学并实践相应教学行为的前提。对教师实践知识的承认在反思性教学看来，不再被认为是有害的，而是必要的。它一方面能够帮助理论研究者认识到个人潜隐知识才是教师教学行为背后的实际使用理论，从而更好地帮助理论研究者理解理论逻辑与实践逻辑的矛盾所在；另一方面能够帮助教师不断审视、检验、修正并创造实践知识，使反思性教学的开展建立在科学的实践知识基础之上。

2. 反思性教学以问题的产生和探究为内在动力

反思性教学以教学现实中问题的产生和解决为内在动力。一方面，反思性教学具有明确的问题指向性。反思源于教师在教学实践中所具备的怀疑或困惑的态度，这使得他们能够持续地将教学实践作为认识的对象，不断提出问题。问题意识是教师开展反思性教学的内在根本动力，能够帮助教师从盲目、冲动的教学行动中解放出来，成为教学实践的理性主体。另一方面，问题的产生是教师开展反思性教学的起点，而问题的探究和解决是反思性教学的直接指向。教师在面对教学问题之后，能够提出解决问题的假设或方案，并通过外显的探究活动进行检验。对问题的探究和检验能够帮助教师超越既有认识的局限，不断建构合理的教学认知体系，推动教学实践的合理发展。可以说，问题发现和解决的意识能够使教师主动肩负起教学的责任，在问题解决的过程中将“学会教学”与“促进学生发展”有机统整起来。

3. 反思性教学以系统的观点为反思方法

在反思性教学中，教师到底反思什么或者说以什么为反思对象是反思性教学必须回答的首要问题。统整已有的研究，研究者对反思性教学的理解越来越全面。研究者能够从系统的观点看待反思的内容。首先，反思性教学强调在教学中，教师不能局限于仅从技术层面反思教学方法、手段和策略的合理性，而忽视了从伦理或道德层面对技术及其预以实现的教学目的的合理性的反思；其次，反思性教学强调在教学中，反思不只是教师和他所在的教学情境的对话过程，同时教师还要关注其教学实践所在的社会条件对其教学的制约作用。诚如谢夫勒所言，反思性教学要求教师“对自己所追求的目标积极负责，对目标赖以成功的社会背景积极负责，如果他们不想成为他人的附庸，他们就要通过对目的、结果和社会背景的批判和持续的评价来决定自己的事情”①。

4. 反思性教学以个体探索与群体协作互补为行动方式②

反思性教学是一种依赖群体支持的个体活动③。一方面，在反思性教学中，教师个体的主动探索为反思提供了一定的认知框架，是反思性教学开展的起点。但同时，由于个体反思所具有的视域的局限性和封闭性，个体反思难以获得对教学的深入理解。因此，教师需要具备开放的意识，能够主动打破自我封闭的樊篱，积极寻求同事的有效支持。教师个体只有在与群体协作的过程中，在与群体资源、知识、经验、思维分享和共同实践的过程中，才能使个体的认知框架进一步明晰化并得到新的发展。正如卢真金所言，“如果我们想使教师得到真正的发展就得从个体主义者的方法中摆脱出来”④，教师只有在与群体的协作与对话中，才能获得明确而合理的教学信仰并作为个体追求的目标伴随教学实践的始终。

5. 反思性教学以理论与实践的互动为根本保障

反思性教学的相关研究指出，有效的教学反思既离不开教师实践的探索，又离不开科学教学理论的指导。美国著名教育家范斯特马切尔指出，实践领域中的任何情境都是以既有“高硬之地”，又有“低湿之地”的形式存在，实践和科学不能被划分为互不影响的两个方面，科学和实践间并不存在裂穴。⑤。一方面，教师在实践中形塑了个人独特的教学知识或教学理解，它们从事实层面成为教师教学思考、教学行动或教学评价展开的依据。可以说，实践是教师个人教学知识或教学理解产生的重要基础，没有实践就没有个人教学知识或理解的形成。但由个人实践得来的教学知识或教学理解存在过于倚重经验的问题，使得教师个人的教学实践往往停留在经验水平而很难得到改变或提升。反思性教学要求教师在既有实践经验积累和理解的基础上，能够保持理性的头脑，能够在

---

① Scheffler, I. , *University Scholarship and the education of teachers*, 转引自卢真金《反思性教学及其历史发展》,《全球教育展望》2001 年第 2 期。

② 于海波、马云鹏:《论教学反思的内涵、向度和策略》,《教育研究与实验》2006 年第 6 期。

③ 卢真金:《反思性教学及其历史发展》,《全球教育展望》2001 年第 2 期。

④ 卢真金:《反思性教学的五种传统》,《比较教育研究》2002 年第 1 期。

⑤ 洪明:《“反思实践”思想及其在教师教育中的争议——来自舍恩、舒尔曼和范斯特马切尔的争论》,《比较教育研究》2004 年第 10 期。

科学理论的指导下看到“实际所为”与“理应所为”之间的差距，并在此基础上改善已有的教学实践和教学认识水平。可见，反思性教学将实践与理论统一起来。高层次的教学实践一定是在科学教学理论的指导和规范下展开的。

6. 反思性教学以促进师生的共同发展为价值诉求

与操作性教学关注教学结果的单一性不同，反思性教学关注教学结果的多维性，即教学能够在多大程度上促进师生的共同发展与进步。反思性教学主要关注两大主体的发展：一方面，反思性教学关注学生的成长与发展。教师在教学中要充分协调好社会发展需求与个人发展需求，共性发展需求与个性发展需求，知识、技能、思维、个性、情感、态度等发展需求之间的矛盾，促进学生的成长与发展。在这一点上，反思性教学与操作性教学在目标指向性上具有内在一致性。另一方面，反思性教学关注教师的成长与发展。反思性教学与操作性教学最大的不同在于，反思性教学关注教的主体——教师的成长与发展。可以说，没有教师的成长与发展就没有课堂教学实践水平的提升，没有课堂教学实践水平的提升就没有学生的进步与发展。教师个人所具备的反思知识、能力、思维品质与道德意识等的发展与学生的进步与发展息息相关。因此，反思性教学只有在充分提升教师个人素养，促进教师成长与发展的基础上，才能更好地促进学生的发展。

（三）反思性教学理论的启示

1. 对教师既有实践知识的承认是教学逻辑发展的前提

实践知识是教师个人教学逻辑的基础。实践知识是通过参与实践、对实践的反应以及实践的回话形成的个人化知识，是教师真正信奉和实际发挥作用，具有行动特征的知识。作为教学实践的知识基础，实践知识的存在并不必然保证其性质上的正确性或理解上的高层次性，只有使其始终处于教学理性的审视与批判之中，才能保障教师实践的合理性。对教师实践知识承认是对教师作为知识生产者和评价者合法性和平等性的尊重。对教师实践知识的承认与审视，教学逻辑才能获得发展的可能。

2. 问题发现和解决的意识是教学逻辑发展的动力

一般而言，除非教师在意识层面认识到自身教学实践问题的存在，否则教学逻辑将始终处于“自在自发”状态，以“自动化”和“不加慎思”的方式存在于教学实践中，并作为教学实践的立法者、设计者与仲裁者控制着教学实践的展开，使教学实践呈现出“日常化”的脸谱。此时，教师具有“观念简单性”的特征，即教师不愿意探究复杂事件的其他可能解释，在处理教学事件中所采取的策略和方法大多是直观的或有赖于既有的经验，而非探究或思考的产物。[①] 问题发现和解决的意识赋予了教师对教学实践“关心”的品质，能够帮助教师以惊奇的眼光重新看待既有的教学实践，不断发现其中存在的问题，并能够帮助教师寻找对教学实践新理解的可能性。问题发现和解决的意识能够帮助教师打破既有教学习惯的束缚，保持对教学习惯的敏感性，能够将其原来信以为真的东西重新置于理性的审视与批判之中，并得到质的改变。

3. 伦理和情境反思是教学逻辑发展的方法

教学实践不是基于确定价值的由目的—手段的技术思考过程，教学实践从本质上来看是一种伦理或道德的探究活动。在这种伦理或道德的探究过程中，教师需要将教学目的、教学方法、教学手段、教学策略统一置于伦理或道德的评价框架之中。正如芬斯特马赫所言：“教学实践的根本问题将教学看作深刻的、不可回避的道德活动，在其中，教师既是道德行动者，也是道德教育者。”[②] 由此，作为教学实践内在根本依据的教学逻辑，在发展的过程中，同样需要从伦理层面得到评价和改进。教学逻辑内蕴着教师个人对教育教学事业的价值追求，从伦理层面反思教学逻辑的合理性能够帮助教师树立起对教学的“关心”品质，能够从学生发展的主体论视角确定教学的价值诉求。此外，教学逻辑的发展具有情境依存性。情境既包括教师当下面对的教学情境，也包括更广视域的组织和社会背景。教学逻辑的建构不能无视当下组织和社会的价值诉求，教师要综合考量自身、学生、组织和社会发展诉求之间的关系，在此基础上确立教学逻辑发展的价值立场。再者，教师所在的组织和社会背景也处在不断的变化之中，当组织和社会所诉求的价值追求发生变化的时候，教师要能够及时反思，确保教学逻辑建构价值的合法性和正当性。

---

① 赵炳辉、熊梅：《教师课程意识与专业成长》，《教师教育研究》2008 年第 1 期。

② 赵艳红：《教学智慧：教师权衡的艺术》，博士学位论文，西南大学，2013 年。

4. 对话共同体的建立是教学逻辑发展的方式

教学逻辑的建构不仅需要依靠教师个人的自主实践，更离不开教师所在群体的专业支持。教师群体能够为个体提供多元化的视角，弥补个人视域的局限。对话共同体作为教师专业学习与生活的重要场域，一方面能够在为教师搭建互动与交流平台的基础上使处于潜隐状态的教学逻辑外显化；另一方面能够借助"外脑"的帮助，使处于"自在"状态的教学逻辑得以检验和提升，以产生合理的教学实践理论。对话共同体建立在彼此尊重、信任和关心的基础上。第一，对话共同体将"他者"视为相对独立的存在，尊重其个人历史、经验和观点存在的价值。第二，对话共同体将"他者"视为将心比心的存在，能够主动敞开心扉，向"他者"袒露心声。第三，对话共同体将"他者"视为共在性的存在，将"他者"的成长与发展看成是休戚相关的共同目标与追求，对话共同体使每个人能够承担起对"他者"发展负责的态度。教学逻辑在主体间交往、对话、实践的过程中，通过吸收"他者"认知能力的优势，促进自身内涵的不断拓展和提升。

5. 实践与理论的双向建构是教学逻辑发展的保障

教学逻辑是个人在特定的场域中经过实践探索的结果，教学客观规律、教学事件、价值观念、情感态度、教学经验等都蕴含在实际的场域之中，并影响着教师个体教学逻辑的建构。对于教师来说，教学逻辑很容易成为教师接受或拒绝外在教学理论的过滤器，并进而影响教学实践品质的发展。"缺乏教学理论的指导，教学实践活动就会失去学术基础；一旦失去学术性格，教学实践活动充其量也不过是土木匠人的技艺性活动而已。"① 因此，要想促进教学实践面貌的日久常新，教师需要教学理论为其提供补给。通过学习、吸收、内化、实践各种教学理论，不仅能够使教学理论由"自在性事实"经"对象性事实"，转化为教师的"经验性事实"②，而且可以实现原有教学逻辑的超越与创新，最终促进教学实践品质的发展。在教学逻辑发展的过程中，理论与实践的形塑作用缺一不可。实践是教学逻辑发展的起点和归宿点，理论是教学逻辑发展的

---

① 徐继存：《教学理论反思与建设》，甘肃教育出版社 2000 年版，第 104 页。

② 段兆兵：《教学理论与实践关系的文化思考》，《教育理论与实践》2009 年第 9 期。

重要媒介。教学逻辑正是在实践与理论的双向建构中得以推进。

6. 促进师生的协同发展是教学逻辑发展的目标

教学逻辑以“两个发展”为根本目标。一方面，教学逻辑的发展实际上是教师自我发展意识与能力不断提高的过程。教学逻辑能够帮助教师以参与者的身份，而不是旁观者的身份主动参与到自身教学实践的思考与建构中来。教学逻辑的形塑不是外在的规训过程，而是教师不断反观自身，协同处理教学情境内外部环境蕴含的、影响教学逻辑发展各要素之间关系的自觉过程。在这个过程中，教师的反思意识、能力、知识、信念、情感、态度与价值观等都会发生新的改变，从而形成教师新的理解能力，推动教学实践的发展。另一方面，教学逻辑的发展以关心和促进学生的发展为核心价值追求。当教师在建构教学逻辑的过程中，其价值诉求始终停留在外在的工具价值诉求、任务价值诉求或片面的认知价值诉求，其教学逻辑的建构水平都是有限的。只有当教学逻辑以促进学生的全面和可持续发展为价值诉求的时候，教学逻辑才能从根本上促进学生的成长与发展。可以说，只有教师自身教学反思与实践能力的不断提升，教师才能更好地促进学生发展。只有当教师道德感不断增强，切实从关心学生发展的角度建构教学逻辑，教师才能更好地实现自我生命价值。教师的自我生命价值与学生的自我生命价值的实现具有协同性。

第二节 教师个人教学逻辑的表征与运演过程

一 教学逻辑的表征

（一）“实践推论”的提出

正如奥迪所指出的，作为一种解释框架，逻辑是理性和意欲的统一体，是人成为理性人的集中表现。[①] 事实上，教师在思考教授何种教学内容以及如何呈现教学内容，如何实施课程，如何使学科内容结构化，如何评价学生学习，如何发挥想象力促进、激励、帮助学生，如何以周到、

① Dorothy Vasquez-levy, “The Use of Practical Arguments in Clarifying and Changing Practical Reasoning and Classroom Practices: Two Cases”, *Journal of Curriculum Studies*, Vol. 25, No. 2, 1993, p. 125.

尊重以及道德的方式对待学生，如何批判地分析所处的情境，如何负责地对待冲突以及如何以公正、平等的态度控制课堂和组织教学的时候，他们都在运用逻辑。相关研究指出，逻辑存在优劣之分，好的逻辑产生好的教学，而只有改善教师的实践推论才能提高教师逻辑的运用水平。[①]正是在这一认识基础上，研究者把目光转向了实践推论，他们认为改善实践推论是促进逻辑合理化的关键。实践推论最早源于亚里士多德的实践三段论，其形式如下[②]：

例 1：	例 2：
吃健康和容易消化的食物	健康是一个有价值的目标
白肉容易消化	促进血液循环可以增加健康
鸡肉是白肉	早上跑步能够促进血液循环
我盘子里的是鸡肉	这是早上
[行动：吃鸡肉]	[行动：跑步]

从亚里士多德实践三段论的例子中可以看出，“实践推论”由不同的命题组成。其中，第一个命题是价值命题，是意欲达到的状态或目的，尤其是一种价值或善的表达。紧随价值命题之后的命题具有经验的特征，可以通过认真观察和研究获得的证据对其进行评价。在行动之前的命题，用于描述当事人对所处情境的感知。最后，是行动命题，是当事人所作出的行动决策。实践三段论作为一种工具，既能够说明一个人思维的过程，又能够使其形式化。实践推论有它特殊的组成部分和明确的结构。

芬斯特马赫和理查森认为一个实践推论应包括五个组成部分：一是价值命题，阐述行动者的目的，可以是宣称式的，如“我的目标是帮助孩子获得成功”；也可以是命令式的命题，如“每个孩子都应该学会阅读”。二是规定性命题，为行动决策提供意义，经常来自教学理论。例如“所谓的阅读就是能够口头准确地读一段文字内容”。三是经验命题，一个或一些将要接受经验验证的陈述，这些陈述通过使用科学的方法能够

---

① Shirley Pendlebury, “Practical Arguments, Rationalization and Imagination in Teachers'Practical Reasoning: A Critical Discussion”, *Journal of Curriculum Studies*, Vol. 25, No. 2, 1993, p. 145.

② Gary D. Fenstermacher and Virginia Richardson, “The Elicitation and Reconstruction of Practical Arguments in Teaching”, *Journal of Curriculum Studies*. Vol. 25, No. 2, 1993, p. 102.

得到确证或否定。例如“那些小时候受到阅读熏陶的学生比那些没有受到这方面影响的学生学习阅读的速度要快”。四是情境命题，主要澄清行动发生的情境。五是行动或行动意向，实践推论的结论。①

德尔夏默将实践推论分成三部分：价值命题、经验命题和情境命题，其中经验命题有的源于过去特殊情境下的教师观察，有的源于过去教师观察的解释推论，有的源于相关研究，还有的源于关于未来的假设，这个假设既建立在即时观察之上，又建立在过去观察的经验之上。德尔夏默将芬斯特马赫和理查森提出的“规定性命题”和“经验命题”合并为一类，将其统称为“经验命题”。德尔夏默将情境命题的来源分成三部分：有的源于对客观学生行为的观察，有的源于对现在行为的解释，有的蕴含在价值命题之中。②

在已有研究的基础上，本书将实践推论的结构划分为四部分，分别为：①价值命题，是教学意欲达到的目标，是对“为什么教”的理性认知和回答；②经验命题，为教学策略的选择提供证据或经验支持。主要包括四部分来源：源于过去特殊情境下的教师观察；源于教师在过去观察基础上形成的推论；源于相关研究得出的结论；源于关于未来的假设；③情境命题，是对当下教学策略选择所处情境的分析，具体包括对教学内容、时间、课堂纪律、学生行为、学生理解与反应、学生需求、教具、班级规模、课堂气氛、班级文化等的分析；④教学行动命题，关于教学策略的选择。教学行动命题是在价值命题、经验命题、情境命题之间通过推论形成的结论。

（二）“实践推论”的价值

对于以实践推论研究教学逻辑，人们形成了支持与反对两派不同的观点。只有厘清双方争论的焦点，我们才能正确认识实践推论的作用，也才能更好地利用实践推论去分析教学逻辑的运演过程。

芬斯特马赫和理查森指出，“当我们被要求给出行动理由的时候，

---

① Gary D. Fenstermacher and Virginia Richardson, “The Elicitation and Reconstruction of Practical Arguments in Teaching”, *Journal of Curriculum Studies*, Vol. 25, No. 2, 1993, pp. 106 – 107.

② Greta Morine-Dershimer, “Practical Examples of the Practical Argument: A Case in Point”, *Educational Theory*, Vol. 37, No. 4, 1987, pp. 395 – 407.

我们经常以这样的方式来说明，即我们的目的是什么，我们为什么选择这样的行动方式，以及为什么这样的行动方式适合我们欲求的目的，我们把这种解释的方式称为实践推论，实践推论能够为我们呈现一系列作为前提的理由以及它们是如何相互联结形成结论的。实践推论既适合对每日惯常行动的解释，也适合对更为复杂的行动的解释。它能够帮助教师理解行动背后的思维过程，帮助教师深思熟虑和反思地对待自己的思想和行动，也能够使教师在合理教育理论的指导下不断做出改变。"①

而以芒比和康弗里为代表的研究者们，对实践推论在揭示教师思维决策过程的有效性方面提出质疑。质疑的理由主要包括两点：一是我们并不总是以推论的方式进行思考，即使我们以推论的方式思考，我们思考的顺序与限制我们思想的推论类型在结构上并不具有一致性。② 二是他们对实践推论在捕捉有能力教师的决策和行动过程复杂性的程度上存在质疑。芒比认为，"当我们得出一个结论并被鼓励说出是如何得出这个结论的时候，我们通常倾向于直接描述我们的思维过程，好像结论的得出是一个直线式的演进过程。事实上实践推论是我们事后提供的一个重建逻辑，而问题就在于我们相信这个重建逻辑就是我们思维实际运演过程的复本"③。显然，在芒比的观念中隐含着这样的认识，如果实践推论不是实际思维运演过程的复本，那么，关于实践推论的研究又如何能够帮助我们更好地理解教师在决策中的思维过程。关于这一点，彭德尔布雷给予了回击，他指出："这种认识建立在如下假设之上，除非 X 是 Y 的复本，否则我们没有理由认为对 X 的检测能够有助于我们对 Y 的理解，然而不难举出实例来驳斥这一观点"，"如果从一篇文章中复制一段内容，也许我能较好地理解它的主旨和立论的基础。但是如果仅仅为我提供复本或磁带录音，而不通过阅读的话，那么，没有理由相信我能较好地理

① Gary D. Fenstermacher and Virginia Richardson, "The Elicitation and Reconstruction of Practical Arguments in Teaching", *Journal of Curriculum Studies*, Vol. 25, No. 2, 1993, p. 103.

② Shirley Pendlebury, "Practical Arguments and Situational Appreciation in Teaching", *Educational Theory*, Vol. 40, No. 2, 1990, p. 172.

③ Hugh Munby, "The Dubious Place of Practical Arguments and Scientific Knowledge in the Thinking of Teachers", *Educational Theory*, Vol. 37, No. 4, 1987, p. 362.

解这个复本。很显然，分析是更好地促进理解的可靠途径。我们可以通过三段论呈现文章中作者的观点，尽管三段论中前提和结论的顺序与文章作者呈现的顺序不一致，作者可能根据自己的意愿把结论放在他喜欢的位置。而且，他有可能有意识或无意识地在文章中并不表达前提或结论。当我们用三段论来表征他的推论的时候，我们要加上漏掉的前提或没有表达但蕴含其中的结论，还要忽略到无关的细节和背景信息，这样的增减过程有助于我们达成对文章的理解”。①

认为实践推论不能有效捕捉有能力教师决策思维复杂性的观点，是建立在将实践推论仅仅理解为“目的—手段”式推理的前提假设之上。这是一种典型的技术理性的推理过程，这类推理只适合解决目的明确，实践者只需按照目的寻找有效手段的实践问题，从而在目的 Y 和有助于目的实现的 X 之间建立一种因果关系。手段能否有助于目的的有效实现成为判断实践推论质量好坏的标准。实际上，这种观点是对实践推论的狭隘理解。我们无法否认现实中实践推论会受到技术理性的支配，而在思维过程中表现出“目的—手段”式推理的现象，但也必须承认现实中还存在反思基础上的“目的—手段”式推论，即教学目的不是理所当然的，教师在确立教学目的的过程中经过理性的反复思忖，因此，这个时候的实践推论就不再仅仅是技术关心层面的实践推论，而是价值关心统摄下的实践推论。

结合相关研究，我们至少可以从以下几个方面来认识实践推论的作用：

第一，实践推论使教师成为一个有目的、有思想的教学主体，教学成为一项需要不断作出决策的事业。易变性、不确定性和特殊性构成了教学世界的本质特征，它们造成教师教学认知上的不确定性，并不断对“我应该做什么”的实践问题作出回答。易变性指教学实践随时间不断发生变化，如果我们想要让教学思考变得合理，就不能忽视这些变化，这些变化包括学生、学科和学科教学方式的变化，课程与教学研究的变化以及课程政策的变化等。不确定性指教学行动的选择必须与情境具有相

① Shirley Pendlebury, “Practical Arguments and Situational Appreciation in Teaching”, *Educational Theory*, Vol. 40, No. 2, 1990, p. 173.

关性，教学环境和外在政治环境的不同会影响教学行动的选择。特殊性要求教师善于识别需要作出改变的教学线索，教师对教学线索的误读程度会影响教学失败的程度。为了确保实践推论的适切性，教师在进行实践推论时，必须具有敏感性和灵活性，要考虑到实践情境的细微之处和改变之处①。

第二，实践推论为我们提供了研究教师课堂决策思维过程的工具。评价每位教师教学行动过程合理性的最明智的方式，就是寻找一种有效表达教师决策思维过程的方式，通过这种方式，教师能够说出他的决策过程。而教师课堂决策的思维过程本身具有缄默性和复杂性，教师常常日用而不知。实践推论有助于将教师潜藏的和复杂的思维运演过程以规范化的方式呈现出来，并在此基础上接受教学理性的审视与批判。实践推论使得教学实践与教师，教师与研究者，教师与同僚之间对话关系的建立成为可能。教学逻辑也得以在多方视阈融合的基础上得以澄清、分析、批判与重构。

第三，实践推论作为一种工具，有助于教师找到自己行动的基础。为了保证教学实践的流畅性，教师经常在没有深思熟虑前就采取行动。但是无论怎样，判断教学行动合理与否的标准是教师必须对他们“为什么这样做”给出回答并说出推论的依据。在使隐性理由显性化的过程中，有助于教师找到自己行动的基础。

第四，实践推论为教学理论与教学实践研究之间的对话搭建了良好的平台。教学理论研究的成果能够为教师教学逻辑的建构提供证据、信息或观点来源，使主观的教学实践具有更多客观的依据，从而提升教学逻辑建构的理性水平。到什么时候，都不能忽视教学理论研究对于教学实践指导的价值。同时，通过实践推论研究教师实际的决策思维过程，也有助于我们加深对教师行动合理性的理解和相关理论的建构。

---

① Shirley Pendlebury, “Practical Arguments and Situational Appreciation in Teaching”, *Educational Theory*, Vol. 40, No. 2, 1990, p. 176.

二 教学逻辑的运演过程

(一) 情境的评鉴

“实践情境定义并生成教育实践者据以进行实践推理的前提与根据。这就是说，实践推理有效的条件总是与教育实践主体对情境的理解有关”[①]，任何教学活动的发生与发展都与一定的教学实践情境紧密相连，而教学实践情境又是教学活动要素中最为活跃的组成部分，它具有流动性。这种流动性既表现在不同教学实践情境本身所具有的异质性，又表现在相同教学实践情境由于时间间隔性所造成的场域环境的差异性。教学逻辑的运演离不开教师对当下所面对的教学实践情境的分析，它内蕴着教学行动得以选择的一切有形和无形的条件。从范围来看，宏观上教学实践情境隶属于外在整体的教育环境，中观上教学实践情境隶属于学校现实的教育实践情境，微观上教学实践情境主要指课堂教学中一节课具体的实践情境。从构成来看，教学实践情境主要包括物质环境和人文环境。[②] 物质环境主要指学校所具备的教学资源，包括教学材料、教学媒体、教学设备和教学手段等；人文环境主要指课程与教学政策、教育指导理念、学校办学宗旨、学校制度规范、课堂人际关系和精神状态等。

教学实践情境的流动性要求教师要面对当下所处的教学实践情境进行具身感知与分析，这实际上就是情境评鉴的过程。“教师实践是一种艺术，做什么、怎么做、和谁，及该以怎样的速度等，每天发生数以百计的瞬时抉择，而且是每一天和每一组学生都会发生不同的抉择时刻。没有任何命令与指示能够规划得如此完善，以致能控制教师的精巧判断与行为，使之做出经常性的即时抉择来符合每一个不同情境的需求。”[③] 情境评鉴要求教师对教学情境具有敏感性，在具体感知教学实践情境特征的基础上，形塑自身对教学活动基本要素的理解。这里，教师要想形成合理的教学理解，必须处理好这样几对关系：一是处理好外在教学规范与个人价值欲求之间的关系。外在教学规范是对教师个人教学实践的一

---

① 马家安：《实践推理与教师行动的意义拓展》，《安徽师范大学学报》（人文社会科学版）2015 年第 1 期。

② 李如密、苏堪宇：《关于教学要素问题的理论探讨》，《当代教育科学》2003 年第 9 期。

③ 程良宏：《教师的课程理解及其向教学行为的转化》，《全球教育展望》2013 年第 1 期。

种规范性要求，内蕴着教学研究工作者对教学的价值追求，具有理想性和未来的预见性。而教师个体的教学价值欲求并不必然与外在的教学规范保持一致，具有个体性和当下实用性的特征。因此，教师要正确看待两者之间的矛盾，进行有效的协调与统一。二是处理好外在教学理论、惯常化教学理解与当下教学实践情境之间的关系。首先，教师要处理好外在教学理论与当下教学实践情境之间的关系。外在教学理论是对教学实践的科学总结和理性认知，对教学实践具有一定的科学指导意义。但理论的普遍性与抽象性特征使它在指导具体教学实践的过程中显得力不从心。这时，教师需要根据自身对教学实践的参与、感知与体验，形成对外在教学理论的具体化和多样化理解，丰富对同一教学命题多样化的认知，以便形成合理的教学逻辑推演前提。其次，教师还要正确处理惯常化教学理解与当下教学实践情境之间的关系。所谓惯常化教学理解，也叫经验性教学理解，指教师在教育实践中获得的从事教育活动的有效知识、技能以及情感和情绪的体验，是教师自身对教育活动和教学现象的价值判断，具有偶然性、直觉性、非批判性以及个体性等特征。[①] 教师很少对惯常化教学理解的性质及其适用范围进行思考。一方面，经验有性质上的不同。一些经验正确反映了教学客观要素之间的关系，一些经验则肤浅或错误地反映了教学客观要素之间的关系，而“经验的价值只能由它所推动的方向来判断”[②]。另一方面，经验的应用需要适宜的客观条件。任何经验都是个人与情境交互作用的结果，在某一情境有效的经验，在另一种情境下未必有效。因此，教师在教学逻辑推演的过程中，要根据“连续性”和“交互作用”来判断教师惯常化教学理解的性质与价值，并据此修改已有的教学理解。

（二）问题的界定

教学决策的过程实际上是教学问题的界定与解决的过程。所谓教学问题的界定，即为对教学问题的感知与理解，是教学问题解决的基础或前提。当面对教学问题时，不同专业发展水平的教师所实际具有的感知能力存在较大差异。一般而言，新手教师往往不能自觉地将教学问题作为元认知思考的对象，常常以一种“理所当然”的方式对待教学实践，

① 陈建华：《教师要超越经验层次上的教育常识》，《教育研究》2012 年第 10 期。

② 褚宏启：《论杜威课程理论中的“经验”概念》，《课程·教材·教法》1999 年第 1 期。

无视教学问题的存在；而优秀教师总是能够以“开放”“负责”和“关心”的态度对待教学实践，并表现出较强的教学问题敏感性。所谓“开放”，即教师能够随时利用教学情境所蕴含的内外各方面涌现的信息发现教学问题；所谓“负责”，即教师能够从多个角度思考教学问题解决的策略及其各种策略所可能带来的各种结果；所谓“关心”，即教师能够从“他者”的视角关心教学问题界定对学生发展以及课堂质量增进的意义。

除此之外，教师对教学问题的理解能力也不同。一般而言，新手教师对教学问题的理解呈现出自我定向、浅表理解、依赖个人经验、无视学生需要的特点；而优秀教师对教学问题的理解呈现出学生定向、长远理解、多个根据、考虑学生发展需要的特点。换言之，教师对教学问题的理解主要呈现出两种水平：常识性思维水平和教育学思维水平。以教育学思维水平处理教学问题是高质量教学实践诉求的自觉品质。它要求教师在面对教学问题的时候，不能不假思索地固守已有的教学经验或常规机械地行事，教师应该重新考虑教学问题，这包括对教学现象的多重聚合分析，将教学现象归结为对不同或相同教学问题的思考；包括对教学问题性质的确认，教学问题究竟是技术问题，还是价值问题；包括对教学问题解决策略背后蕴含的不同教学价值立场矛盾的分析。

（三）目标的求解

行动目标是教学行动意欲实现的结果，具有未来的指向性。没有行动目标，教学逻辑的运演过程就缺乏动力，教师日常的教学实践行动也无法得以发生。行动目标的求解是对“问题解决目的”的理性追问和价值关切。它既反映了教师对教学规律的理性认知和判断，又反映了教师对教学价值的审慎思考。或者说，行动目标的求解在不违背教学客观规律的条件下，还要求解教师个人的教学理想和需求。行动目标的求解决定了教学逻辑运演的方向和教学行动策略的最终选择。因此，教师在进行教学逻辑运演之前，首先要确定行动目标意欲涵盖的价值阈限。

对知识性质的认知实际影响着教师对行动目标价值阈限的选择。如果教师所持的是“本体论”的知识观，那么他们就会把知识视为一种事实存在、符号存在、普遍存在、结果存在和定论存在；如果教师所持的是“主体论”的知识观，那么他们就会把知识作为一种假设存在、多元存在、个性存在、过程存在和不确定存在。持第一种观点的教师在教学中就会一切以知识为中心，学生对知识的简单占有成为他们教学的关注点。受这种工具理性知识观支配的教师，他们对行动目标的界定必然是狭隘的，他们仅仅关注学生在认知领域的发展，他们教学思维和教学实践的背后蕴含的是一种“主体架空”和“情境无涉”的教学逻辑。所谓“主体架空”即在教学中，知识化身为一系列的符号系统及其组合，学习主体感性的、情感的、身体的认识价值被悬置；所谓“情境无涉”即课程知识教学中的学习主体与自己的各种心理体验和生活的各种体悟相分离，感觉出现钝化，难以发现隐藏在知识背后的情绪与情感意义。① 持第二种观点的教师在教学中就不是就知识论知识，不是从知识的产生过程与产生结果来论知识，而是从学生发展过程与发展结果来处理知识。② 课程知识教学作为一种“人在其中”的“人为的”意义认知、选择与实现活动，不应仅仅停留在知识的掌握上，更应该通过同知识的文化性实践、同他人的交往性实践以及同自己的反思性实践来建构知识与个体生命、智慧、成长的意义。③ 受这种价值理性知识观支配的教师，他们对行动目标的界定必定是丰满的，他们不仅关注学生认知领域的发展，更关注学生在过程与方法领域以及情感、态度与价值观领域的发展，他们教学思维和教学实践背后蕴藏的是“主体在场”与“情境嵌入”的教学逻辑。实际上，教师在行动目标求解的过程中，总是依据自身所信奉的教学立场来确定意欲实现的目标，而教学立场的性质直接决定着教师个体教学逻辑运演的性质和当下教学实践的实际走向。

（四）论据的提取

教学逻辑的运演除了要有大前提，还要有一系列的小前提作为教学行动推演和选择的依据。这些小前提实际上是教师个人所持的对教学活动要素的基本认识。在教学逻辑的运演过程中，教师所依据的小前提并不是事先给定的，而是教师在实际的教学实践情境中，依据个人的背景知识自主提取的。从结构上看，这个背景知识主要包括个人对教学目标、

---

① 李栋、田良臣：《“转识成智”：课程知识教学的“破”与“立”》，《教育理论与实践》2015 年第 7 期。

② 姚林群：《新课程三维目标与深度教学：兼谈学生情感态度与价值观的培养》，《课程·教材·教法》2011 年第 5 期。

③ 李栋、田良臣：《“转识成智”：课程知识教学的“破”与“立”》，《教育理论与实践》2015 年第 7 期。

学科、学生、教学、课程、自我、情境等的认识与理解。从来源上看，这些认识有的源于外界教学理论、有的源于生活经历、有的源于职前受教经历、有的源于职后经历与体验、有的源于他人经验、有的源于旁观习艺、有的源于传统文化与规范，它们之间纵横交错地彼此连接，以网状知识结构的表征方式储存在教师个体的头脑中。当面对具体的教学实践情境时，教师会根据自身对当下教学实践情境的感知和辨别，从“大脑中”提取这些所需的知识，构成教学逻辑运演的前件。而知识提取的有效性则取决于教师个体背景知识的认知倾向性、深刻性、清晰性、多样性和结构性。

所谓认知倾向性指不同的教师对同一教学问题会呈现认知立场的差异，甚至同一教师由于教学情境的变动也有可能呈现巨大的认知立场的反差。所谓认知深刻性指教师对教学理解的深浅程度不同。一般而言，新手教师“头脑中”的知识更多来自学生时期的经历和职前的教育实习，教学经验比较缺乏，由此他们形成的知识往往是肤浅的、片面的，尚未很好地受到实践的检验与批判。而优秀教师“头脑中”的知识更多来自自身的教学实践探索和经验积累，他们形成的知识相对比较深刻、全面，且较好地在实践中经过检验并被确证为有效的知识。所谓认知的清晰性指教师对其教学理解在把握上的肯定、明确和可辨性。事实上，教师个体所持有的教学理解在教师头脑中并不一定都是明确的、肯定的和清晰的，有一些是模糊不清的。所谓个体背景知识的多样性指教师头脑中储存着同一知识在不同教学实践情境的多样化表征形式。优秀教师与新手教师最大的不同在于，优秀教师头脑中储存着多个与特定情境、条件与特定反应相对应的多个模块化的知识结构，在特定的刺激出现的时候，特定结构能够自动地激活。① 所谓结构性指教师个人认知结构系统的内容构成和关系构成。教师头脑中的实践知识在结构的完整性上存在明显的个体差异。一般而言，优秀教师的个体背景知识结构比较完整，而新手教师存在背景知识结构性缺失的问题。这些都将影响教师对教学逻辑前提构件的提取、性质的认定和行动结论的推断。

---

① 张立忠：《课堂教学视域下的教师实践性知识研究》，博士学位论文，东北师范大学，2011 年。

（五）逻辑的链接

所谓逻辑的链接，指教学逻辑的运演除了有引起教学思考或教学行动的缘由—教学目标作为大前提，有教师对教学内容、教学方式、学科、学生、教师角色、学习等问题的理解作为若干小前提，还有将它们有机联系起来的某种顺序，这种顺序使得由教学目标—教学手段的推理链上暗含着一种因果关系，即引起与被引起的关系，正是这种蕴含着的因果关系使得从表达目的的“应”陈述过渡到表达手段的“是”陈述成为可能。[①] 逻辑的链接实际上是教学逻辑前提与结论之间关系的建立，即在教师的头脑中他确信他所采用的手段能够有效实现他预期的教学目标。

根据性质的不同，教学逻辑前提与结论关系的建立具有不同的特征，有的是一种经验性的关系，教学逻辑前提与结论之间关系的形成是由教师既往的教学经验所形塑的，呈现出典型的固着性，教师个体缺乏对教学经验性质和情境适切性的分析；有的是一种信念性的关系，教学逻辑前提与结论之间关系的形成是由教师信奉的教学信念所形塑的，具有典型的情感认同的特征，缺乏可靠的事实依据；有的是一种外在规约性的因果关系，所诉求的教学目标以及采用的教学手段都是由外在的教学规范所形塑的。但无论怎样，这种在教学目标和教学手段之间所建立的关系，从事实层面形塑了教师教学逻辑的运演过程，并决定着教师教学逻辑建构的层次、性质和水平。

（六）行动中反思

“行动中反思”指教师将自身的教学行动作为反思的对象，不断地对其合理性进行建构。我们可以从以下几个方面来理解：首先，从反思的目的来看，行动中反思是为了更好地行动。正如伯莱克所指出的，反思“立足于自我之外的批判性地考察自己行动及情境的能力。使用这种能力的目的是促进努力思考以职业知识而不是以习惯、传统或冲动的简单作用为基础的令人信服的行动”[②]。其次，从反思的过程来看，行动中反思强调反思的思维过程。反思强调教师对教学行动的权衡与比较，强调教师教学思维的优化。最后，从反思的结果来看，行动中反思强调对自身

① 吴国林、李君亮：《试论实践推理》，《自然辩证法研究》2015 年第 1 期。

② 姜勇、洪秀敏、庞丽娟：《教师自主发展及其内在机制》，北京师范大学出版社 2009 年版，第 299 页。

教学经验的重置，这包括对教学问题、对教学经验的性质、对教学情境以及对学科、学生、自身等的重新思考。“行动中反思”反映的是教师作为专业人员所具有的独特的思维、判断和决策方式，它是动态的、灵活的、变动不居的，具有行动中识知的特点。①

依据反思的意识、态度、方式、能力的不同，教师行动中反思呈现出明显的差异。从反思的意识来看，并不是所有的教师都能自觉地对自身的教学行动进行反思，有的将反思看成应付检查的外在行为，有的认识不到日常教学行动存在的问题、已经习以为常，有的认为反思会增加额外工作负担等，这些都表明反思在这些教师心目中只是一种可有可无的存在。而只有那些能够意识到反思对自身教学实践存在价值的教师才能自觉地将其作为日常教学生活的常态。从反思的态度来看，有的教师能够保持思想的开放性，不轻易地接受或拒绝各种外来信息，能够随时注意接收、实践和评价各种外来信息，从而更好地促进自身教学实践的改善；有的教师对教学信息持一种封闭的态度，固守或重复原有的教学行动方式。有的教师能够对教学保持一种伦理的态度，能够从长远的角度考虑教学行动的后果；而有的教师只能从自身短期利益的得失考虑教学行动方式。有的教师能够始终以执着的态度对待教学实践，不断探寻更优的教学行动方式；有的教师得过且过，满足于既有的教学行动方式。从反思的方式来看，有的教师只限于个人层面的反思，有的教师能够在主体间的层面进行反思，教师的反思方式反映了教师思维的广域程度。只有建立在主体间层面的反思才能保持一种开放的头脑，积极汲取他者的视域，通过彼此间的真诚交流、视域融合，进而达到优化教学思维，改善教学实践的目的。从反思的能力来看，并不是所有的教师都能捕捉到教学中有价值的“闪光点”进行反思，也不是所有的教师都能从问题的本质进行反思，也不是所有的教师都能多角度看待反思的问题。总之，教师行动中反思的水平将直接关系着教师教学逻辑建构的水平。只有在自觉、主体间、深层次、多角度的层面进行行动中反思，其建构的教学逻辑才能接近教学规律的客观要求，具有科学性。

（七）信念的确证

教学逻辑的运演目的在于从信念层面达成对教学行动规则的确证。

① 陈向明：《对教师实践性知识构成要素的探讨》，《教育研究》2009 年第 10 期。

对行动规则的确证不是逻辑学意义上的确证，即由对客观事实描述的前提推出相应的结论，前提的“真”确保了结论的“真”，由前提可以“必然地”推出结论。教学逻辑的运演在于由表达个人主观意图的“应”陈述过渡到采取教学行动的“是”陈述，教学逻辑前提和结论之间更具开放性。教师对教学行动规则的确证，是通过做得以实现的。只有被个体实践证明为有用的行动规则，才是可靠的、有效的。一旦教师在教学实践中确立起来的行动规则，在教学实践中被反复证明为有效，能够帮助教师解决实践中存在的问题，那么，教师就会十分确认这种行动规则，也会在日后的教学实践中主动运用这种行动规则。

教师对教学行动规则的确证是通过“打包”的方式呈现的，教师对教学行动规则的确证内蕴着教师对特定教学情境中教学行动策略对教学问题解决有效性的确证。也就是说，教师对教学行动规则的确证包含了教师对特定教学情境的观察、思考与分析；包含了教师对教学行动策略的权衡与选择；也包含了教师对教学行动有效性的思考。只不过不同水平的教师，对教学行动规则确证的复杂程度不同而已。对于新手教师而言，他们对教学情境的观察、思考与分析往往停留在外在的、浅层的水平；他们对教学行动策略的选择往往受到某种经验暗示作用的影响，缺乏对多种教学行动策略的权衡与判断；他们对教学行动有效性的思考遵循的是目的—手段式的推理模式，将教学行动的有效性建立在教学行动对达成教学目标的有效性上。而对于优秀教师而言，他们能够从深层次的角度对教学情境进行观察、思考与分析；他们对教学行动策略的选择经过了严密的推理过程，是在对多种教学行动策略权衡与判断的基础上获得的结果；他们对教学行动有效性的确证建立在目的“正当性”与手段“有效性”的基础之上。

教学逻辑的运演是一个复杂的过程，是多因素交织综合作用的结果。其中，情境的评鉴是教学逻辑生发的现实“场域”，教学逻辑的形成总是与一定的教学情境紧密相连。问题的界定是教学逻辑运演的关键。教师对教学问题的感知和理解能力直接决定着教师以什么样的思维方式来看待具体教学情境中的教学问题。以批判性思维而不是习惯性思维来看待教学问题，有助于教学实践持续不断的改进。目标的求解过程体现了行动者对行动目标在事实层面和价值层面的判断、权衡与选择，是教学逻辑生发的起点。教师对行动目标在事实层面的“是”判断和在价值层面的“应”判断在逻辑上并不必然导致相应教学行动的发生，教师对行动目标的“理性之知”必须与教学的“个人欲求”相结合，才能促使“理性之知”在现实层面的实际发生。如果理想状态的“理性之知”从情感上并不能被教师所接受，或者行动者只关乎当下的“个人欲求”，而忽略了对个人欲求在未来“价值前景”的展望，或者“理性之知”不能在现实层面一以贯之的执行，那么“知其当行”就会变成“知而不行”。教学行动的选择除了要有行动目标作为大前提，还要有一系列的小前提。教师对小前提构件的提取和性质的认识受到教师个人认知结构系统的影响。所谓教师个人认知结构系统是教师在长期的教学实践过程中形成的，蕴含在教师个人头脑中的以网状结构为表征形式的全部观念、经验和知识的组织。教师个人头脑中所持的观念、经验或知识在认知取向上的倾向性、认知的明确性和多样性以及结构的充盈状态共同影响着教学逻辑小前提的建构。此外，教学逻辑大前提、小前提和教学行动之间逻辑链接的性质也影响着教学逻辑的运演。合理教学行动的抉择既不是建立在个人教学信念所信奉的前提和结论的关系之上，更不是建立在个人教学经验所形塑的前提和结论的关系之上，更不是建立在外在规约的教学前提和结论固化关系的认识之上，而是建立在价值层面的正当性分析、事实层面的可靠分析和情境层面的适切性分析之上。唯有对主体所诉求的价值目标、行动依据、教学行动策略及其之间的关系进行“合情合理”的分析，教师的教学思维和教学行动才具有切实的“合逻辑性”。最后，教学逻辑还必须得到实践的确证并最终上升为指导教师教学实践的信念规则，才能持续有力地促进教学实践的改善。

本书试图利用模型展示的方式更形象、直观地呈现教学逻辑的运演过程，见图3—1。从图中可以看出，教学逻辑的运演是行动者在实践情境与个人认知结构系统之间不断互动与对话中实现的，教学逻辑将随着教师个人认知结构系统的完善以及实践情境的变化而不断得到确证与应用。

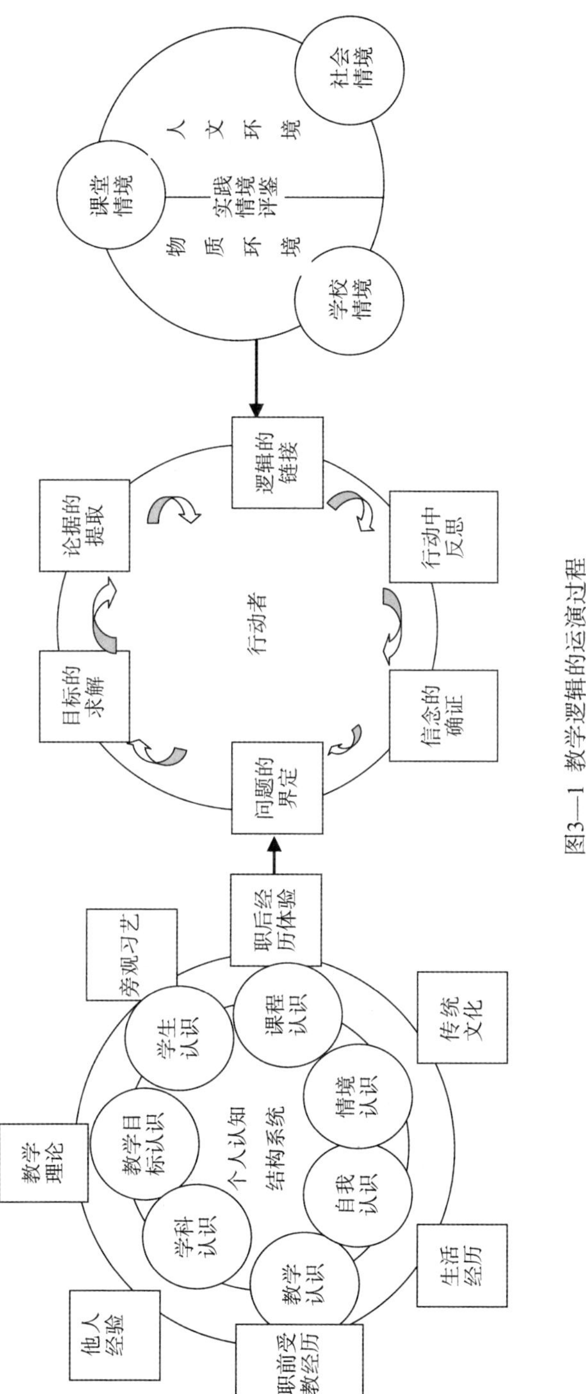

图3—1 教学逻辑的运演过程

第三节 教师个人教学逻辑的发展水平与模型

一 教师个人教学逻辑的发展水平

舒尔曼等人将“教学推理与行动模式”划分为“理解、转化、教学、评价、反省和新理解”六个基本阶段①。其中，“理解”是教学推理活动的基础，“转化”是教学推理活动的关键，“反省”是促进“新理解”形成不可缺少的重要一环。教学逻辑在教学推理的循环往复过程中形成与发展。因此，“理解”“转化”与“反省”的水平将直接影响教学逻辑发展的水平。鉴于此，本书主要从四个方面来分析教学逻辑的发展水平。

（一）从认知的深度来看，教学逻辑的发展水平处于“经验—理性”的连续统中

既然“理解”是教学推理的基础，那么“理解”的水平直接影响着教学逻辑建构的水平。具体而言，“理解”有“深度”与“广度”之分，所谓“理解”的“深度”指认识的深浅程度，所谓“理解”的“广度”指认识视角的广泛程度。这一划分成为研究教学逻辑水平的具体参照维度。其中，认知的深度指由不同来源、推理过程和建构方式带来的认识程度上的差异。首先，从来源而言，处于“经验”水平的教师，其教学受到过去某种单一教学经验“暗示”作用的影响，这种影响在日后的教学中逐渐得到强化进而成为教师教学实践的不自觉选择。而处于“理性”水平的教师，其教学逻辑是在习得的丰富教学经验以及理性的过滤之后形成的。其次，从推理过程而言，处于“经验”水平的教师在面对教学实践时常常表现出“习以为常”、无须深思熟虑、不自觉的“自动化”状态。来自日常生活和教学实践的某单一“经验”成为主导自身过去、现在以及未来教学实践的一贯准则。而处于“理性”水平的教师，其教学逻辑往往是在理性的统筹下，在对多种教学经验进行权衡与比较的过程中建构起来的。最后，从建构方式而言，处于“经验”水平的教师一般

---

① Lee S. Shulman, “Knowledge and Teaching: Foundations of the New Reform”, *Harvard Educational Review*, Vol. 57, No. 1, February 1987, p. 15.

多是在个人层面建构教学逻辑，很少积极主动地吸收外来有用的教学信息。而处于“理性”水平的教师则不同，他们往往具有开放的教学态度，能随时注意、审视和吸收外来有效的教学信息和经验，且能够在“共同体”的层面来认识自身的教学。可见，处于“经验”水平和“理性”水平的教师，他们对教学实践的理解深度显然不一样，“经验”水平教师形成的教学理解往往肤浅，而“理性”水平教师的教学理解往往比较深刻。

（二）从认知的广度来看，教学逻辑的发展水平处于“松散—紧密”的连续统中

所谓认知的广度指教师在形成教学逻辑的过程之中，他们所依据的教学认识视角以及每一认识视角内部相关要素的广泛程度和整合程度。从认知的广度来看，教学逻辑存在个体差异，有的教学逻辑在结构上表现出完整性，无论是各要素之间以及每一要素内部次级要素之间联系比较紧密，有的教学逻辑在结构上表现出缺失性，教师在进行教学决策时会不自觉忽略掉一些要素，这在教学要素以及每一要素内部要素的取舍上都有所表现，要素之间的联系不够紧密。我们将前者称为“紧密”水平的教学逻辑，将后者称为“松散”水平的教学逻辑。具体而言，处于“紧密”水平的教师，能够在相对完整地统整教学相关要素的基础上进行教学决策；而处于“松散”水平的教师，在进行教学决策时考虑不周全，教学逻辑往往建立在个别教学要素之间关系的认知基础上。一般而言，“紧密”水平的教学逻辑往往建立在教师周密的思考基础上，反映出教师较高的认知水平；而“松散”水平的教学逻辑往往建立在教师临时的思维分析上，一般处于较低的认知水平。

（三）从策略的丰富程度来看，教学逻辑的发展水平处于“机械—灵活”的连续统中

策略的丰富程度是从“表征”的视角来分析教学逻辑水平的一个重要维度。策略是教师将课程内容以学生能理解的方式呈现给学生的具体做法。好的教学策略具有三个基本特点：一是能准确反映对学科本质的理解；二是能够促进学生的学习；三是具有情境适切性。鉴于学生的层次性和教学情境的变动性，教师在形成对学科本质的理解之后，其教学策略的丰富程度直接决定着教师教学实践的水平。实践中，不同发展水平的教师，其教学策略的丰富程度存在一定的差异。一般而言，优秀教

师在教学理解深入和教学经验丰富的基础上形成了较为多样的教学表征，她们能够在同一教学理念的指导下选择适合不同教学情境的教学策略，在教学策略的选择中常常表现出灵活的一面。而新手教师由于对学科的理解往往停留在表层，对教学情境的“不同”缺乏识别和判断能力，因而，在教学策略的选择上常常表现得比较被动、机械，常常受困于某单一教学策略的制约。教学策略越丰富，教师越能够以灵活的应对方式实现同一教学目标，体现教学逻辑的适切性。

（四）从主体的觉知程度来看，教学逻辑的发展水平处于“自在—自知—自觉”的连续统中

主体的觉知程度是从“反省”的视角来分析教学逻辑水平的一个重要维度。教学逻辑由“自在—自知—自觉”的发展过程，同时也是教师教学实践由“操作水平—反思水平—智慧水平”的发展过程。所谓“自在”水平，即教师依据自身过去或当前的教学认识或经验以惯常化的方式开展教学实践，使得教学实践具有了重复性和非批判性的特征，教学逻辑在教师日复一日的教学实践活动中得以不断复制并具有了“天然合理性”。处于这一水平的教师不对教学情境进行具身分析，一般以直觉反应的方式对待教学实践。惯常化和直觉反应的教学实践方式在使教学行动具有流畅性的同时，也阻碍了教师对自身处于潜隐状态的教学逻辑的审视与分析。所谓“自知”水平，即教师的主体意识开始觉醒，他们能够主动感知、分析、理解和评判已有的教学实践及其教学依据。也就是说，这一阶段的教师能够从价值论的视角对其教学实践的合理性进行分析与批判。所谓“自觉”水平，即教师能够在评判已有教学实践及其教学逻辑的基础上，主动建构合理的教学逻辑并内化为自身行动的内在根本准则和实际的教学行动，并能够根据教学实践情境“相似”和“不同”的特征，灵活地，甚至是创造性地开展教学实践。

二 教师个人教学逻辑的发展模型

所谓教学逻辑的发展，即教学逻辑由低级到高级、由旧质到新质的演变过程。这一过程实际上也就是教师不断超越自我，不断形成更高水平教学逻辑的持续发展过程。人的存在价值不在于接受和适应已有的一

切，而在于不断“改造”“超越”自我。[①] 自觉性是教学逻辑发展的内在本质。所谓自觉性意味着教师能够以主动、独立、批判和持续的态度对待教学实践，肩负起教学逻辑合理建构的己任。所谓主动，意味着教师不再沦为惯常化教学实践的机器，对教学实践表现出一种高度的“关心性”，能够重新审视既有的教学实践及其背后的依据；所谓独立，意味着教师能够自主地不受外在权威束缚的建构教学逻辑；所谓批判，意味着教师能够以质疑的精神对待教学逻辑，不断对其进行检验、修正与完善；所谓持续，意味着教师能够将教学逻辑的建构看作在教育现场中不断实践、体悟与更新的终身过程。教学逻辑的发展不仅体现在教师拥有教学逻辑发展的品质或态度，同时还要有将这些品质或态度转化为实践的行动，主要包括识别、评价和应用等一系列行动，可以用基本循环来概括，具体见图 3—2。

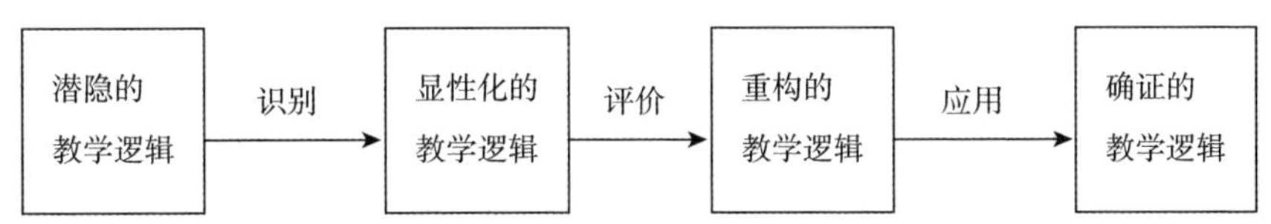

图 3—2　教学逻辑发展的基本循环

（一）识别阶段

教师的教学实践是教师自主决策的过程，这一过程常常受到教师身体化感知与理解的影响，并内化为教师日常教学实践的稳定的行为方式。然而由于教学工作所具有的“日常化”特征，教师在日常实践中往往只关心技术层面“如何做”的问题，而不关心自身行动背后的依据。而行动背后的依据才是决定自身教学实践水平的关键。正如赖尔对“知道怎样”和“知道什么”所作的区分，不是所有形式的理智的“知道怎样”，都以这个人“知道”相关的“原理”为基础。[②] 当教师在“自在”水平

① 姜勇、洪秀敏、庞丽娟：《教师自主发展及其内在机制》，北京师范大学出版社 2009 年版，第 16 页。

② ［英］赫斯特：《教育理论》，载瞿葆奎《教育学文集 · 第 1 卷 · 教育与教育学》，沈剑平译，人民教育出版社 1999 年版，第 454 页。

上实施教学实践的时候，教师的教学逻辑处于潜隐状态，教学逻辑常常由于“日用而不知”，教学逻辑在教师日复一日的教学实践活动中受到遮蔽。识别意味着教师教学逻辑自主意识的觉醒，教师能够意识到自身的教学实践直接受到教学逻辑的支配。“观念赋予外在事物以意义，如果人的意识中没有关于外在事物的观念，那么外在事物的存在对主体来说毫无意义，即‘存在着的无’。”[①] 如果教师缺乏教学逻辑的自主意识，那么教学逻辑的存在对于教师来说也是“存在着的无”，正如石中英教授所言：“所有的教学，不论其学年阶段和教授科目，都在很大程度上受着教师缄默的专业知识观念和教育知识观念的制约。……从一定意义上说，一个人越能意识到这种制约的存在，他就能够越理性地开展教育教学活动；一个人越不能意识到或否认这种制约的存在，他就越容易陷入教育教学的习俗和惯例之中而不能自拔，……”[②] 同样，教师越能意识到教学行动背后教学逻辑的存在，就越能理性地开展教育教学活动。因此，教师自身要积极主动地与具体教学情境对话，并通过与教学情境的对话思考“当下的教学情境是什么?”“我是怎么做的?”“我为什么这样做?”等问题，将这些处于潜隐状态的教学依据显性化，并暂时将其“悬置”起来。所谓“悬置”意味着将主体原来信以为真的东西暂时搁置起来，以便能够对其进行深入的思考，从而走出原有理解的陷阱。[③]

（二）评价阶段

教学行动背后的理由和理由的合理性是两回事。教学实践的合理性就在于教师能够为教学行动提供恰当的理由或根据。评价意味着对教师教学逻辑的现有水平进行价值判断，这是促进教师教学决策理由合理化的关键。如何考量教师的教学逻辑，评价的标准是什么？我们可以从构成维度、认识维度、推断维度和逻辑维度几个方面来评价教学逻辑的现有水平。从构成维度来看，教师教学逻辑是由哪些要素耦合而成，不同教师教学逻辑的结构不同，有的教师建构的教学逻辑结构比较完整，建

---

① 巴春蕾、孔凡哲：《误区与澄明：建构主义知识观中的教师知识研究》，《当代教育与文化》2014 年第 6 期。

② 石中英：《知识转型与教育改革》，教育科学出版社 2001 年版，第 246 页。

③ 石中英：《教育哲学》，北京师范大学出版社 2007 年版，第 182 页。

立在对影响教学实践的多个因素之间关系统整分析的基础之上；有的教师建构的教学逻辑存在结构性缺失。从认识维度来看，不同教师教学逻辑构成基础的认知取向存在偏差。从推断维度来看，教学逻辑构成基础的道德与否、丰富与否、适切与否影响着教学逻辑的建构水平。从逻辑维度来看，教学逻辑构成基础之间逻辑的严谨性也影响着教学逻辑的建构水平。除了有评价标准，还需要有可利用的评价媒介：比如学生、同事、教研员、专家、学者、书籍、信息、生活事件等，这些成为教师不断反思与批判既有教学逻辑的重要媒介物。合理教学逻辑的建构一定是主体间互动的过程，通过自我—自我，以及自我—他者（人、物或事件）的对话，促进原有教学逻辑性质和结构的重构。

（三）应用阶段

经过教师评价与重构的教学逻辑并不具有稳定性，只有在实践中应用并被反复证明为合理的教学逻辑才是“真”的教学逻辑，才最终被确证为指导自身教学实践的原则。此时的教学逻辑与一开始教师拥有的教学逻辑已经有了很大的不同，它是在原有教学逻辑的基础上发展而来，已经在质上发生了根本的改变。此时，教学逻辑的发展并没有停止，在教师惯常化的教学实践中，经过确证的教学逻辑，经过行动的反复以及意识的沉淀，会再次处于潜隐状态，内化为教师行动的准则而自发地起作用。这时教学逻辑要想发展，需要再次经历识别—评价—应用的过程，并随着教师对教学实践情境的丰富理解，在更高的水平上得以重构。可见，教学逻辑的发展是教师不断与教学逻辑对话的过程，教学逻辑在经历了意识期、思考期、修正期和确证期的过程中得以不断跃迁。教学逻辑发展的过程是一个螺旋上升的过程，这一过程可以用图 3—3 来表示。

教学逻辑发展的过程，即为教学逻辑由模糊、澄明、批判到重塑不断跃迁的过程，正如麦卡锡所言，“会说话的或会行动的主体，能够知道如何达到完成、实现、创造各种各样的事物，而没有明确注意到、或不能够给予他们的行为所依据的结构、规则、准则、图式一个清楚的说明。理性的重建的目的，就是明确地使很多构成‘实践上掌握了的，前理论的知道怎样’之基础的一些结构和规则，以及代表主体在特定领域内的

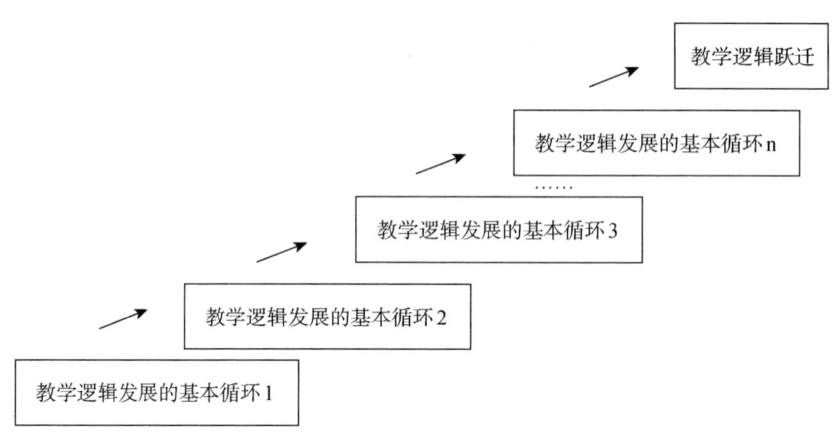

图 3—3 教学逻辑发展的模型

能力的缄默知识，变得明确起来……”①

① ［英］赫斯特：《教育理论》，载瞿葆奎《教育学文集・第 1 卷・教育与教育学》，沈剑平译，人民教育出版社 1999 年版，第 464—465 页。

第四章

单一教学问题解决中教师个人教学逻辑的表现

教学逻辑是教师在深化理解教学问题与具体开展教学实践活动中对教学相关要素关系权衡时所遵循的相对稳定的规则。依据对教学逻辑概念的界定，我们可以发现，教学逻辑实际上蕴藏在教学问题解决的背后。一般而言，我们可以从两个层面来考察教师的教学逻辑：第一个层面是教师在思考单一教学问题时，其背后的教学逻辑，这反映了教师微观的教学思维；第二个层面是教师在整节课的教学设计与实施过程中，在对一系列教学问题的思考与解决中，其背后的教学逻辑，这反映了教师宏观的教学思维。透过对教师微观教学思维和宏观教学思维的分析，有助于我们深入地了解教师教学逻辑的发展现状。

鉴于实践推论在揭示逻辑方面所具有的重要价值，本书将实践推论作为揭示教学逻辑的工具。由于教师对每一个教学问题的思考事实上都是对行动命题选择的回答，因此，我们在这里省去行动命题，从价值命题、经验命题和情境命题三个方面考察教师实践推论的过程，进而揭示教师的教学逻辑。鉴于教师并不是完全按照实践推论的组成部分表述教学逻辑，因此，有些命题的表述需要我们在推论的基础上进行补充，这样才能比较全面地揭示教师教学逻辑的内容。

第一节　单一教学问题解决中教学逻辑的分析框架

一　单一教学问题解决中教学逻辑分析的重要性

作为教师认知与行动的内在根本依据或规则，教学逻辑一般具有潜隐性，很难被教师自身或外界察觉，除非为教师提供一个真实的问题，需要教师结合自身对教学的理解进行判断、权衡与选择的时候，教学逻辑才会从“后台”走向“前台”。一个个具体的问题是探察和揭示教学逻辑的重要载体。那么，何谓问题？问题是这样一种情境，个体想做某件事，但不能马上知道对这件事所采取的一系列行动。[①] 问题解决是由一定情境引起的，按照一定的目标，应用各种认知活动、技能等，经过一系列思维操作，使问题得以解决的过程。[②] 教学逻辑就反映在问题解决的过程中。通过对一个个具体问题的思考，能够帮助我们了解不同教师教学逻辑的起点、教师的认知水平、教师拥有的认知结构及其内部各要素在教学逻辑运演过程中之间的关系以及教师的推理过程，进而为教师微观教学思维的优化提供依据。

二 单一教学问题解决中教学逻辑的分析维度

教师在教学中需要思考的问题有很多，本书以 S 小学数学教师为个案，选择了其中有代表性的九大基本问题，分别是“学习任务的选择与组织问题”“学习任务的实施问题”“学生参与方式的选择问题”“提问主体选择的问题”“提问着眼点确定的问题”“互动方式选择的问题”“评价主体选择的问题”“评价方式选择的问题”以及“处理学生理解障碍的问题”。教师在对每一问题思考与解决的过程中，实际上是面对一个矛盾体，那么，在面对矛盾体的时候，教师就需要进行抉择，抉择的背后反映了教师对这一问题思考的教学逻辑。透过这九大基本问题，我们能更好地了解教师微观的教学思维过程及其背后的教学逻辑。

第二节 单一教学问题解决中教学逻辑的主要表现

一 学习任务的选择与组织：“遵循教材和计划”还是“依据学生理解”

学习任务的选择是教师教学中思考的首要问题，是对“教什么”问

---

① 袁维新、吴庆麟：《问题解决：涵义、过程与教学模式》，《心理科学》2010 年第 1 期。

② 袁维新、吴庆麟：《问题解决：涵义、过程与教学模式》，《心理科学》2010 年第 1 期。

题的思考，它直接关系着学生学些什么。对此问题，不同的教师有不同的理解，反映了背后不同的教学逻辑。有的教师将教材看成学习任务的全部，一般教材有什么，讲什么，教材成为教师教学的圣经。有的教师意识到教材只是学习任务选择的蓝本，学生学的内容不局限于此，学生的经验和理解也是学习中很重要的资源。

从个案教师研究的情况来看，两位新手教师在数学任务的选择上基本上以教材为依托，基本上是教材有什么，教师讲什么。对此，她们给出的解释为“北师大版的教材比较贴近学生生活，学生比较容易理解，教师直接用也比较方便”“教材的内容是最基本的，我得先保证学生把教材的内容学会、练会，他们能跟上趟”“教材的内容是经过专家选择的内容，比较科学、权威，是学生必须掌握的内容”“教材中的内容较好地反映了知识的内在联系”。可见，两位新手教师主要从方便、基础、权威和知识体系完整性的角度出发来选择教学内容。与两位新手教师不同，优秀教师 T 在教学中能够积极吸纳学生经验和理解中的问题。比如在情境创设方面，T 教师能够用童话或成语故事、竞赛、游戏以及学生身边的事物等多种形式入手。T 教师对情境创设有自己的理解：“情境创设应该做到三个方面：一是让学生感兴趣；二是要贴近学生生活；三是要快速直接导入新课，北师大版教材基本考虑到了教的问题和学生学的问题，它一般设计的情境和活动便于教师教和学生学，但在具体情境选择的过程中教师还要具体分析，如果适合的，就可以按照教材上的教，如果不适合，教师完全可以按照自己的理解选择新的情境。”在教学过程中，T 教师能够根据学生的理解增加一些新的内容。比如在《小小图书馆》一课，除了书上的问题，T 教师还出示了“339—157”的问题让学生计算，对此，T 教师在访谈中表示：“这道题是百位上也需要再减一下的问题，其实这个难度只是一小部分，学生基本上能够解决，这个难度不是一下子提高，是一个逐步提高的过程，这个问题就是稍微麻烦一点，让学生多算一步，因为前边的问题学生解决得挺顺利，所以我就想再加深一步，如果前边的问题学生不会，我可能还会出一个类似的问题让学生再算，完全根据学生当时的学习情况来定。”在《平行四边形》一课，增加了“平行四边形、长方形与正方形的关系图”，对此，T 教师给出的解释为：“这堂课本来我没想出示这个图，因为这堂课本来知识点已经很多了，而这个内容已经超出了这堂课的要求，再讲就怕学生乱了，但有的孩子已经提出来了，已经思考到这了，一堂课也不能光照顾大多数，有些尖子生你也得让他吃饱，要不然都是他会的东西，你让他听啥呀，既然孩子能想到这，善于思考的精神已经很可佳了，他提到这个问题，我可以通过画图的方式让他很简便、很直观地告诉他，但这个问题并不是针对所有学生来讲的，我是针对思维跟得上的，考虑他们的需要。这就是面对不同层次的学生，满足他们不同的需要。”可见，T 教师主要从学生学习兴趣、生活经验、知识的快速引入、学生学习的情况以及不同层次学生思维的特征和需要出发来选择数学任务。

此外，不同教师对数学任务的组织也有不同的理解，从个案教师研究的情况来看，两位新手教师主要按照既定的教学计划来教学，比如 L 教师在她所有的课堂教学中，问题大多是封闭性的问题，学生只需对事实或结论进行回答，除此之外，学生没有更多表达的机会，所以看起来整个教学过程比较流畅，基本都按照既定的教学计划来教。对此，L 教师在访谈中提到：“我总感觉要讲不完东西，所以总想多给他们讲点东西，我的课特别紧凑，一项挨一项，我讲完这个，马上就下一个，他们能跟上趟就不错了，他们没有时间去思考自己的东西，一直是他们跟着我的思路走，我会拢着他们，不让他们出教材这个圈，让他们在这个圈里学，把这个圈里的学会了，再做题练，很少让他们跳出去干什么，我很少给他们发散的机会。”比如，在《长方形与正方形》一课中，见表 4—1（T 代表教师，S 代表全体学生，S1 代表学生 1，S2 代表学生 2，以此类推）。

表 4—1　　执教片段一

T：首先，咱们来认识一下长方形和正方形分别由什么组成？各部分的名称是什么？
S1：正方形边一样长。
T：正方形的这部分叫边，那长方形呢？
S2：长方形长比宽要长。
T：找同学说说长方形这个边叫什么？
S3：长。
S4：长。

节选自：L 教师《长方形与正方形》课例

在《长方形与正方形》一课，L教师本来在讲“长方形与正方形各部分的名称”，但学生在回答问题的时候，突然说出了“正方形边的特征”，对此，教师没有理会，而是继续按照原有的教学计划进行讲解。对此，L教师给出的解释为：“学生抢答了，我不喜欢这样的，有的时候孩子希望老师表扬他，你知道的可真多，可能我心情好的时候会鼓励他，但是他影响其他同学听课呀，其他同学思维还没到那呀，主要是给没在外边听课，不会的同学讲，否则他在听其他同学讲的时候彻底就蒙了，没有给不会的同学思考的时间，所以我不太喜欢爱接话，抢的同学”。这里的价值命题为“给没在外边听课，不会的同学讲”“给不会的同学思考的时间”，经验命题为“提前回答影响其他同学听课”“其他同学思维还没到那”“可能我心情好的时候会鼓励她”“我不太喜欢爱接话，抢的同学”，情境命题为“学生抢答了，影响别的同学思考”。

与L教师一样，C教师也是按照既定教学计划来教学，见表4—2、表4—3。

表4—2　执教片段二

T：大屏幕出示正方形纸巾、长方形档案袋和三角板三个实物的图形，问学生它们都有一个什么角？
S1：直角。
T：我们还不知道它叫直角，它们有什么共同点？
S2：一个顶点、两条边。
T：除此之外，还有什么特点？张口有什么特点？
S3：它们都有一个直角。
T：上面三个角都是直角，那么什么样的角可以称为直角？

节选自：C教师《认识直角》课例

在《认识直角》一课，当学生已经说出图形中的角是直角的时候，教师还是按照原有的教学进度教学，对此，C教师给出的解释为：“这是因为假期的时候，有些孩子上补课班把整本书的内容都学完了，他们知道要讲的内容，但是大部分孩子还是不知道的，他这一回答影响别的同学对这个问题的思考，而且他回答的也不是我要的答案”。这里蕴含的价值命题为“为了照顾大多数”“为了获得正确答案”，经验命题为“教学应该照顾大多数”“当学生回答的不是教师想要的内容时，教师还要接着讲”“答非所问会影响别的同学对问题的思考”“假期的时候，有些孩子上补课班把整本书的内容都学完了，他们知道要讲的内容，但是大部分孩子还是不知道的”，情境命题为“学生回答超出教学进度属于答非所问，也影响别的同学对问题的思考”。

表 4—3　执教片段三

T：这节课老师请来一个新朋友，这个钟表除了时针、分针，还有什么针？
S：秒针。
T：好了，我们钟面上有三个指针，那你怎么区分这三种针呢？这三种针有什么不同点？
S1：秒针最长，时针最短，分针不长不短。
T：她是从长短方面来说的。
S2：秒针走得最快，时针走得最慢，分针走得不快不慢。
S3：秒针最细，时针最粗。
T：非常好。她是从三个针的粗细来区分的，非常棒。
S4：老师，我知道秒针走一圈是一分钟。
T：我们待会再说。大家看大屏幕最细最长的是什么针？
S：秒针。
T：秒针走一个小格是多少？
S5：一秒。
T：如果走 1 大格是几秒？
S6：5 秒。
T：如果秒针走半圈是多少秒？
S7：30 秒。
T：那秒针走一圈？
S8：60 秒。

节选自：C 教师《一分钟有多长》课例

对于在《一分钟有多长》一课，当学生说出“秒针走一圈是一分钟”的时候，C 教师仍按照教学计划教学，对此，C 教师给出的解释为：“我想让学生描述完秒针之后，通过观察，先分析秒针走 1 小格是几秒，秒针走 1 大格是几秒，然后让学生以此类推猜测一下秒针走一圈是多少分。学生之间是有层次差异的，只有少部分学生会了，大部分学生还不会，所以还需要从头讲一讲”。这里的价值命题为“教学要照顾大多数学生”，经验命题为“学生之间有层次差异，只有少部分学生会了，大部分学生还不会”，“教学应该按照一定顺序讲，先讲秒针走 1 小格是几秒，走 1 大格是几秒，然后以此类推讲秒针走一圈是多少分”。

从前文提到的优秀教师 T 对数学任务的选择中，我们也能看到 T 教师对数学任务的组织。与新手教师将数学任务的组织看成一个线性的执行过程不同，优秀教师 T 在数学任务的组织过程中能够随时根据学生的理解对既有的教学计划进行调整。之所以这样，是因为新手教师和优秀教师所持有的教学逻辑的起点和经验认识存在差异。一方面，两位新手教师主要从教学时间、教学顺序以及大多数学生的需要出发，而优秀教师 T 主要从学生学习的情况、理解的程度和一些拔尖学生学习的需要出发。另一方面，两位新手教师认为“学生能跟上趟就不错了”“大多数学生不会，得按照计划给他们讲”。而优秀教师认为“学生学得还可以的话，可以增加一些难度”，“一堂课也不能光照顾大多数，有些尖子生你也得让他吃饱”。不仅两类教师的逻辑起点和经验认识不同，而且优秀教师 T 在教学逻辑运演的过程中充分考虑到了情境因素，能够根据对课堂情境因素的判断来调整教学。

二 学习任务的实施：“提供解题思路”还是“经历知识探索过程”

学习任务的实施是考察教师对学科及其教学理解的重要指标之一。个案中，不同教师对数学任务实施的理解存在差异，有的教师在数学任务实施的过程中主动为学生提供解决问题的方法，有的教师在数学任务实施的过程中让学生自主去探索。对数学任务实施的不同理解，反映了数学教师不同的认知水平。依据美国学者芬内马的理解，我们可以将教师对数学任务实施的理解划分为四种不同的水平：“水平一：教师认为除非自己教给学生解决问题的策略，否则学生不知道怎么解决”—“水平二：教师开始意识到学生会应用先前获得的知识于新的学习情境或使用它们自己发现的策略解决问题”—“水平三：教师相信学生靠自己解决问题会更有意义”—“水平四：教师认为学生的数学思维决定教学的进展，决定教师与学生互动的方式”。① 下面是新手教师 L 在典型教学片段中的处理方式，见表 4—4。

表 4—4　执教片段四

T：比如你吃晚饭，从晚上 5 时 45 分一直吃到 6 时零 8 分，算一算你吃饭用了多长时间？我提示大家一下，从 5 时 45 分到 6 时零 8 分，中间的整时点，你找的是几时？

S1：6 时。

T：同意吗？

S：同意。（学生声音很小，不太确定）

T：同不同意呀？

S：同意。

T：唉，6 时对吧，那你试一试，当你从一个时间点算到另一个时间点，它们俩的时是不一样的，从 5 到 6 了，或者从 6 到 7 了，跨越了一个时，你就可以这样算，找到中间整时的分界点，先算前面经过多少时间，再算后面经过多少时间，加在一起就对了。

节选自：L 教师《淘气的作息时间》课例

在《淘气的作息时间》一课，L 教师让学生计算过整点所经过的时间内容时，为学生提供了既定的解决问题的方法，而没有让学生自己去尝试探究解决问题的方法，对此，L 教师给出的解释为：“我怕学生不会，没有思路，说不出来，等他说一遍错的，再纠正、再说一遍错的、再纠正就比较困难，还是有老师提示的情况下做比较好，新课他能听懂就不错了，把这个思路告诉他，下次他就可能会这个思路了”。这里的价值命题为“让学生掌握思路”，经验命题为“我觉得学生可能不会，没有思路，说不出来”“如果学生说错，反复纠正学生的错误不利于学生的学习”“有老师提示的情况下做题比较好”。

再如，新手教师 C 在如下教学片段中的处理方式，见表 4—5。

① 顿继安：《从“备学生”转向“研究学生”——基于学生研究的数学教学》，教育科学出版社 2015 年版，第 103 页。

表 4—5　　执教片段五

T：教师分别展示了生活中的图形，如信封、邮票和国旗，问学生是什么图形？

S：长方形。

T：刚才我们展示了那么多的图形，你认为什么样的图形是长方形？

S1：由 4 条不同长短的边组成。

T：再仔细看，这 4 条不同长短的边有什么特点？

S2：左右的两条边相等，上下的两条边要比左右的两条边长一点。

T：大家同意吗？

S：同意。

T：现在看教师手里拿的图形是什么图形？

S：长方形。

T：他说左右两条边一样长，教师现在把它对折看看是不是一样长，大家看一下刚才左右两条边现在怎么了？

S3：重合了。

T：说明这两条边长短怎么样？

S：一样长。

T：那我们看一下上下这两条是不是一样长，怎么办？

S4：把上下对折。

T：你发现了什么？

S5：又重合了。

T：那说明什么？

S6：说明上下两条边一样长。

……

T：我们来比较一下长方形和正方形，它们有什么不同？（教师大屏幕出示以下内容）找同学来填一填。

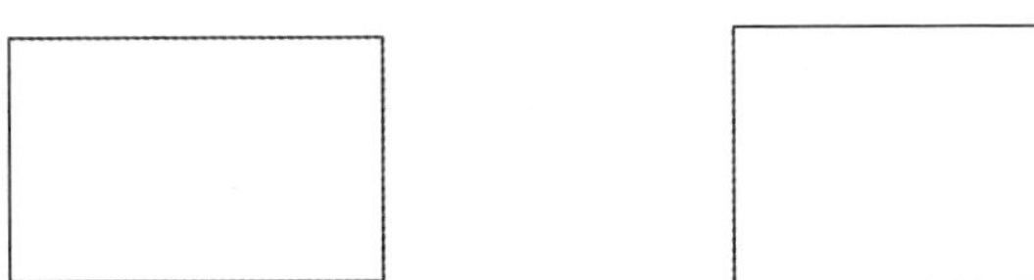

长方形的对边（　），四个角都是（　）角

正方形的四条边（　），四个角都是（　）角

节选自：C 教师《长方形与正方形》课例

在《长方形与正方形》一课，C 教师直接为学生呈现了证明长方形边特征的方法，而没有让学生经历自主探究的过程。对此，C 教师给出的解

释为："学生可能想不出这种办法就引导他们，这样他们可以很清楚地看到长方形确实如前面学生说的那样，左右两条边相等，上下两条边相等"。这里的价值命题为"证明前边学生说的是对的"，经验命题为"学生可能想不出这种办法""引导他们看能帮助他们理解"。当教师讲到"长方形与正方形特征比较"的时候，教师以"填空"的形式让学生比较"长方形与正方形"的特征，而没有让学生自主比较。对此，C 教师给出的解释为"学生虽然在前边了解了长方形与正方形的特征，但是如果让学生去比较可能有一定的难度，教师应该给学生提供一定的方法和角度，这样可以降低难度"。这里的价值命题为"比较长方形与正方形的特征"，经验命题为"让学生自己去比较可能有一定的难度""填空可以降低难度"。

从两位新手教师对数学任务的实施来看，她们对数学任务实施的理解处于初级水平，她们认为如果教师不给学生提供一定的方法、角度或策略，学生不能自己解决问题。事实上，教师为学生提供一定方法、角度或策略看似能够帮助学生比较顺利地解决问题，然而在运用这种方法的过程中，由于学生并没有遭遇解决问题的难点，因此，并不能真正促进学生对问题的根本理解。与两位新手教师为学生提供既定的解决策略不同，优秀教师 T 在数学任务实施的过程中更注重学生对知识的探究过程。如 T 教师在《十年的变化》和《长方形与正方形》教学片段中的处理方式，见表 4—6 和表 4—7。

表 4—6　　执教片段六

T：确实，由于环境的改变，野生动物的种类由原来的不到 100 种，到现在超过了 200 种，这是由于人类保护环境，使得野生动物生存的环境越来越好。刚才，我们是估计的。下面，老师想请你列出算式，怎么列？

S1：139 + 87。

T：同意吗？

S：同意。

T：<u>请你用你喜欢的方法计算出 139 + 87 到底得多少？</u>

S：学生开始算。

节选自：T 教师《十年的变化》课例

在《十年的变化》一课中，T 教师让学生用自己喜欢的方式做一做。

对此，T 教师给出的解释为："教学应该发挥学生的主体性，通过做一做实际上是让学生自主探究计算方法，每个孩子在解决问题的过程中，他们的思维方式、思考问题的方法不一样，再加上新课改也强调算法的多样化，只要是学生想出来的方法，我们都应该尊重，他们喜欢用哪种方法就可以用哪种方法。如果根本没做，直接让学生凭空想象计算注意什么，学生想象不出来，做给学生提供一个总结和概括的依据，这也符合学生学习由实践到理论的认知发展规律，而且，学生之前在一年级的时候已经学过百以内的加减法，已经具备一定的基础，让学生做一做也能帮助学生回忆以前学过的知识，学会知识的迁移。"这里的价值命题为"发挥学生的主体性""帮助学生回忆以前学过的知识，学会知识的迁移"，经验命题为"如果根本没有做，学生凭空想象计算注意什么，学生想象不出来""做给学生提供总结和概括的依据""做符合学生学习由实践到理论的认知发展规律""学生之前在一年级的时候已经学过百以内的加减法，已经具备一定的基础"。

表 4—7　　执教片段七

T：昨天老师让同学准备了图形，往前看，这是××准备的两个图形，一个是蓝色的，另一个是黄色的，谁能告诉我这两个图形分别是什么？
S：学生齐说，正方形和长方形。
T：为什么它们叫长方形和正方形，这堂课我们研究它们本身所具有的特点，现在拿出你准备的图形，跟你的同桌互相比一比、折一折、量一量，看看长方形和正方形的边和角都有什么特点？
S：学生操作。

节选自：T 教师《长方形与正方形》课例

对于在《长方形与正方形》一课采取"比一比、折一折、量一量"动手操作的教学方式，T 教师给出的解释是："这节课主要是让学生通过动手操作掌握长方形与正方形边和角的特点，积累数学活动的经验和学习数学的方法，动手操作可以发挥学生的主体性，让他们手、脑并用，这个知识是他们自己发现的，比老师告诉他们记忆更深刻，这也符合新课程倡导的让学生自主探究和亲身实践的教学理念，而且这节课也适合用动手操作的方法来教。二年级的孩子喜欢动手操作，直观形象思维占优势，通过动手做一做，能够帮助他们在具体的操作活动中，通过大量事实，抽象出长方形与正方形的特征，而且学生之前有量和折的经验。”这里的价值命题为“这节课主要让学生动手操作掌握长方形与正方形的特点”“让学生积累数学活动的经验和方法”，经验命题为“动手操作可以发挥学生的主体性，让他们手、脑并用”“自主发现的知识比老师告诉他们记忆更深刻”“二年级的孩子喜欢动手操作，直观形象思维占优势”“学生之前有量和折的经验”，情境命题为“这节课适合用动手操作的方法来教”。

两位新手和优秀教师对“数学任务的实施”有不同的理解，反映了不同的教学逻辑。首先，她们持有的教学逻辑的逻辑起点不同，新手教师关注学生对教师解题思路的掌握以及课堂教学的顺利进行，而优秀教师关注学生主体性的发挥、知识迁移能力的培养、数学活动经验和方法的积累；其次，她们持有的经验认识也不同，新手教师认为“学生可能不会，没有思路，说不出来”“如果学生说错，反复纠正学生的错误不利于学生的学习”“有老师提示的情况下做题比较好”“教师引导能帮助学生理解”，优秀教师持有的经验认识包括“如果根本没有做，学生凭空想象计算注意什么，学生想象不出来”“做给学生提供总结和概括的依据，做符合学生学习由实践到理论的认知发展规律”“学生之前在一年级的时候已经学过百以内的加减法，已经具备一定的基础”“动手操作可以发挥学生的主体性，让他们手、脑并用”“自主发现的知识比老师告诉他们记忆更深刻”“二年级的孩子喜欢动手操作，直观形象思维占优势”“学生之前有量和折的经验”。相对于两位新手教师，优秀教师拥有相对比较全面而深刻的关于学生已有知识储备、学习特点、思维特征、学习心理以及教学策略的认识，更相信学生依靠自己的力量解决问题的价值。

三　学生参与方式的选择：“看、听、记”还是“全面参与”

学生如何参与课堂，不同的教师对此有不同的认识，有的教师认为课堂参与仅仅是学生看、听和记的被动接受过程，有的教师则认为学生不仅要看、听，还需要说和做，看、听、说、做都是数学不可缺少的重要组成部分。不同的认识反映了教师不同的教学逻辑。

在多节课例中，L 教师都选择了用“演示—讲解”的方式进行教学。

对此，L 教师在访谈中表示："孩子们很多时候如果是听着教师讲的话，可能大部分都能理解，但是如果在实践中做或说的话，却不一定能够获得准确的认识。所以我选择通过多媒体课件进行直观展示，这样能想到方法的同学掌握了，没想出方法的同学通过多媒体展示也基本理解了。"很显然，这一教学逻辑的出发点是学生对准确结论的获得，所持的经验认识为学生学习是一个看和听的过程。对于为什么没有让学生做和说，L 教师在进一步的访谈中表示：一是她希望孩子像"小绵羊"一样，便于"控制课堂"，她认为一活动，学生就不看教师了，不利于教学知识点的讲解；二是她认为动手操作容易"影响教学纪律、课堂容易散"；三是如果在活动中让学生自己说，学生可能怎么说的都有，无法"控制变量"，演示和讲解能够降低教学的难度，也便于"教师控制"。可以发现，L 教师对听和看学习方式的选择是建立在她对"课堂有效控制"的基础之上的。

同时，L 教师还强调学生对标准答案的识记，见表 4—8。

表 4—8　　执教片段八

T：咱们一起练一练，看看老师现在的表盘，表示的时间是多少？

S1：9 时。

T：同意吗？

S：同意。

T：老师再换一个，谁来试试？

S2：10 时 25 分。

T：对吗？

S：对。

T：因为它的时针指向的是 10 和 11 中间，老师说过两数之间取小数。

然后再看分针，看分针是多少，找同学说一说？

S3：40 分。

T：同意吗？

S：同意。

T：为什么呀？因为五八四十

……

T：现在老师出难的了，看看这时是几分？

续表

S4：53 分。
T：用 10 乘 5 等于 50，再往下数 3 个，如果分针指向 11 怎么办呀？ 5 乘以 11 得多少呀？
S：55。
T：5 乘以 11 没学过，但是可以记住，当分针走到 11 的时候是 55 分。

节选自：L 教师《奥运开幕》课例

在《奥运开幕》一课，教师多次让学生记住结论，对此，L 教师给出的解释为："因为在考试的时候，它不会让学生说你是怎么理解的，而直接看你答的结果，我主要是想让学生记住这个简便的方法，在考试的时候他们能得心应手一点"。显然，这里的价值命题是"让学生记住简便方法，在考试的时候能够得心应手一点"，经验命题是"考试的时候，不会让学生说是怎么理解的，而直接看你答的结果"。在《认识角》一课中，L 教师让学生记下顺口溜"我是一个小小角，一个张口两条边，要知我的大与小，要看张口不看边"，对此，L 教师给出的解释为："首先就得背下来，学生上完一堂课，知识不一定应用到做题当中去，但是学完这堂课，知识首先是记牢的，孩子学习跟咱们想象的不一样，他们可能不会想书上标准化的语言，但是顺口溜就不一样，他们有的时候一边把顺口溜背了一边把习题做了，有的时候做题需要找点窍门或捷径，如果没有这个顺口溜，做题的时候他需要时间推导呀，这个就快了，有了这个顺口溜，他马上就能做出来，要不然考试的时候他还得重新推导，两个角重合的时候怎么怎么样，推推就推错了，推蒙了，这个就是死规定，到那他就做了。"这里的价值命题为"为了在考试中快速做出题来"，经验命题为"知识记牢是第一位的""学生学习可能不会想书上标准化的语言，他们会一边背顺口溜一边做题""顺口溜能帮助学生快速做题""如果学生在考试中自己推的话，可能推推就推蒙了"。在《长方形与正方形》一课中，L 教师多次让学生把相关结论记在书上，对此，L 教师表示："在前边的演示中，我先通过让学生观察，控制变量，得出了结论，这里我主要是让他们把口头归纳的语言变成规范的语言，这样考试的时候，他们就知道怎么写。如果你单独问学生，学生知道，但是如果要让他们形成总结性语言，他们可能不会"。这里的价值命题为"为了让学生把口头归纳的结论变成规范的语言，考试的时候会写”，经验命题为“如果你单独问学生，学生知道，但是如果要让他们形成总结性语言，他们可能不会”。显然，L 教师之所以这样做的目的在于让学生在考试中取得成功，而她对考试成功的理解在于学生能够写出标准答案。

新手教师 C 在教学中也强调学生的看和听，这从 C 教师的课堂教学做法中也能反映出来，见表 4—9、表 4—10。

表 4—9　　　　　　　　执教片段九

T：谁能告诉我你的计算方法？
S4：用数线的方法。87 + 139。
T：100 是哪来的？
S4：从 139 里面分出来的。
T：也就是把 139 怎么样？
S4：分散。
T：首先把 139 分成哪部分？
S4：分成三部分。
T：哪三部分？
S4：100，30 和 9。
T：大家看，她跟老师的方法一样不？多媒体演示数线计算的过程。还有什么方法？
S5：用列竖式的方法。
T：好了，把你的算草本拿来，幻灯演示学生算的情况。87 + 139，首先看相同数位有没有对齐，教师一一检查。你是从哪位开始计算的？
S5：个位。
T：从个位算起，7 + 9 = 16，个位满十向十位进一，11 加 1 等于 12，十位满十要向百位进 1，百位原来是 1，加上进上来的 1 是 2，所以最后结果是 226。这就是我们今天要学习的竖式计算方法。教师板演竖式计算的过程，同时提醒学生竖式计算注意的问题。现在在你的算草本上写一下，一边写一边想竖式计算注意的问题。

节选自：C 教师《十年的变化》课例

在《十年的变化》一课，对于“数线”和“竖式计算”的每一种方法，C 教师均采取了“演示—讲解”的授课方式，均没有让学生说出自己的计算过程。对此，C 教师给出的解释为：“无论哪种方法，我都是为了让学生了解每种方法在计算时应注意的问题，我这样做是想强调一下，引起学生的注意，希望这个教学内容能够流畅、连贯的被学生理解和接受”。这里的价值命题为“让学生掌握每种方法应注意的问题”“让教学内容能够流畅、连贯的进行”，蕴含的经验命题为“需要引起学生注意的内容需要教师来讲”“演示—讲解能够保证教学内容流畅、连贯的被学生理解和接受”。

表4—10　　执教片段十

T：教师分别展示了生活中的图形，如信封、邮票和国旗，问学生是什么图形？ S：长方形。 T：刚才我们展示了那么多的图形，你认为什么样的图形是长方形？ S1：由4条不同长短的边组成。 T：再仔细看，这4条不同长短的边有什么特点？ S2：左右的两条边相等，上下的两条边要比左右的两条边长一点。 T：大家同意吗？ S：同意。 T：现在看老师手里拿的图形是什么图形？ S：长方形。 T：他说左右两条边一样长，老师现在把它对折看看是不是一样长，大家看一下刚才左右两条边现在怎么了？ S3：重合了。 T：说明这两条边长短怎么样？ S：一样长。 T：那我们看一下上下这两条是不是一样长？怎么办？ S4：把上下对折。 T：你发现了什么？ S5：又重合了。 T：那说明什么？ S6：说明上下两条边一样长。 T：同意吗？ S：同意。 T：那刚才我们发现对着的两条边是？ S7：长方形对边是相等的。 T：长方形不仅左右对边相等，而且上下对边相等。

节选自：C教师《长方形与正方形》课例

在教学“长方形边的特点”的时候，教师采用演示—讲解的方式，整个课堂教学中学生只有听和看的过程，没有动手操作和说的过程。对此，教师给出的解释为：“让学生动手折会耽误教学时间、影响课堂纪律，教师在前边操作，学生也可以看到，也不妨碍他理解，我说是为了提示学生，让他们按照我的思路一步一步思考，这样能够比较顺利地将内容传递给他们”。这里蕴含的价值命题为“保证教学时间”“维持课堂纪律”和“保证教学的顺利开展”；这里的经验命题为“让学生动手折会耽误教学时间，影响课堂纪律”“教师在前边操作，学生也可以看到，也不妨碍他理解”“老师说能让学生按照老师的思路一步一步思考，能够比较顺利地将内容传递给他们”。

与两位新手教师不同，优秀教师 T 在教学中强调学生学习是眼、脑、手、嘴全面参与的过程，学生既要会看、会听，还要会说、能做。T 教师在日常教学中非常强调学生的“做”和“说”。之所以强调“做”，正如 T 教师所言“如果根本没做，直接让学生凭空想象注意什么，学生想象不出来，做给学生提供一个总结和概括的依据，这也符合学生学习由实践到理论的认知发展规律”“动手操作能够帮助学生积累数学活动的经验和学习数学的方法，可以发挥学生的主体性，让他们手、脑并用，这个知识是他们自己发现的，比老师告诉他们记忆更深刻”。此外，T 教师还强调学生的“说”，这在 T 教师的课堂教学片段中能够反映出来，见表 4—11、表 4—12、表 4—13。

表 4—11　　　　执教片段十一

T：那接下来，大家动笔试一试，看看结果到底是多少？看看结果跟估计的是否接近？
S：学生做一做。
T：谁完成任务了，用你的坐姿告诉我，……思考一下，你怎么能跟大家介绍清楚，谁来？
S1：我是用竖式计算的。
……

节选自：T 教师《小小图书馆》课例

在《小小图书馆》的教学中，T 教师让学生自主探究计算方法的基础上，说一说是怎么算的。对此，T 教师给出的解释是：“由于每个孩子在解决问题的过程中，他们的思维方式、思考问题的方法不一样，只要是学生想出来的方法，我们都应该尊重，他们喜欢用哪种方法就可以用哪种方法。课堂上有两方面的交流，师生之间的交流和生生之间的交流，而生生之间的交流，往往被忽略掉。让学生通过生生之间的交流汇报自己的方法，更能吸引学生的注意力，比老师讲更有效果。学生讲明白了，体现的是学生的主体地位，学生讲不明白，我来讲，体现的是教师的主导地位。如果学生能说明白，说明他真正懂了，如果方法掌握了，那么，同类问题，在我没有讲的时候，他也能用同样的方法去解决。”这里的价值命题是“尊重学生多样化的算法”“充分发挥学生的主体性，加强生生之间的交流”，经验命题为“每个孩子在解决问题的过程中，他们的思维方式、思考问题的方法不一样”“学生讲更能吸引学生的注意力，比老师讲更有效果，学生讲明白了，体现的是学生的主体地位，学生讲不明白，我来讲，体现的是教师的主导地位”“如果学生能说明白，说明他真正懂了，如果方法掌握了，那么，同类问题，在我没有讲的时候，他也能用同样的方法解决”，情境命题为“生生之间的交流在课堂上往往被忽略掉”。

表 4—12　　执教片段十二

T：可以把你的发现跟同桌说一说，谁能跟大家说一下，你发现长方形和正方形的什么秘密了？ S2：我发现正方形四条边一样长。 T：你是怎么发现的？

节选自：T 教师《长方形与正方形》课例

对于在《长方形与正方形》一课，采取让学生说一说“怎么发现长方形与正方形秘密的”，T 教师给出的解释是：“在自主探究长方形与正方形特点的过程中，每个孩子获得知识的方式可能是不一样的，通过说一说展示学生多样化的方法，帮助学生积累认识图形的方法。让学生说一说也能帮助他们经历与他人交流的过程，发挥学生的主体性，促进学生语言能力的发展。”这里的价值命题为“帮助学生积累认识图形的方法”“让学生经历与他人交流的过程，发挥学生主体性，促进学生语言能力的发展”，经验命题为“每个孩子获得知识的方式可能是不一样的”

“说能展示学生多样化的方法”“说能帮助学生经历与他人交流的过程，促进学生语言能力的发展”。

表 4—13　　执教片段十三

T：自己数一数钟面上一共有多少个小格？

S1：65 个。

T：还有不同答案吗？

S2：60 个。

T：同意哪个？

S：60 个小格。

T：我们一起数一数，我想问一下你准备怎么数？

S3：我从 6 开始数。

……

节选自：T 教师《奥运开幕》课例

对于在《奥运开幕》一课采取让学生说说数小格的方法，T 教师给出的解释为：“这部分教学主要是让学生了解数小格的方法，让学生说能够发挥他们的主动性，让他们学会自主思考。由于学生思维方式不一样，认知有差异，所以在数的过程中会呈现出不同的方法，通过说能够展示学生方法的多样化。同时，说能够加强生生之间的交流与互动，促进学生思维的发展”。这里的价值命题为“这部分教学主要让学生了解数小格的方法”“发挥学生的主动性，让他们学会自主思考”“加强生生之间的交流与互动，促进学生思维的发展”，经验命题为“学生思维方式不一样，认知有差异”，蕴含的经验命题为“学生在数的过程中会呈现出不同的方法”“说具有发挥学生主动性、让他们学会自主思考、加强生生之间的交流与互动、促进学生语言发展的作用”。

教学中，T 教师除了让学生在知识探索之后说说自己的想法，还会让学生在倾听他人说的过程中再次说，见表 4—14、表 4—15。

对于在《十年的变化》和《小小图书馆》两节课中，T 教师让学生在倾听中比较与概括相同点，T 教师给出的解释为：“一方面是为了让学生注意听才能找到共同点，另一方面是在很多事实面前去提炼，这是对学生思维更高层次的训练，他还要把理解的东西用自己的语言转述出来，

表4—14 执教片段十四

T：请你估计一下野生动物的种类超过200种了吗？其他同学把手里东西都放下，两手分开。

S1：把87看作90，把139看作140，把140分成100和40，90+40=130。

T：估计的结果没超过200种呀，谁能帮她说清楚，接着说。

S2：140+90=230超过200种。

T：谁再说一遍。

S3：复述一遍。

T：这两名同学都用了一个共同的方法，谁能说说？

S4：把题中的数看成是整十数或整百数，这样能快速估计出它的结果。

节选自：T教师《十年的变化》课例

表4—15 执教片段十五

T：做完的同学用你的坐姿告诉我你写完了，好。思考一下，怎么算，你怎么能跟大家介绍清楚，谁来？

S1：我是用竖式计算的。

T：你上黑板上写一下。

S1：学生操作。

T：你给大家介绍一下你是怎么算的？先算哪位？

S1：我先算的是个位，用9－8等于1，再算十位3－1等于2，再算百位2－1等于1。

T：他算的对吗？

S：对。

T：结果是多少？

S：210。

T：谁跟他的方法一样，你是怎么算的？

S2：我先算的是个位，9－8等于1，然后算十位3－1等于2，然后再算百位2－1等于1。

T：谁注意听他们两个的发言了，你说说他们俩的共同点是什么？

S3：他们都先算个位，然后一步一步计算。

节选自：T教师《小小图书馆》课例

这也是一个能力，还有就是为了让学生抓住讲解内容中最本质的东西。概括、归纳、总结的能力在数学上是挺重要的，也是数学要培养的能力之一”。这里的价值命题为“提醒学生注意听”“培养学生概括和转述的能力”“让学生抓住讲解内容中最本质的东西”，经验命题为“概括是对学生思维更高层次的训练”“概括、归纳、总结的能力在数学上是挺重要的，也是数学要培养的能力之一”“概括有助于学生在倾听的基础上，思维得到提升，也有助于学生抓住讲解内容中最本质的东西”。

从上述分析可以发现，两类教师对“学生课堂参与方式”的认识不同，新手教师认为学生参与主要是看、听和记的过程，而优秀教师认为学生参与是看、听、说和做的过程。她们所持有的教学逻辑在逻辑起点和经验认识方面都存在显著差异：一方面，两位新手教师主要从学生准确结论的获得、在考试中把学到的知识倒出来以及教师对课堂的有效控制等几个方面出发，而优秀教师主要从对学生想法的尊重，促进学生之间的互动与交流，发挥学生主体性，积累学习的方法，促进学生思维发展，抓住理解中最本质的东西，培养概括、分析与比较的能力等方面出发；另一方面，她们所持有的对学生学习和教学策略的经验认识也存在差异：新手教师认为，“孩子们很多时候如果是听着教师讲的话，可能大部分都能理解，但是如果在实践中做或说的话，却不一定能够获得准确的认识”“演示—讲解能够保证教学内容流畅、连贯的被学生理解和接受”“让学生动手折会耽误教学时间，影响课堂纪律”“教师在前边操作，学生也可以看到，也不妨碍他理解”“老师说能让学生按照老师的思路一步一步思考，能够比较顺利地将内容传递给他们”，而优秀教师 T 则认为“每个孩子在解决问题的过程中，他们的思维方式、思考问题的方法不一样”“学生讲更能吸引学生的注意力，比老师讲更有效果，学生讲明白了，体现的是学生的主体地位，学生讲不明白，我来讲，体现的是教师的主导地位”“如果学生能说明白，说明他真正懂了，如果方法掌握了，那么，同类问题，在我没有讲的时候，他也能用同样的方法解决”“说能展示学生多样化的方法”“说能帮助学生经历与他人交流的过程，促进学生语言能力的发展”“学生在说的过程中会呈现出不同的方法”“说具有发挥学生主动性、让他们学会自主思考、加强生生之间的交流与互动、促进学生语言发展的作用”“概括是对学生思维更高层次的训练”“概括、归纳、总结的能力在数学上是挺重要的，也是数学要培养的能力之一”“概括有助于学生在倾听的基础上思维得到提升，也有助于学生抓住讲解内容中最本质的东西”。

四 提问主体的选择:“问题由教师提出”还是“问题由师生提出”

课堂问题由谁提出来，不同的教师对此有不同的认识，有的认为问题应该由教师提出，有的认为教师可以提出，学生也可以提出问题。不同的认识反映了教师不同的教学逻辑。从个案研究的情况来看，在 L 教师的课堂中，所有的教学问题都是由教师提出的，没有看到学生主动举手提出任何自己的问题。对此，L 教师在访谈中表示：“我总感觉要讲不完东西，所以总想多给他们讲点东西，我的课特别紧凑，一项挨一项，我讲完这个，马上就下一个，他们能跟上趟就不错了，他们没有时间去思考自己的东西，一直是他们跟着我的思路走，我会拢着他们，不让他们出教材这个圈，让他们在这个圈里学，把这个圈里的学会了，再做题练，很少让他们跳出去干什么，我很少给他们发散的机会。”这里的价值命题为“能讲完知识点”“学生能把我讲的听懂，跟上趟，做题会就行”，蕴含的经验命题为“拢着学生，让他们跟着我的思路走能讲完知识点，学生能跟上趟”。

与 L 教师相似，C 教师一般不会让学生主动提出问题，这在 C 教师的课堂教学中有非常明显的体现。C 教师所在班级学生非常活跃，总是有学生在别人回答问题的时候举手，C 教师一般会无视这种现象的存在或让其“把手放下，待会再说”，但之后 C 教师也没有让举手的同学说出自己的问题。对此，C 教师给出的解释为：“我们班孩子总是急于表达自己的想法，总是在别人回答问题的时候抢着举手，总是打断别人，不注意倾听，我这么做是让他们学会倾听和耐心等待，也是给回答问题的学生一个思考的时间”。这里的价值命题为“给回答问题的学生一个思考的时间”“培养学生学会倾听和耐心等待”，经验命题为“我们班孩子总是急于表达自己的想法，总是在别人回答问题的时候抢着举手”“别人回答问题的时候举手是在打断别人，是不注意倾听的表现”，情境命题为“有学生在别人回答问题的时候举手，他在打断别人”。很显然，C 教师将教学看成教师与学生之间的“输入—输出”过程，教师是整个课堂教学的主导方，教学信息由教师向学生传递。实际上，课堂教学的“输入”有很多种，除了教师的教，学生的问题或想法也是一种重要的促进学生学习的输入形式。让学生说出自己的问题或想法，能够发挥学生的主体性，让他们充分参与到课堂教学中，能够帮助教师发现学生身上的闪光点，随时生成更有价值的教学内容。让学生提出自己的问题或想法，也能够使学生学习的情况得到反映和验证，让他们在互动交流中进一步体会、修正、丰富已有的认识和理解，这个过程不是学生被动接受，也不是原有知识的简单累积过程，而是一个主动建构的过程。

与两位新手教师不同，在优秀教师 T 的课堂教学中，我们经常会看到 T 教师让学生提出自己的问题，见表 4—16、表 4—17。

表 4—16　　　　执教片段十六

T：平行四边形对边除了相等，还互相平行，像这样的图形叫作平行四边形，谁给我总结一下？

S3：老师，我有个问题。

T：有问题你问。

S3：长方形对边相等，也平行，为什么不叫平行四边形？

T：咱们一起来思考一下，长方形对边相等，也平行，对角相等吗？

S：相等。

T：长方形不仅对角相等而且四个角都是直角，长方形是不是平行四边形？

S：是。

T：长方形是特殊的平行四边形，表扬××同学特别善于思考。

S4：那如果说正方形是特殊的长方形，那正方形是不是平行四边形呢？

T：你觉得是不是？

S4：是。

T：正方形也是特殊的平行四边形。

节选自：T 教师《平行四边形》课例

在《平行四边形》一课，学生有问题举手，T 教师让其提出自己的问题，对此，T 教师给出的解释为："这堂课要解决的问题主要是平行四边形的特点，但是我们班学生的思维比较开阔，他想得比较多，比较深，他能联系到长方形和正方形，既然他们能想到这，我就讲到这，实际上是超出范围的，想出来的是少数孩子，但是这些孩子是比较尖的孩子，解决他提出的问题，能帮助他更好地理解，促进思维的发展。教材上给的只是一小块，但它背后其实很大，如果学生能想到 2，我就给他拓展到 2，但他能想到 3、4、5，我就给他拓展到 3、4、5。"这里的价值命题为

“帮助学生解决课堂中遇到的问题，促进他们思维的发展”，这里的经验命题为“我们班学生的思维比较开阔，一些学生想的比较多、比较深”“学生课堂上遇到的问题应该帮他解决”“教材上给的只是一小块，背后还有很多东西”“学生能想到哪我就帮他拓展到哪”，这里的情境命题为“他们既然提出来，说明他们已经想到这”。

表4—17　　执教片段十七

S1：老师，我有一个问题。

T：你问。

S1：数字之间都有小格，刚才某某说指着几就是几分钟的话，那中间小格又是干什么用的？

T：谁能解答？

S2：每个大格有5个小格，代表有5分钟。

T：好，谁注意他刚才说的了？

S3：他刚才说每个大格有5个小格，代表有5分钟，不过我不同意他说的。

T：那你认为怎么说对？

S3：我认为每个小格又可以代表1秒、1分。

节选自：T教师《奥运开幕》课例

在《奥运开幕》一课，学生有问题举手，教师让其提出自己的问题。对此，T教师表示：“一年级的时候，孩子都是差不多的，甚至有的时候，我们班的孩子不如别的班的孩子。但在平时的教学中，我一直注重让学生自己去发现，自己去思考，这体现的是学生的主体地位，在他不能完成的时候，教师这个时候出现，体现的是教师的指导地位。只要是孩子经过大脑思考的东西就应该让他说出来，小孩你不让他说，他憋不住，他也会说。而且学生的思维有的时候比老师开阔，在他的思维中是有闪光点的，可能我没想到的，学生想到了，我通过他的回答，给我有个提示，尤其是那些思维比较活跃的学生举手，他们有时提的东西挺有研究和探讨的价值。”这里的价值命题为“发挥学生的主体性，让他们自己去发现和思考”“教学是帮助学生暴露理解中问题的过程，也是不断生成新内容的过程”，经验命题为“只要是孩子经过大脑思考的东西就应该让他说出来”“小孩你不让他说，他憋不住”“学生的思维有的时候比老师开阔，在他的思维中是有闪光点的，可能我没想到的，学生想到了，我通过他的回答，给我个提示”“思维比较活跃的学生举手，他们有时提的东西挺有研究和探讨的价值”，情境命题为“学生举手了”“特别是举手的学生是思维比较活跃的学生”。

从上述分析可以发现，以 L 教师和 C 教师为代表的新手教师和以 T 为代表的优秀教师对提问主体的认识不同，新手教师认为教师才是课堂提问的主体，而优秀教师认为教师和学生都是课堂提问的主体。新手教师和优秀教师关于“提问主体选择”的教学逻辑不同，一方面是逻辑起点不同，新手教师主要关注“自己要讲的东西能不能讲完”“学生能不能听懂、跟上趟”“在考试中会不会做题”“学生能不能在教师的带领下思考”，而优秀教师关注的是“帮助学生解决提出的问题”“促进他们思维的发展”以及“调动学生学习的积极性”；另一方面她们所持有的经验认识也不同，新手教师认为“拢着学生，让他们跟着教师的思路走能讲完知识点，学生能跟上趟”“别人回答问题的时候举手是在打断别人，不注意倾听的表现”，而优秀教师所持有的经验认识包括“学生的思维比较开阔，一些学生想的比较多、比较深”“学生课堂上遇到的问题应该帮他解决”“教材上给的只是一小块，背后还有很多东西”“学生能想到哪老师就帮他拓展到哪”“只要是孩子经过大脑思考的东西就应该让他说出来”“小孩你不让他说，他憋不住”“学生的思维有的时候比老师开阔，在他的思维中是有闪光点的，可能我没想到的，学生想到了，我通过他的回答，给我个提示”“思维比较活跃的学生举手，他们有时提的东西挺有研究和探讨的价值”。而且三位教师在教学逻辑运演的过程中对情境因素的识别和判断能力不同，L 教师在课堂教学中，所有问题都由教师提出，她没有考虑课堂教学情境下学生学习的具体情况；C 教师虽然有对教学情境的分析，但却认为学生举手是在打断别人，没有考虑举手学生可能存在的理解困境或新意想法的提出。

五　提问着眼点的确定：“获得结论”还是“原理与方法的掌握”

提问是教师课堂教学展开过程中必不可少的环节，同样是提问，不同的教师提问的着眼点不同，有的教师可能将提问的着眼点放在结论知识的获得，有的教师可能将提问的着眼点放在原理、方法等的掌握。不同的提问着眼点反映了教师对这一问题认识的不同教学逻辑。我们先来看看新手教师 L 课堂中的处理方式，见表 4—18、表 4—19。

表4—18　执教片段十八

T：大家看看长方形的边有什么特点?

S1：长和长相等，宽和宽相等。

T：也就是说长方形有两个长，它们两个的长度是一样的，还有宽的长度也是一样的。那正方形的边有什么规律?

S2：四条边都一样长。

……

T：看看长方形和正方形角有什么特点?

S3：它们的角都是直角。

T：长方形的四个角都是直角，正方形的四个角也都是直角。

节选自：L教师《长方形与正方形》课例

在《长方形与正方形》一课中，L教师只是让学生对观察后得出的结论进行回答，并没有让学生解释或说明是怎么得出结论的。对此，L教师给出的解释为："我的目的是让他们知道长方形的对边真的一边长，他们用眼睛直观就可以看出来"。这里的价值命题为"让学生知道结论"，经验命题为"学生用眼睛直观就可以看到结论"。

表4—19　执教片段十九

T：看老师开始变魔术了，老师给角挪了一个别的位置，看角的大小发生变化了吗?（教师演示角由左到右移动的过程）

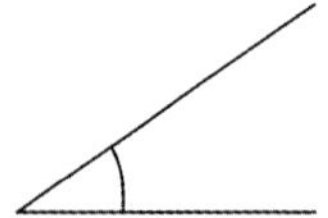
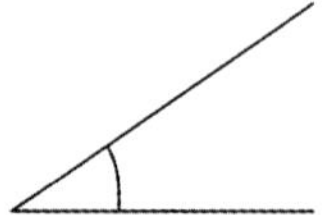

S：没有。

T：没有发生变化。说明角的大小和什么没有关系呀?

S：沉默。

T：说明角的大小和它的?

S：长度。

续表

T：老师把这个角挪到另一个位置上了，它的大小没有发生变化。说明角的大小和角所在的位置没有关系。接下来，老师又要变魔术了。教师把角的边长缩小后挪了一个位置。

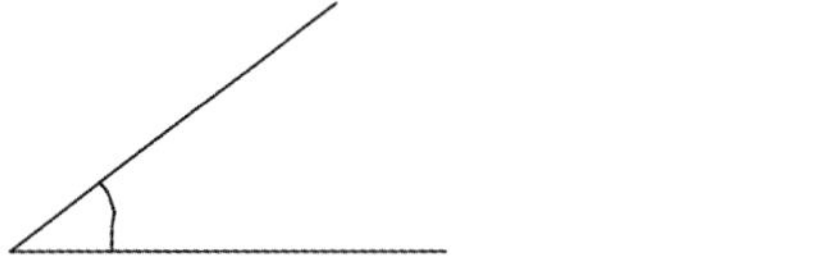

那老师问你，角的大小发生变化了吗？

S：发生了。

T：找同学来说。

S1：边变长了。

T：边变长了，角的大小发生变化了吗？

S2：发生了。

T：哪发生变化了？

S2：长度。

T：她刚才没认真听课，刚才老师说角的大小跟什么有关系？

S：张口。

T：角的大小跟张口的大小有关，它张口的大小变了吗？

S：没有。

T：还是这么大，找同学再来说说，这幅图说明了什么？

S3：边变长了，只要边不上下动，角就不变。

T：也就是说，张口不变的话，角的大小变不变呀？

S：不变。

T：所以说，角的大小跟边的长度没有关系。大屏幕出示“角的大小与边的长短无关”，找同学读一下这句话。

S4：学生读。

节选自：L 教师《认识角》课例

在《认识角》一课，L 教师在讲解角的大小跟位置和边长无关的内容时，L 教师只让学生针对“角的大小发生变化了吗?”进行“是”或“否”的回答以及针对“角的大小和什么无关”进行回答，而没有让学生进行任何解释或说明。对此，L 教师给出的解释为：“我的目的是想通过控制变量，让他们按照我的思路来，先说这方面就说这方面，咱讲一个知识点的时候就给一个知识点讲明白讲透了，别的先别说，这些东西其实学生会，他在家里学过或本身就能会的，因为知识太简单了，有的时候他说吧，他想把下一步都说出来，但其实有很多不会的同学他这么一说，就蒙了，一会这，一会那的，你就得控制变量，讲课其实就是给那些不会的讲的，会的本来就会，而且发言的基本都是会的同学，有时就不让他们多说”。这里的价值命题为“控制变量，让学生按照我的思路来”，经验命题为“讲知识点的时候先讲一个知识点讲明白就行”“知识简单，发言的基本上都是会的”“讲课主要是给不会的讲”“会的同学如果说多了会影响不会的同学思考”。

我们再来看看新手教师C课堂中的处理方式，见表4—20、表4—21。

表4—20　　执教片段二十

T：我们重点学习列竖式的方法，教师板书列竖式的过程。首先写什么？

S：118。

T：然后写什么？

S：减。

T：教师板书，在写下边57的时候应该注意什么问题？

S1：7要跟8对齐，5要跟1对齐。

T：也就是？

S：相同数位要对齐。

T：然后呢？

S：用格尺。

T：然后从哪位算起？

S2：从个位算起。

T：个位8减7等于？

S：1。

T：十位1减5够不够减？

S：不够。

T：那怎么办？

S3：向百位借1，百位上借的1相当于十位上的10。

T：百位借的1相当于十位上的10，10加1等于11。

S3：11减5等于6。

T：可以，还可以10减5等于5，5再加1等于6，我这样写对不对？

续表

S：不对。
S4：没有写借位点。
T：因为我从百位借了一个1，所以要在百位上标上一个借位点。

节选自：C教师《小小图书馆》课例

在《小小图书馆》一课，C教师在讲解“列竖式”方法的时候，提的都是程序性的问题。对此，C教师给出的解释为“竖式计算的方法是这堂课的重点，之前学生在学习竖式计算的时候，步骤容易出错，比如忘记写减号、把加看成减，个位借1之后，学生就忘记借的一，十位再相减的时候就出错，所以在这里就想强调一下”。这里的价值命题为“强调竖式计算的方法”，经验命题为“竖式计算的方法是这堂课的重点”“重点的内容就应该强调”“学生之前在学习竖式计算的时候，容易在步骤上出错”“强调能够尽量避免错误的发生”。

表4—21　　执教片段二十一

T：大屏幕演示角由锐角到钝角的变化过程，问学生其中一条边发生了什么变化？
S1：往外张开了。
T：<u>这个角变了吗？</u>
S2：变大。
T：张口变大了，所以角变大了。

节选自：C教师《认识角》课例

在《认识角》一课，当C教师讲解“角的两边张口越大，角就越大”的内容时，问学生“这个角变大了吗？”，从提问的类型来看，教师提出的是“事实性的问题”，学生只需回答“是”或“否”，而无须进行任何解释或说明。对此，C教师给出的解释为：“我就想让孩子看这个图的变化过程后知道角的两边张口越大，角就越大，而且‘张口’这个词对于学生来说比较难，别的教师以前上教研课之前在别的班试讲的时候，好几次孩子们都说不上‘张口’这个词，这个词已经超过了学生现有的知识范围，他们只要知道就可以了，我说出来也是一样的”。这里的价值命题为“让学生知道角的两边张口越大，角就越大”，经验命题为“‘张口’这个词对于学生来说比较难，别的教师以前上教研课之前在别的班试讲的时候，好几次孩子们都说不上‘张口’这个词，这个词已经超过了学生现有的知识范围，他们只要知道就可以了，我说出来也是一样的”。

与两位新手教师只提程序性、事实性或结论性的问题不同，优秀教师T主要提一些解释性或说明性的问题，见表4—22。

表4—22　　T教师提问教学片段

教学内容	教学片段举例
《十年的变化》	片段1："为什么向百位进1？"
《小小图书馆》	片段1："百位的零为什么不用写？"
	片段2："百位上为什么是2？"
《小蝌蚪的成长》	片段1："为什么要向十位借1？"
	片段2："为什么十位上是10？"
	片段3："谁能说说十位为什么是3？"
《认识直角》	片段1："为什么这个角是直角，你是怎么判断直角的？"
《长方形与正方形》	片段1："你是怎么发现正方形四条边一样长的？"
	片段2："对折后只能知道正方形上下两条相等，那怎样知道正方形四条边都相等？"
	片段3："你是怎么知道正方形四个角都是直角的？"
	片段4："你是怎么知道长方形相对的边相等的？"
	片段5："你是怎么知道长方形四个角都是直角的？"
《奥运开幕》	片段1："你是怎么数出来的？"
	片段2："怎么知道的呀？"
	片段3："怎么算出来的呀？"
	片段4："怎么看出来的？"
	片段5："你是怎么确定是1时的，它怎么不是2时、3时、4时、5时、6时？"
	片段6："怎么来的呢？"
	片段7："怎么看出来的呢？"
	片段8："为什么不是2时57分？"
《一分钟有多长》	片段1："跟刚才相比，为什么这个1分钟感觉短？"
	片段2："你是怎么知道的？"

研究中发现，T 教师在课堂教学中不停留在结论的获得，而是让学生给出结论获得的理由或依据。由于这些教学片段分别来自三个单元，在情境上具有相似性和差异性，因此，笔者从每个单元选出一节课的教学片段分别问 T 教师。比如在“第五单元《加与减》教学中，为什么让学生对进位或退位进行解释?”，T 教师给出的回答是：“我感觉你教给学生的不能仅仅是知识，他还要知道为什么是这样一个结论，他要能理解为什么得出这样一个结论，即使他把结论忘记了，他也能根据这个原因自己推出这个结论，让学生理解为什么比告诉学生一个结论更重要，所有数学知识的教学都有一个来龙去脉，他知道这个原理了，遇到同类问题他都会解决，这里我主要是想让学生理解进退位加减法的算理。”这里的价值命题为“让学生理解算理”，经验命题为“教师教给学生的不能仅仅是知识，还要让学生知道为什么”“所有数学知识的教学都有一个来龙去脉”“学生知道了原理之后，遇到同类问题都能解决”“学生即便把结论忘记了，他也能根据这个原因自己推出这个结论”。

对于在第六单元《认识图形》教学中，为什么让学生对图形特征的判断进行解释，T 教师给出的回答是：“我主要是想让学生掌握解决问题的策略，让学生解释实际上是想了解学生有没有掌握这个解决问题的策略，数学不仅是教知识，还要教方法，方法掌握了，学生就能很好地解决相似的问题，而且学生也愿意说，说好的话学生会有成功的体验，能够树立自信。”这里的价值命题为“让学生掌握解决问题的策略”“在说的过程中让学生有成功的体验”，经验命题为“数学不仅是教知识，还要教方法”“学生也愿意说”“说好的话学生会有成功的体验，能够树立自信”。

在《奥运开幕》教学中，让学生解释“为什么是 1 时 57 分，而不是 2 时 57 分”，T 教师给出的回答是：“这是最容易错的类型，一般孩子都会理解为 2 时 57 分，让学生解释实际上是想看看学生到底有没有理解，有没有掌握确定时间的方法，否则下次遇到相似问题他还会出错。学生的思维层次不一样，肯定有学生能说出来的，比如有的家长提前带着孩子学了，有的学生提前在补课班学了，虽然是少部分，但是肯定有会的学生，我上课的原则是学生能讲的我就不讲，发挥这些能力强的孩子的作用，让他们说也能调动他们学习的积极性和学习的热情，对其他孩子来说也是一个榜样的作用”。这里的价值命题为“让学生掌握确定时间的解题策略”“调动能力强的孩子的积极性、学习热情，发挥他的榜样作用”，经验命题为“学生的思维层次不一样，肯定有学生能说出来”“学生能讲的我就不讲”“让学生解释能够帮助教师了解学生的思维”“让学生解释能够发挥他的积极性、学习热情，发挥他的榜样作用”“容易错的类型应该让学生理解，否则下次他还错”。

从上述分析可以发现，以 L 教师和 C 教师为代表的新手教师和以 T 为代表的优秀教师在提问时关注的侧重点不同，前者关注结论的获得，后者关注原因、方法等的掌握。在数学教学中，原因、方法的掌握是根，是关于数学的本质性理解。只有达成对数学的本质性理解，才能从根本上学好数学。她们所持有的经验认识也不同，其中，新手教师认为“会的同学一说吧，一会这，一会那，不会的同学就蒙了”“讲课是给那些不会的讲的”“对于学生理解的内容，教师说出来也是一样的”；优秀教师所持有的经验认识包括：“教师教给学生的不能仅仅是知识，还要让学生知道为什么”“所有数学知识的教学都有一个来龙去脉”“学生知道了原理之后，遇到同类问题都能解决”“学生即便把结论忘记了，他也能根据这个原因自己推出这个结论”“学生也愿意说”“说好的话学生会有成功的体验，能够树立自信”“学生的思维层次不一样，肯定有学生能说出来”“学生能讲的我就不讲”“让学生解释能够帮助教师了解学生的思维”“让学生解释能够发挥他的积极性、学习热情，发挥他的榜样作用”“容易错的类型应该让学生理解，否则下次他还错”。

六　互动方式的选择：“单向或双向互动”还是“多边互动”

互动方式指课堂上信息传递的形式，一般来说，课堂上信息传递的形式有单向互动、双向互动和多边互动三种，不同的互动方式中，信息在不同主体间传递的方式不同，见图 4—1：单向互动中，教学信息只在师生之间传递，且只有教师将信息传递给学生的过程，教师没有采集到学生的信息；双向互动中，教师既向学生传递信息，学生同时反馈给教师信息；多边互动中，除了师生之间进行信息的相互传递，学生与学生之间进行更广泛的交流与互动。

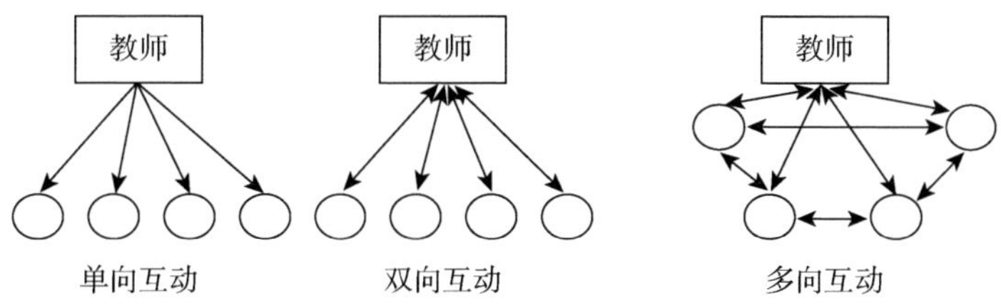

图 4—1　师生互动形式（○代表学生）

在师生互动方式上，新手教师 L 主要采取“教师提问—学生回答—教师解释或演示”的互动方式，见表 4—23、表 4—24、表 4—25。

表 4—23　　执教片段二十二

T：现在，老师给大家提出一个新问题，“故事书比连环画多多少本？”找同学列算式。
S1：239—118。
T：同意吗？
S：同意。
T：应该用什么法呀？
S：减法。
T：因为用一样东西和另一样东西进行比较的时候，比多多少或者少多少，就用减法。从加法到减法有什么不同呢？还是用三种不同的方法，第一种用数线的方法，跟老师一起把数线补充完整。我找一个同学告诉我为什么把 239 写在右边了？
S2：怕不够减。
T：越往左，数越小。咱们要把 118 分解成哪些步骤？首先减去？
S3：100。
T：接着减去？
S3：10。
T：最后减去？
S3：8。
T：教师边演示边说，首先减 100，不但要标上数字，底下减去 100 之后剩下的数字要写上，100 是一个很大的一段，再减 10，最后减 8，比 10 要小一点，竖线要真实地反映数的大小。自己试着画一画。

节选自：L 教师《小小图书馆》课例

在《小小图书馆》一课，当教师提出“故事书比连环画多多少本?”的问题后，学生给出了算式，之后L教师直接采取“演示—讲解”的方式讲解如何用画数线的方法计算。对于为何采取“教师提问—学生回答—教师演示和解释”的互动方式，L教师给出的解释为：“问是为了看学生会不会，肯定还有不会的，还得再讲一遍，我讲学生不容易错，要不然学生怎么写的都有，所以我特别愿意让他们看我做东西，节省时间，也能看清老师的思路是咋做的”。这里的价值命题为“看学生会不会”“节省时间”“让学生看清老师的思路”，经验命题为“对于不会的学生，老师还得再讲一遍”“提问能看学生会不会”“老师讲学生不容易错，要不然学生怎么写的都有”“老师讲节省时间，学生能看清老师思路”，蕴含的经验命题为“课堂就是师生一问一答和教师解释的过程”。

表4—24　　　　执教片段二十三

T：大家看看长方形的边有什么特点?
S1：长和长相等，宽和宽相等。
T：也就是说长方形有两个长，它们两个的长度是一样的，还有宽的长度也是一样的。那正方形的边有什么规律?
S2：四条边都一样长。
T：教师演示证明长方形对边相等，正方形四条边都相等的过程。

节选自：L教师《长方形与正方形》课例

在《长方形与正方形》一课，L教师提出“长方形的边有什么特点”和“正方形的边有什么规律”的问题后，分别让两位同学回答，之后L教师直接用“演示—讲解”的方式进一步解释。对于为何采用“教师提问—学生回答—教师演示和讲解”的互动方式，L教师给出的解释为：“提问是为了看学生会不会，通过演示是让学生知道长方形与正方形的结论，看看前边回答问题的学生回答的是不是正确的”。这里的价值命题为“让学生知道结论”，蕴含的经验命题为“课堂互动就是在教师与学生之间进行的一问一答的过程”“这种方式能帮助学生掌握结论”。

表 4—25　　执教片段二十四

T：你算一算，淘气从起床到开始吃早餐到底用了多长时间，同桌互相说一说。（大概 30 秒的时间）

S1：25 分。

T：同意吗？

S：同意。

T：谁能给大家讲一讲为什么是 25 分，你是怎么算的，方法是什么？

S2：用 55—30 等于 25。

T：因为一个是 6 时 30 分，一个是 6 时 55 分，没有超过一个小时，所以咱们不用考虑时，从 30 分到 55 分，用 55 减 30 就可以。还有别的方法吗？

S3：我是用表盘算的。

T：啊，用表盘算的。现在老师给你出示一个表盘，现在是淘气起床的时间，如果看它从 6 时半到 6 时 55 分用了多长时间，咱们说过一个大格是多长时间？

S：5 分。

T：一个大格是 5 分，那咱们查一查（教师带领学生 5 个 5 个的查），走到 6 时 55 分，走了多长时间？25 分。这也是一种方法，还有吗？

S4：用数线的方法。

T：数线不仅可以帮咱们算加减的算式，而且还可以帮咱们算时间。首先看大屏幕，要标出开始的时间 6 时半，然后往后数，一直数到几？

S：55。

T：教师带领学生 5 个 5 个的数，一直数到 55 分，从 30 分到 55 分，一共有几个 5 呀，1 个，2 个，3 个，4 个，5 个，所以说，花了多长时间？5 乘以 5，一共 25 分。

节选自：L 教师《淘气的作息时间》课例

在《淘气的作息时间》一课，在讲解每一种计算经过时间所用的方法时，对于学生提出的计算方法，L 教师均未进一步追问回答问题学生和其他学生是如何理解的，而采取讲解的方式予以回应。对此，L 教师给出的回答是："我们班学生能达到我说，他能听懂，能记住就行，这堂课就是这几种方法，我说，学生能听懂，下次考试能写出来能用上，我们班那些偏后的孩子，他们连话都说不完整，让他们说比较费劲，即使做题会但是说比较费劲。"这里的价值命题为"让学生能听懂，能记住，考试能写出来能用上"，经验命题为"一些成绩偏后的孩子连话都说不完整，让他们说比较费劲"。

同样，新手教师C的课堂互动方式与L教师相似，采取的也是“教师提问—学生回答—教师解释或演示”的互动方式，见表4—26、表4—27、表4—28。

表4—26　　执教片段二十五

T：大屏幕演示角由锐角到钝角的变化过程，问学生其中一条边发生了什么变化？

S1：往外张开了。

T：这个角变了吗？

S2：变大了。

T：张口变大了，所以角变大了。现在看角有什么变化，大屏幕演示角由钝角变回锐角的过程。

……

T：S6同学你看大屏幕，这两个角哪个大？

（大屏幕展示两个边长不一样，但大小一样的白色和红色两个角）

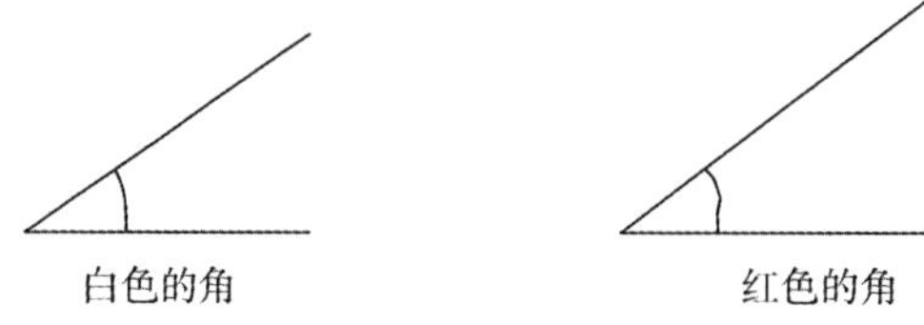

S6：红色的角大。

T：同意他的举手。

S：一些同学举手。

T：同意白角比红角大的举手？

S：没有同学举手。

T：没有举手的同学是什么意思？它们两个的边长一样吗？

S：不一样。

T：张口一样不一样？

S：有说一样的，有说不一样的。

T：看老师，把白角移到红角上，让一条边对齐，看另一条边，发现重合了，这说明什么？

S：一样大。

T：说明两个角是一样大的，它们的张口一样大，所以是一样大的。

节选自：C教师《认识角》课例

在《认识角》一课，当C教师提出问题“这个角变了吗?”，学生回答“变大了”，之后，C教师采取解释的方式说明“张口变大了，所以角变大了”，没有进一步追问回答问题的学生，也没有让其他学生参与互动。对此，C教师给出的解释为：“学生其实是知道张口变大，所以角变大了，通过我规范地说出来，学生能够较好地掌握”。这里的价值命题为“让学生规范掌握张口变大，角变大这一结论表述”，蕴含的经验命题为“如果学生知道结论的话，教师不必让学生去说，教师说出来就可以了”，情境命题为“学生其实知道角变大的理由”。

当C教师在讲解“角的大小跟边长无关”的内容时，学生出现了不一致的意见，C教师没有进一步追问不同学生的想法，而通过演示的方式直接告诉他们结论。对此，C教师给出的解释为“我通过大屏幕就是为了让他们直观的看出来谁的结论是对的，谁的结论是错的”。这里的价值命题为“让学生知道结论的正确与否”，经验命题为“演示的方式比较直观，学生能看清楚。”

表4—27　　　　执教片段二十六

T：教师分别展示了生活中的图形，如信封、邮票和国旗，问学生是什么图形?
S：长方形。
T：刚才我们展示了那么多的图形，你认为什么样的图形是长方形?
S1：由4条不同长短的边组成。
T：<u>再仔细看，这4条不同长短的边有什么特点?</u>
S2：<u>左右的两条边相等，上下的两条边要比左右的两条边长一点。</u>
T：大家同意吗?
S：同意。
T：现在看教师手里拿的图形是什么图形?
S：长方形。
T：<u>他说左右两条边一样长，教师现在把它对折看看是不是一样长，大家看一下刚才左右两条边现在怎么了?</u>
S3：重合了。
T：说明这两条边长短怎么样?

续表

S：一样长。 T：那我们看一下上下这两条是不是一样长？怎么办？ S4：把上下对折。 T：你发现了什么？ S5：又重合了。 T：那说明什么？ S6：说明上下两条边一样长。 T：同意吗？ S：同意。 T：那刚才我们发现对着的两条边是？ S7：长方形对边是相等的。 T：长方形不仅左右对边相等，而且上下对边相等。 …… T：老师手里有个正方形，它有几条边？ S：四条边。 T：这四条边有什么特点？ S：一样长。 T：要想知道它四条边是不是一样长怎么办？ S8：可以量。 T：如果没有格尺怎么办？ S9：可以对折。 T：老师把它对折，左右折，说明正方形左右两条边一样长，上下折，说明正方形上下两条边一样长。刚才我们说对边相等，那么现在老师把它对角折，发现左边和上边怎么样了？ S：重合了。 T：说明什么？ S：一样长。 T：对折后，左边和上边一样长，那也说明，右边和上边一样，那…… S10：老师，我明白一个道理。 T：说。 S10：正方形四条边相等。

节选自：C教师《长方形与正方形》课例

在《长方形与正方形》一课，C教师在讲解“长方形和正方形特点”的内容时，当学生说出长方形边特点的时候以及当学生说出证明正方形边特点的方法时，教师没有进一步追问回答问题学生或其他学生的意见，而通过自己演示让学生得出结论。对此，C 教师给出的解释为："我主要是想验证一下学生的想法，让大家看一下是不是这样"。这里的价值命题为"验证学生的想法"，经验命题为"演示能验证学生的想法"。

与两位新手教师不同，优秀教师 T 在课堂互动方式的选择上采取的是"师生提问—学生回答—师生质疑—学生解释—得出结论"的方式，见表 4—28、表 4—29、表 4—30。

表 4—28　　　　执教片段二十七

T：谁跟他的结论一样，方法不一样？到前边来演示一下。
S1：把正方形对折成长方形。
T：对折后你能知道什么？
S1：上下两条边一样长，然后再对折，变成四个小正方形。
T：对折后，上下两条相等，要是再对折，也只能证明对边相等，那这么能知道 4 条边都相等？
S2：对折成三角形。
T：对折完之后，你有什么发现？
S2：我发现这条边（正方形的一条底边）和这条边（正方形的一条侧边）相等。
T：我们上下折，发现正方形对边相等，对折成三角形，说明邻边相等，邻边相等说明 4 条边都相等。

节选自：T 教师《长方形与正方形》课例

表 4—29　　　　执教片段二十八

T：在桌面上的时针、分针和秒针，它们分别有什么用呢？
S1：时针能够知道现在是几时，分针能知道现在是几分，秒针能知道现在是几秒。
T：非常好，时针能告诉我们是几时，分针能告诉我们是几分，秒针能告诉我们是几秒。所以时针、分针和秒针能告诉我们具体的时间，有用没有用？
S：有用。
S2：老师，我有一个问题。

续表

T：有问题你问。
S2：数字之间都有小格，刚才某某说指着几就是几分钟的话，那中间小格又是干什么用的？
T：谁能解答他的问题，这个问题正好是下面我们要说到的？
S3：每个大格有5个小格，就代表有5分钟。
T：好，谁注意他刚才回答的，他刚才说什么了？
S4：他刚才说每个大格里有5个小格，就代表5分钟，不过我对他说的5个小格代表5分钟，我认为说的不对。
T：那你认为怎么说对？
S4：每个小格又可以代表1秒、1分。
T：那什么时候代表1分？
S4：分针走1小格的时候代表1分。
T：那什么时候代表1秒？
S4：秒针走1小格的时候代表1秒。
T：那时针走1大格代表？
S4：代表1小时。
T：对呀，所以时针、分针和秒针代表的是不同的时间。

节选自：T教师《奥运开幕》课例

表4—30　执教片段二十九

T：现在是几时几分？
S1：1时15分。
T：你是怎么看出来的？
S1：我先看分针走到哪了，分针走到数字3，一个大格里有5个小格，3乘以5等于15，所以现在是1时15分。
T：15分我们知道了，分针走过几个小格就是几分，你是怎么知道是1时的，为什么不是2时、3时、4时、5时？
S2：因为时针指着1。
T：时针恰好指着1吗？分针在走的时候，时针也在走啊？
S3：因为时针还没走到2。
T：因为时针过1没到2，这说明什么？
S1：说明现在是1时多。

节选自：T教师《奥运开幕》课例

从互动方式来看，在上述几个案例中，T教师采取或是“教师提问—学生回答—教师质疑—学生解释—得出结论”的互动方式，或是“学生提问—学生回答—学生质疑—学生解释—得出结论”的互动方式，但无论是哪一种互动方式，T教师在课堂互动中都非常关注“让学生回答”和“质疑”这两种方式，对此，T教师给出的解释为：“让学生回答能发现学生认识上的问题，当这个问题出现的时候，一般比较普遍，很有代表性，这个问题他出现了，其他学生也有可能出现，只是没有举手，大家集中解决这个问题。质疑是想让更多的学生参与到课堂讨论中，在讨论的过程中学生参与的面越广越好，课堂学习才是有效的，课堂不是一生一师的简单问答，否则课堂就变成我和那个学生的了，其他学生就没事可干了，这样课堂就是无效的了，所谓高效的课堂你得让大多数学生都学会。”这里的价值命题为“发现学生认识上的问题”“让更多的学生参与到课堂讨论中”，经验命题为“学生出现的问题一般比较普遍，很有代表性，其他学生也有可能出现”“在讨论的过程中学生参与的面越广越好，课堂学习才是有效的”“课堂不是一生一师的简单问答，否则课堂就变成我和那个学生的了，其他学生就没事可干了，这样课堂就是无效的了，高效的课堂你得让大多数学生都学会”。

从对两位新手教师和优秀教师的研究来看，两位新手教师主要采用的是双向互动，教学信息由教师向学生传递，学生反馈给教师的除了一些结论，没有关于学生理解的信息。以T为代表的一类优秀教师采用的是多边互动的方式，教学信息在师生、生生之间传递。新手教师和优秀教师“关于互动方式选择”的教学逻辑出发点不同，其中，两位新手教师在课堂互动方式的选择上更关注知识的传递，学生能听懂、能会、能记住结论，而优秀教师更关注互动中学生理解中的问题和学生的参与面；她们所持有的经验认识也不同，新手教师认为“老师讲学生不容易错，要不然学生怎么写的都有”“老师讲节省时间，学生也能看清老师的思路是咋做的”“一些成绩偏后的孩子连话都说不完整，让他们说比较费劲”“学生知道的，老师说，学生能掌握得更规范”，而优秀教师认为“让学生回答能发现学生认识上的问题”“学生出现的问题，一般比较普遍，很有代表性”“在讨论的过程中学生参与的面越广越好，课堂学习才是有效的”。

七 评价主体的选择："教师主体"还是"学习共同体"

评价是对课堂教学中学生表现的判断，那么到底谁拥有评价的话语权呢？不同的教师对这一问题有不同的理解，有的教师认为只有教师才是评价的主体，课堂中只有教师评价学生，没有学生评价学生；有的教师认为教师和学生在地位上是平等的，学生和教师一样拥有课堂评价的话语权。对此，研究者进行了具体的实证调查。结果发现，在两位新手教师 L 和 C 的课堂评价中，更多的是教师评价学生，学生评价学生一般只发生在教师向全班咨询回答问题学生答案对与错的时候。对此，新手教师 L 给出的解释为："教师来评价就是告诉学生回答的是不是正确的，数学中学生能评价的地方就是对还是不对，像计算中可以问学生结果对还是不对，主要看学生做的结果是不是正确的，不像语文读一篇课文就会问学生哪好，有感情啊、声音洪亮啊，数学没什么地方可评价的，感觉没啥用"。这里的价值命题为"告诉学生回答的是不是正确的"，经验命题为"数学中学生能评价的地方就是对还是不对，其他没什么地方可评价的""没有地方可评价的，评了也没啥用"。新手教师 C 在访谈中也表示，"一般只有在需要检查回答问题学生和下面学生答案是否一致的时候，我才让学生评价，其他时间我直接告诉学生，学生知道这个结果就可以，所以没有必要让学生评价"。这里的价值命题为"让学生知道结果就可以"，经验命题为"只有在检查结果是否一致的时候，学生才有评价的权利"。

与两位新手教师不同，优秀教师 T 经常在课堂上让学生来评价学生，而且还要说出评价的理由，见表 4—31、表 4—32。

表 4—31　　执教片段三十

T：除了列竖式的方法，还有什么方法？
S10：把 139 分成 100 和 39，87 + 39 等于 126，126 + 100，最后得 226。
T：他的方法和我们之前学的什么方法比较像？
S11：口算的方法。
T：哪个方法比较准，说说理由？

续表

S12：列竖式的方法比较准确，口算的方法不准确。 T：特别是87+39两位数进位加法，在你们这个阶段，口算的时候容易算错，所以老师建议你们用列竖式的方法。 S13：我还有一个方法，把139分成100，30和9，把87分成80和7，先算30+80等于110，再用9+7等于16，然后用100+110+16等于226。 T：看看这个方法，你理解吗？ S：理解。 T：你有什么感觉？ S14：有点麻烦，数分得太多。 T：这个方法是正确的，但是计算起来比较麻烦，如果数变成了12390怎么办？我们在进行口算的时候，可以把数拆开来，但是这种方法比较适合数小的时候，如果数大，最好用列竖式的方法准确。

节选自：T教师《十年的变化》课例

在《十年的变化》一课中学生提出“口算”和“列竖式”的方法，教师让学生评价哪个方法更好，对此，T教师给出的解释为：“学生虽然小，但也有是非观，他也知道什么是好的，什么是不好的，所以他可以进行一个正确的评价，让学生评价学生，更能让被评价的学生心服口服，结论的正确与否，不是教师说了算的，而是大家论证与解释的过程。”这里的价值命题为“让被评价的学生心服口服”，经验命题为“结论的正确与否，不是教师说了算的，而是大家论证与解释的过程”“让学生评价学生，更能让被评价的学生心服口服”“学生虽然小，但也有是非观，他也知道什么是好的，什么是不好的”。

表4—32　　执教片段三十一

（学生在本上计算500－263） T：大家往前看，这道题的计算结果有人得237，有人计算结果是247（有两个同学，孙××和任××），还有人计算的结果是337（邢××），你认为哪个答案正确？ S：237。 T：现在你告诉孙××和任××，十位为什么是3，而不是4？

续表

S1：因为十位上的10被个位借走1，剩9了，而不是10了。
T：说得非常好，他明白这个意思了，还谁说？
S2：个位上的0换成10的话，得向十位借1。
T：借1之后十位剩几？
S2：9。
T：借1之后十位剩几？
S：9。
T：十位借1，不够，还得向百位借1，从百位借1到十位当几？任××你告诉我？
S3：当10。
T：现在十位能不能借给个位了？
S：有人说能，有人说不能。
T：到底能不能？
S：能。
T：现在十位上有没有？
S：有。
T：我从十位借1当10，10减3得7，现在十位上是10，还是9？
S：9。
T：9减6等于3，那么百位这，邢××写的是3对不对？
S：不对
T：应该是几？
S：2。
T：百位上是几减2了？
S：4。
T：所以她写的337也是错的，正确的结果是237。

节选自：T教师《小蝌蚪的成长》课例

在《小蝌蚪的成长》一课中，当教师教学“500－263”时，得数出现了237、247和337三种结果，T教师让学生评价哪个答案正确并说明理由。对此，T教师给出的解释为：“第一点，学生能够对这个东西进行评价，说好或者不好，说明他没有溜号，他在跟着你的思路走；第二点，他能把原因说清楚，说明他对这个问题已经理解的很透彻了，然后学生与学生之间的评价能增强生生之间的交流和思维上的碰撞”。这里的价值命题为“不让学生溜号，跟着教师的思路走”“判断学生是否理解这个问题”“增强生生之间的交流”，经验命题为“如果学生能够对这个东西进行评价，说明他没有溜号，他在跟着你的思路走”“如果学生能把原因说清楚，说明他对这个问题已经理解的很透彻了”“学生与学生之间的评价能够增强生生之间的交流”。

从个案教师关于“评价主体选择”的逻辑来看，她们的逻辑出发点不同，其中，两位新手教师关心学生对学习结论的获得，而优秀教师更关心学生评价带来的实际效果：比如“让被评价的学生心服口服”“让学生的思路跟着教师走，不溜号”“增强生生之间的交流和思维上的碰撞”以及“判断学生的理解情况”等；她们所持有的经验认识也不同，从两位新手教师的教学逻辑中，我们可以推测，她们认为教师是评价的主体，结论的获得只需要教师告诉学生就可以，学生没有必要评或没什么可评的，而优秀教师认为教师不是课堂评价的唯一主体，数学结论的正确与否不是教师说了算，是师生共同论证与解释的过程，学生也有能力参与评价。

八　评价方式的选择：“简单肯定或否定”还是“有针对性评价”

当学生在课堂回答完教师的问题之后，教师如何对学生的回答进行评价，不同的教师有不同的处理方式，反映了背后不同的教学逻辑。下面是 L 教师的教学处理方式，见表 4—33、表 4—34。

表 4—33　　执教片段三十二

T：出示一个锐角到钝角的变化过程，你看一看，什么变了，什么没变？
S1：上面边往外走，底下的边没变。
T：<u>对。</u>走的过程中，什么发生变化了？
S2：边的那个点。
T：<u>点变了吗？</u>
S2：点本来是尖的，有点……
T：<u>你再想想，组织一下自己的语言</u>，你看看这个角什么发生了变化？
S3：边的长度没发生变化，里面的宽度变化了。
T：<u>唉，</u>边的长短变了吗？没变。她说里面的空间变化了，也就是说张口变大了，现在它的张口很小，慢慢变大，我们把这个叫作张口，那现在我问你角的大小跟什么有关系。角由小变大又由大变小的过程中，你发现了什么，它的大小跟什么有关系？

续表

S4：跟两条边离得有多远有关系。

T：对，老师刚才说的这个叫什么来着？张口，跟张口的大小有关系，找同学读一下。

S5：角两边的张口越大，角越大。

T：唉，角两边的张口越大，角越大。

……

T：接下来，老师又要变魔术了。教师把角的边长缩小后挪了一个位置。

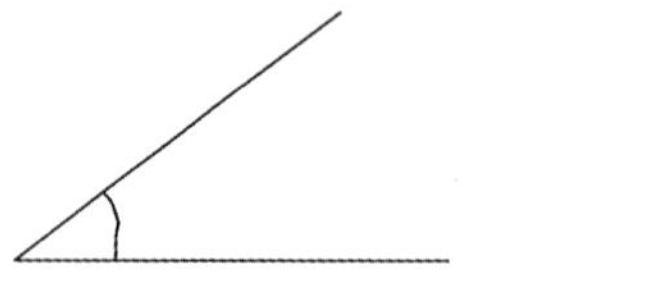

那老师问你，角的大小发生变化了吗？

S：发生了。

T：找同学来说。

S6：边变长了。

T：边变长了，角的大小发生变了吗？

S7：发生了。

T：哪发生变化了？

S7：长度。

T：她刚才没认真听课，刚才老师说角的大小跟什么有关系？

S：张口。

T：角的大小跟张口的大小有关，它张口的大小变了吗？

S：没有。

T：还是这么大，找同学再来说说，这幅图说明了什么？

S8：边变长了，只要边不上下动，角就不变。

T：也就是说，张口不变的话，角的大小变不变呀？

S：不变。

T：所以说，角的大小跟边的长度没有关系。

节选自：L 教师《认识角》课例

在《认识角》一课，当教师讲解“角的大小跟张口有关”的内容时，教师提问学生“什么变了，什么没变”，当学生回答“上面边往外走，底下的边没变”，教师只给出简单的评价“对”。对此，L 教师表示：“他回答的是半成品，但他说的没错，顺着他的思路还应该说出标准答案来，下一个同学接着这个思路把正确答案用书面化的语言说出来。”当学生回答“边的点变了”，教师反问“点变了吗?”，L教师表示“一般思维快的孩子就会知道自己说错了，我就是想提醒她再看看，再观察一下”。当学生说出“点原来是尖的，现在有点”，教师让学生“再想想”，对此，L教师给出的解释为“他说的是不对的，我的意思是不让他继续说了，否则别的同学顺着他的思路走越想越偏”；当学生回答“边的长度没发生变化，里面的宽度变化了”，教师的评价是“唉”，对此，L教师给出的解释是：“意思是对的，顺着这个思路想可以，但是得需要再用规范化的语言说一下”。当教师讲解“角的大小跟边长无关时”，教师提问学生“角的大小发生变化了吗?”，学生回答“发生了”“长度变了”，教师评价“她没有认真听讲”。对此，L教师给出的解释为“我刚讲过角的大小跟张口有关，你咋能说是边长变了角变了呢，我刚讲的他没记住，我的意思是让他再看看，提醒她一下”。

表4—34　　执教片段三十三

T：以后你看一个角是不是锐角，你有什么好方法?

S1：在上面画一个直角。

T：在上面画一个直角也看不清呀，借助你的工具你有什么好方法?

S2：拿三角尺上的锐角比一比。

T：拿三角尺上的锐角比有啥用呀?

S3：拿直角比，比直角小的就是锐角。

T：唉，咱们可以把直角放上去，如果它比直角小就证明它是锐角。(边说边把三角板的直角对准黑板的锐角)

节选自：L教师《认识直角》课例

对于在《认识直角》一课，当教师问“有什么好方法可以判断一个角是不是锐角时”，第一个回答问题的学生指出可以“在上面画一个直角”，教师则回答“在上面画一个直角那也看不清呀”，当第二个回答问题的学生指出可以“拿三角尺上的锐角比一比”，教师则回答“拿三角尺的锐角比有啥用呀?”，当第三个回答问题的学生指出答案后，教师给予了直接的肯定。对此，L教师给出的解释为：“就是奔着最后的答案去的，其他的不想再拓展了，因为考试做题呀或应用的时候，后边的方法是最好的，就想慢慢给他们引到最后的答案中”。

与L教师相似，C教师在评价学生时也采取“简单肯定或否定”的方式，见表4—35、表4—36。

表4—35　　执教片段三十四

T：一起回忆一下，刚才我们用了哪些方法？

S：数线、数大格、用结束时间减去开始时间。

T：用结束时间7时15分－6时55分，15分不够减怎么办？

S1：把它们都转化成分钟。

T：可以。

S2：把7时分成6时和1时。

T：对了，……谁用了这种方法，举手？

S：学生举手。

节选自：C教师《淘气的作息时间》课例

在《淘气的作息时间》一课，当学生说出两种计算6时55分到7时15分所用的时间时，对第一种方法，教师的评价是“可以”，对第二种方法，教师的评价是“对了”。对此，C教师给出的解释为：“有多种方法，但是鼓励他们用简单的方法，第一种方法是一种方法，要肯定，但是第二种方法更简单，我希望学生都能用简单的方法”。这里的价值命题是“肯定学生提出的对的方法，同时鼓励他们用简单的方法”，经验命题为“第一种方法是复杂的方法，第二种方法简单”“有简单的方法学生就应该掌握简单的方法”。

表4—36　　执教片段三十五

T：分针走半圈是多少分？

S：30分。

T：分针走一圈是多少分？

S：60分。

T：你是怎么知道的？

续表

S1：因为它还要走半圈，30 分加 30 分等于 60 分
T：说得真棒。
S2：还有二三得六加上前边那个零得 60 分。
S3：我是用乘 12。
T：<u>都可以。</u>
节选自：C 教师《奥运开幕》课例

在《奥运开幕》一课，当学生说出多种计算经过时间所用的方法时，教师的评价是“说得真棒”“都可以”。对此，C 教师给出解释为：“每个孩子有每个孩子的思维和不同的想法，有一部分孩子跟回答问题的孩子想的一样，所以尽量让他们说不一样的方法，孩子说得对的方法就要肯定。”这里的价值命题为“让孩子掌握不同的方法”，经验命题为“每个孩子的思维和想法不同，教师要尊重他们不同的想法”“孩子说得对的方法就要肯定”。在整个评价过程中，当学生说出不同方法时，教师没有关注到不同方法的价值，比如第一种方法恰恰是在倾听了教师前面提出问题基础上所作出的思考，说明这名学生认真倾听教师的讲课，而且还积极思考并举手回答问题了；第二种方法显然是在第一种方法提出的基础上学生进一步思考的结果，比第一种方法又简便了，学生的思维又有了进一步的提升；第三种方法是学生在思考前两种方法的基础上又提出的不一样的方法，学生认真倾听并积极思考寻找新的解决问题的方法都应该值得教师关注和肯定。显然，C 教师没有在具体情境中对学生回答的价值进行细致而深入的挖掘和提升。

与两位新手教师只是“简单肯定或否定学生回答”不同，优秀教师 T 在评价学生时非常有针对性，见表 4—37。

表4—37　　T教师教学评价片段

表现类型	典型片段
对动脑筋想办法解决问题的学生进行表扬	片段1：［两个学生分别提出量四次和量一次证明正方形四个角都是直角］“两个人的办法，第二个同学的办法更简便，但是第一个同学能够动脑筋想办法解决问题，老师也要表扬你。”《长方形与正方形》
	片段2：［在一个长方形中动手折最大正方形］“××爱动脑筋，想办法解决问题，老师表扬你。”《长方形与正方形》
对有进步的学生进行表扬	片段1：［学生举手重复计算过程］“我表扬邢××积极举手发言，比以前有进步了。”《小小图书馆》
	片段2：［刘××对书上的题］“刘恒齐虽然做错了，但是能抓紧时间，而且书上写得很工整，这是他进步的地方。”《小蝌蚪的成长》
	片段3：［马××举手要求回答问题］“我表扬马××，他今天没站起来，他举手了，非常有规矩。”《平行四边形》
对认真听的学生进行表扬	片段1：［高××在倾听别人的观点后重复别人用的方法］“表扬高××太会听了。”《奥运开幕》
对善于观察、发现的学生进行表扬	片段1：［学生能够辨别教师画的三个角在形状和张口上的不同］“非常好，××善于观察，而且有关张口的知识他掌握的非常好。”《认识直角》
	片段2：［马××指出平行四边形两个锐角和钝角处于相对的位置］“你的发现很重要，表扬马××。”《平行四边形》
对说得准确，表达清晰的学生进行表扬	片段1：［学生说出竖式计算应注意的问题时，提到满十要向前一位进一］“这话说得特准，满十要向哪？”学生答要向“前一位进一”。《十年的变化》
	片段2：［学生重复别人说的计算过程］“表扬张××，他不仅认真听别人说，而且把怎么向百位借1说清楚了。”《小小图书馆》
	片段3：［学生在前边示范如何画直角］“表扬周××，他会画了而且说清楚了。”《认识直角》

续表

表现类型	典型片段
对提出有价值问题的学生进行表扬	片段 1：［夏××提出“长方形为什么不是平行四边形?”］“表扬夏××特别善于思考，你提的问题特别有价值。”《平行四边形》
	片段 2：［三个同学分别提出“长方形为什么不是平行四边形?”“正方形为什么不是平行四边形?”“我发现平行四边形对边相等”］“表扬夏××、马××和周××，他们的发言很有质量，下课到我那领奖。”《平行四边形》
对了解比较多的学生进行表扬	片段 1：［学生提出三角形很稳定］“表扬你了解的东西太多了。”《平行四边形》
	片段 2：［××提出可以用一个大格里有 5 个小格，一共有 12 个大格，用 5 乘以 12 的方法数小格］“你是用乘法算出来的，而且你还会两位数乘一位数的乘法，你太不简单了，这部分知识还没学。”《奥运开幕》
对在倾听中能表达自己想法的学生进行表扬	片段 1：［夏××和周××在听别人发言后又提出自己的观点］“我表扬夏××和周××特别善于听讲，而且还把别人的回答记住了，动脑筋思考别人说的对不对。”《奥运开幕》
对提出或学会运用简便方法的学生进行表扬	片段 1：［李××指出从 6 开始数］“表扬李××，她用了一个很简单的方法，因为她知道以前学过的，分针指向 6 的时候是 30 分，正好是一半，所以她从 6 开始数。”《奥运开幕》
	片段 2：［周××提出用 30 + 30 等于 60，一共是 60 个小格的方法］“你的方法比李××更简单，表扬两个同学都有简便的方法，下课到我那领奖，发言太有质量了。”《奥运开幕》
	片段 3：［韩××在借鉴前边同学用量一次的方法证明正方形四个角都是直角的基础上，指出可以用同样的方法证明长方形四个角都是直角］“我表扬你太会学习了，这堂课我对韩××的表现最满意，你学会了××同学的方法。”《长方形与正方形》

对动脑筋想办法解决问题的学生进行表扬，T 教师给出的解释为：“动脑筋思考问题本身就应该值得表扬，表扬的目的有两个：一个是对学生动脑筋思考给予肯定，另一个是在告诉其他的学生，希望别的学生也像他这样多动脑筋”。这里的价值命题为“肯定学生的动脑思考”“希望别的学生都这样做”，经验命题为“动脑筋思考问题本身就应该值得表

扬”，情境命题为“学生在动脑思考问题”。

对有进步的学生进行表扬，T教师给出的解释为：“一般像这样的孩子是班级里成绩比较偏下的，各个方面都不是很突出的，在这堂课上他有进步了，有闪光点了，跟他自己比有更出色的地方就必须表扬，给他鼓励，帮助他树立信心，然后学生才能在表扬声中前进得更快，表扬和鼓励的力量是不可想象的。每个人都有闪光点，全身都是优点的人没有，全身都是缺点的人也没有。”这里的价值命题为“帮助学生树立信心，让学生在表扬声中前进得更快”，经验命题为“每个人都有闪光点，全身都是优点的人没有，全身都是缺点的人也没有”“孩子跟他自己比有进步就必须表扬”“表扬能帮助学生树立信心”，情境命题为“一般像这样的孩子是班级里成绩比较偏下，各个方面都不是很突出的”“这样的孩子课堂上出现了闪光点”。

对认真听的学生进行表扬，T教师给出的解释为：“其实是在培养学生学会倾听，不光是在表扬他，也是在提示那些没有认真听的孩子要认真听，是一个提醒”。这里的价值命题为“培养学生学会倾听”，经验命题为“表扬对于其他没有认真听的学生来说是一个提醒”，情境命题为“班上有没认真听的孩子”。

对善于观察、发现的学生进行表扬，T教师给出的解释为：“对于学生出现的闪光点或做得比较好的地方一定要及时给予肯定，肯定的过程当中，他知道我这么做是对的，他会继续按照这样的方式去做，有了肯定之后，他能比原来做得更好。”这里的价值命题为“让学生都这么做”，经验命题为“对于学生出现的闪光点或做得比较好的地方一定要及时给予肯定”“肯定的过程当中，他知道我这么做是对的，他会继续按照这样的方式去做，甚至能做得比原来更好”，情境命题为“课堂上学生出现了闪光点”。

对说得准确、表达清晰的学生进行表扬，T教师给出的解释为：“必须得表扬，他说得很准，表扬他也是在引起其他孩子注意，他说的是正确的，表扬他是给他一个鼓励，一个肯定，另外给其他听的孩子一个提醒，也要按照他说得那样去说”。这里的价值命题为“肯定学生的回答，给其他学生一个提醒”，经验命题为“学生说得好的就应该表扬”“表扬能鼓励学生，能给其他学生一个提醒，都按照这样去说”，情境命题为

“他说得很准”。

对提出有价值问题的学生进行表扬，T 教师给出的解释为：“提出一个问题特别重要，数学上就是要鼓励学生会问，在问的过程中说明他积极思考了，表扬他是对他的鼓励，他下次还会这么做，对其他学生来说也是一个鼓励，也会这么做。”这里的价值命题为“鼓励学生都这样做”，经验命题为“提出一个问题特别重要，数学上就是要鼓励学生会问，在问的过程中说明他积极思考了”“表扬不仅是对回答问题学生的肯定，对其他学生来说也是一个鼓励”，情境命题为“学生提出了有价值的问题”。

对了解比较多的学生进行表扬，T 教师给出的解释为：“既然孩 F 子能说出来，说明他了解得多、感兴趣，教师必须给予表扬，也是给其他学生做出一个榜样。”这里的价值命题为“肯定学生，做出榜样”，经验命题为“孩子了解多的地方就要表扬”“表扬也是给其他学生做出一个榜样”，情境命题为“孩子能说出来，说明他了解的多，感兴趣”。

对倾听中表达自己想法的学生进行表扬，T 教师给出的解释为“这说明他认真听别人发言，不是人云亦云，别人说对，他说对，别人说错，他说错，有不少那样的孩子，自己根本没有动脑筋去想，这个发言的孩子肯定认真听了，而且他有自己的想法”。这里蕴含的价值命题为“让学生在听的基础上有自己的想法”，经验命题为“有不少孩子人云亦云，自己根本没有动脑筋去想”“认真听，有自己想法的就应该表扬”，情境命题为“这个发言的孩子认真听了，而且他有自己的想法”。

对提出简便方法的学生进行表扬，T 教师给出的解释为：“有简便的方法就要肯定，数学方面解决问题的方法有很多，一定要让他掌握最简便，最直接的，它能节省时间”；对学会运用简便方法的学生进行表扬，T 教师给出的解释为“因为它那种方法比较好，比较简便准确，当有很多方法测量角的时候应该让他掌握简便的方法，他学会了之后能够举一反三，由此及彼，挺会学习的，当在数学上有很多方法的时候，应该掌握最简便的方法，就像去一个地方，可以坐车、可以走路、可以骑自行车，哪个方法能更快到达，坐车比较快呗，最简便的方法能最直接的解决问题”。综合上述教学决策的理由，可以发现这里的价值命题为“让学生掌握简便方法”“节省时间”“让学生学会学习”，经验命题为“数学方面解决问题的方法有很多，一定要让他掌握最简便、最直接的方法”“简便的方法能最直接的解决问题，节省时间”“能够掌握简便方法，举一反三、由此及彼，会学习的也应该表扬”，情境命题为“学生提出或学会了运用简便的方法”。

从上述分析，我们可以推测T教师关于学生评价的教学逻辑，“学生评价应以鼓励为主，只要学生身上有闪光点，无论是在动脑筋想办法解决问题、在某些方面跟自己以前比有了进步、能够认真倾听、善于观察和发现、说得准确、能够提出有价值的问题、知道的比较多、在倾听中表达自己的想法以及能提出简便解决问题办法方面表现好的学生都要及时给予肯定，既是对学生的肯定，又是对其他学生的激励”。

从个案教师对评价的具体处理情况来看，以L教师和C教师为代表的新手教师，她们“关于评价方式选择”的教学逻辑出发点不同。其中，L教师在评价中主要关注学生对既定标准答案的回答，C教师在评价中既关注学生回答的准确与否，又关心学生能否说出老师希望他们掌握的方法。优秀教师T在评价中更关注学生在课堂中的表现和可能带来的辐射作用。她们所持有的经验认识也存在很大差别：新手教师L认为“学生应该顺着教师的思路说出正确答案，其他的就不拓展了”“老师讲过的，学生就应该掌握，咋还记不住呢”；新手教师C认为“只要是对的方法都应该肯定”“有简便的方法要掌握简便的方法”；优秀教师T认为“对于学生出现的闪光点或做得比较好的地方一定要及时给予肯定”“肯定的过程当中，他知道我这么做是对的，他会继续按照这样的方式去做，甚至能做得比原来更好”“肯定他的同时，对其他学生来说也是一个激励”。此外，优秀教师T还有对学生回答问题具体情境的思考和分析。

九 处理学生理解中的问题：“提示或直接告知”还是“参与讨论”

在教师课堂教学过程中经常会遇到学生回答不上来教师提出的问题或出现了不一致理解的情况，这时教师就需要对反馈方式进行选择，对此，不同的教师有不同的处理方式，有的教师会提示规则，有的教师会让学生参与讨论，不同的处理方式反映了背后不同的教学逻辑。如新手教师L在课堂中的处理方式，见表4—38。

表 4—38　　执教片段三十六

T：接下来，老师又要变魔术了。教师把角的边长缩小后挪了一个位置。

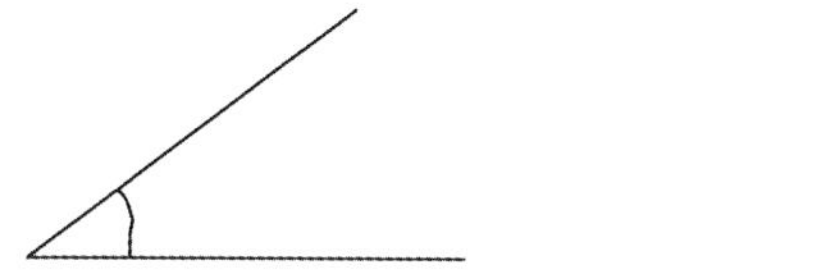

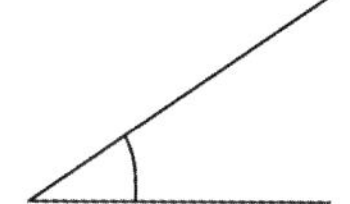

那老师问你，角的大小发生变化了吗？

S：发生了。

T：找同学来说。

S1：边变长了。

T：边变长了，角的大小发生变了吗？

S2：发生了。

T：哪发生变化了？

S2：长度。

T：她刚才没认真听课，刚才老师说角的大小跟什么有关系？

S：张口。

T：角的大小跟张口的大小有关，它张口的大小变了吗？

S：没有。

T：还是这么大，找同学再来说说，这幅图说明了什么？

S3：边变长了，只要边不上下动，角就不变

T：也就是说，张口不变的话，角的大小变不变呀？

S：不变。

T：所以说，角的大小跟边的长度没有关系。大屏幕出示"角的大小与边的长短无关"，找同学读一下这句话。

S4：学生读。

节选自：L 教师《认识角》课例

当学生不能正确回答角的大小跟边的长短没有关系时，L 教师一再提醒学生回忆判断角大小发生变化与否的规则。对此，L 教师给出的解释为："我是想让学生拿已知的内容套未知的内容，这个时候学生还没理解角的大小跟张口有关，他就是记住刚才那个答案了，边一变了，他就忘了，所以再提醒一遍"。这里的价值命题为"让学生拿已知的内容套未知的内容"，经验命题为"对于学生不理解的内容教师可以提醒"，情境命题为"这个时候学生还没理解角的大小跟张口有关，他就是记住刚才那个答案了，边一变了，他就忘了"。

再如，新手教师C在《认识角》和《认识直角》两节课中的处理方式，见表4—39、表4—40。

表4—39　执教片段三十七

T：大屏幕演示角由锐角到钝角的变化过程，问学生其中一条边发生了什么变化？

S1：往外张开了。

T：这个角变了吗？

S2：变大了。

T：张口变大了，所以角变大了。现在看角有什么变化，大屏幕演示角由钝角变回锐角的过程。刚才角由小变大，又由大变小的过程中，<u>你发现了什么？</u>

S3：<u>学生回答不上来。</u>

T：<u>张口变大的时候，角也怎么样？</u>

S3：变大了。

T：<u>张口变小的时候，角就变小了，所以角的两边张口越大，角就越大。</u>现在看大屏幕，老师这里有两个角，它们两个发生了争吵，都说自己大，那你来比较一下它俩谁大，找同学说一说？

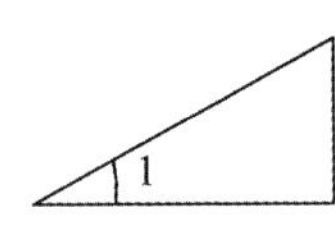

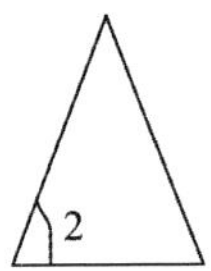

S4：角1大。

T：那其他同学都认为角2大吗？

S：是。

T：<u>刚才老师说了，角的张口越大角越大，角的张口越小角越小，</u>这回找同学说一下，谁大？

S5：角2大，因为角2的张口大。

T：角2两边的张口大，明白了吗？

S6：不明白。

T：S6同学你看大屏幕，这两个角哪个大？

（大屏幕展示两个边长不一样，但大小一样的白色和红色两个角）

S6：红色的角大。

T：同意他的举手。

S：一些同学举手。

T：同意白角比红角大的举手？

续表

S：没有同学举手。
T：没有举手的同学是什么意思？它们两个的边长一样吗？
S：不一样。
T：张口一样不一样？
S：有说一样的，有说不一样的。
T：看老师，把白角移到红角上，让一条边对齐，看另一条边，发现重合了，这说明什么？
S：一样大。
T：说明两个角是一样大的，它们的张口一样大，所以是一样大的。
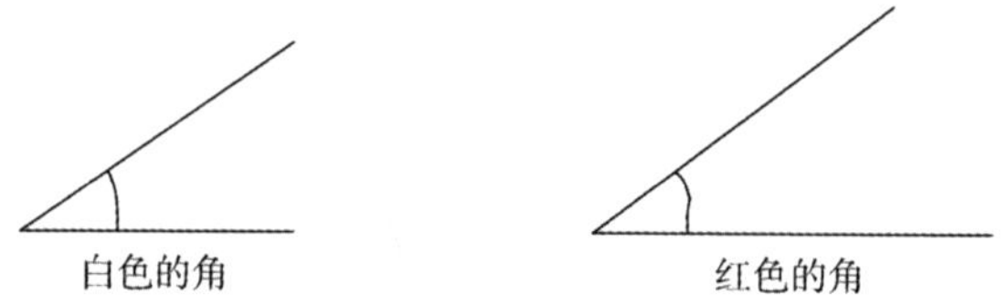

节选自：C 教师《认识角》

在教学“角的两边张口越大，角越大”内容时，学生回答不上来角的大小与角两边张口的关系时，C 教师采取了提示规则的方式。对此 C 教师给出的解释为：“这里，我主要是想让学生得出这一结论，而‘张口’这个词对于学生来说比较难，别的教师以前上教研课之前在别的班试讲的时候，好几次孩子们都说不上‘张口’这个词，这个词已经超出了学生现有的知识范围，当学生说不上来的时候，教师可以指出来，其实学生是知道的，但是他表达不出来。”这里的价值命题为“让学生得出结论”，经验命题为“‘张口’这个词已经超出了学生现有的知识范围，对于学生来说比较难”，情境命题为“学生是理解张口变大，角变大的，只是表达不出来”。之后，C 教师安排了让学生判断两个角大小的问题，当学生意见出现分歧的时候，C 教师采取了直接告知判断角大小的规则或比较角大小的方法策略来教学。对此，C 教师给出的解释为：“我刚讲了角的大小是由张口决定的，安排这两个练习，是希望学生能够运用所学的知识，当学生不能联系所学的知识的时候，教师可以告诉他。”这里的价值命题为“让学生运用所学知识进行判断”，经验命题为“我刚讲了角的大小是由张口决定的，学生是有一定的知识基础的”，“当学生不能联系所学知识的时候，教师可以告诉他”，蕴含的情境命题为“学生判断出现错误是因为不能联系已学的知识”。

表 4—40 执教片段三十八

T：大屏幕出示三个直角，如图，它们的大小一样吗？ 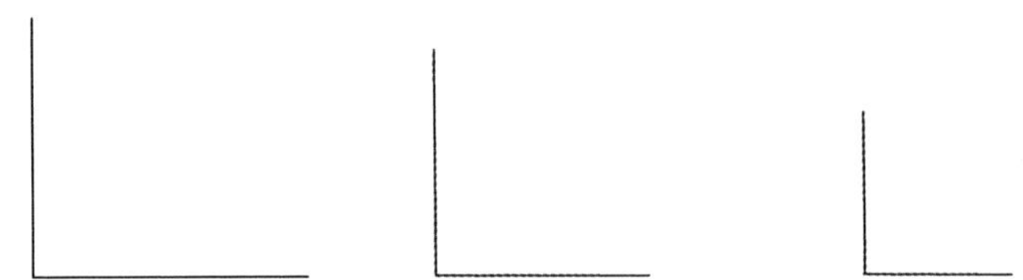
S：学生意见不统一，有的说一样，有的说不一样。
T：那我采访一个同学，××同学说第三个直角小，因为他说第三个直角边长短，你同意吗？角的大小跟什么有关系，跟边长有没有关系？
S：没有。
T：看大屏幕，老师现在先拿三角板分别量这三个直角，三个角大小跟三角板是一样大的，如果还不相信的话，老师现在让三个角重合，是不是完全一样大？
S：有的学生对教师演示三个角重合，表现得十分惊讶。

节选自：C 教师《认识直角》课例

当学生在判断角大小出现分歧的时候，教师没有利用学生之间的认知冲突，让学生展开讨论或探究，而是先提示学生判断角大小的规则，C 教师给出的解释为："学生之前学过角的大小跟张口有关、跟边无关的知识，这里我主要是想让他们利用已学的知识判断直角的大小，当发现学生不能联系旧知时，教师是可以直接告知的"。这里的价值命题为"让学生利用已学知识判断直角的大小"，经验命题为"学生之前学过角的大小跟张口有关、跟边无关的知识""当发现学生不能联系旧知时，教师是可以直接告知的"，蕴含的情境命题为"学生在判断直角大小时出现错误是因为暂时不能联系旧知造成的"。之后，C 教师又直接告诉学生判断直角大小的方法。对此，C 教师给出的解释为"想进一步让学生相信三个直角大小确实是相等的，演示的方式比较直观明了，学生能一下子看清楚"。这里的价值命题是"让学生相信三个直角大小确实是相等的"，经验命题为"演示的方式直观明了，学生能一下子看清楚"。

与两位新手教师不同，优秀教师 T 在面对学生出现的理解问题时，采取了"讨论"的方式。比如在《小蝌蚪的成长》和《奥运开幕》的教学片段中，见表 4—41、表 4—42。

表 4—41　　执教片段三十九

（学生在本上计算 500－263）

T：大家往前看，这道题的计算结果有人得 237，有人计算结果是 247（有两个同学，孙××和任××），还有人计算的结果是 337（邢××），你认为哪个答案正确？

S：237。

T：现在你告诉孙××和任××，十位为什么是 3，而不是 4？

S1：因为十位上的 10 被个位借走 1，剩 9 了，而不是 10 了。

T：说得非常好，他明白这个意思了，还谁说？

S2：个位上的 0 换成 10 的话，得向十位借 1。

T：借 1 之后十位剩几？

S2：9。

T：借 1 之后十位剩几？

S：9。

T：十位借 1，不够，还得向百位借 1，从百位借 1 到十位当几？任××你告诉我？

S3：当 10。

T：现在十位能不能借给个位了？

S：有人说能，有人说不能。

T：到底能不能？

S：能。

T：现在十位上有没有？

S：有。

T：我从十位借 1 当 10，10 减 3 得 7，现在十位上是 10，还是 9？

S：9。

T：9 减 6 等于 3，那么百位这，邢××写的是 3 对不对？

S：不对。

T：应该是几？

S：2。

T：百位上是几减 2 了？

S：4。

T：所以她写的 337 也是错的，正确的结果是 237。

节选自：T 教师《小蝌蚪的成长》课例

对于在《小蝌蚪的成长》一课，当学生计算结果出现不一致时，T 教师通过师生互动研讨共同解决问题。对此，T 教师给出的解释为：“学生出错了，说明他思维遇到障碍了，这时你必须得让他知道他错哪了，你直接告诉他错了，他不知道错的原因的话，下次他还出错，让大家讨论，他印象更深刻，同时解决问题必须得追根溯源，从根本上解决问题。”这里的价值命题为“让学生知道错的原因”，经验命题“学生出错，教师必须得让他知道错哪了”“直接告诉学生错了，他不知道错的原因的话，下次他还出错”“让学生讨论，学生印象更深刻”“解决问题必须得追根溯源”，情境命题为“学生出错了，说明他思维遇到了障碍”。

表 4—42　　　　执教片段四十

T：在桌面上的时针、分针和秒针，它们分别有什么用呢？

S1：时针能够知道现在是几时，分针能知道现在是几分，秒针能知道现在是几秒。

T：非常好，时针能告诉我们是几时，分针能告诉我们是几分，秒针能告诉我们是几秒。所以时针、分针和秒针能告诉我们具体的时间，有用没有用？

S：有用。

S2：老师，我有一个问题。

T：<u>有问题你问。</u>

S2：数字之间都有小格，刚才某某说指着几就是几分钟的话，那中间小格又是干什么用的？

T：<u>谁能解答他的问题，</u>这个问题正好是下面我们要说道的。

S3：每个大格有 5 个小格，就代表有 5 分钟。

T：<u>好，谁注意他刚才回答的，他刚才说什么了？</u>

S4 他刚才说每个大格里有 5 个小格，就代表 5 分钟，不过我对他说的 5 个小格代表 5 分钟说的不对。

T：<u>那你认为怎么说对？</u>

S4：每个小格又可以代表 1 秒、1 分。

T：那什么时候代表 1 分？

S4：分针走 1 小格的时候代表 1 分。

T：那什么时候代表 1 秒？

S4：秒针走 1 小格的时候代表 1 秒。

T：那时针走 1 大格代表？

S4：代表 1 小时。

T：对呀，所以时针、分针和秒针代表的是不同的时间。

节选自：T 教师《奥运开幕》课例

在《奥运开幕》这节课中，面对学生提出的问题，T 教师没有立即给出回答，而是让学生互相讨论，共同来解决问题。对此，T 教师给出的解释为："通过生生之间的互动，知识的重点、方法和原因才能更好地掌握。生生之间的互动能把学生的注意力集中到问题解决当中来，让他们参与到学习中来，这样做比我告诉他的效果要好"。这里的价值命题为"为了让学生更好地掌握知识的重点、方法和原因""为了让学生更好地解决问题"，经验命题为"生生互动能把知识的重点、方法和原因更好地让学生掌握""生生之间的互动能把学生的注意力集中到问题解决当中来，让他们参与到学习中来比教师直接告诉他效果要好"。

从个案研究的情况来看，三位教师"关于处理学生理解中问题"的教学逻辑出发点不同，其中，两位新手教师主要关注学生对固定规则的掌握与运用，而优秀教师 T 更关注学生对规则背后原理、方法的理解，对学生错误的根本纠正以及学生之间互动对课堂学习效果的影响等。她们所持有的经验认识也不同，其中，两位新手教师除了提醒或告诉，头脑中没有储存更为有效的其他教学策略；而优秀教师 T 认为"解决问题必须得追根溯源""让大家讨论，印象更深刻"，她能够从问题解决的本质以及课堂学习的效果出发，选择讨论的教学策略。三位教师对课堂情境的判断以及情境在教学逻辑推演中作用的认识也不同，其中，新手教师 L 虽然对情境有准确的认识，但在实际教学逻辑推演的过程中将情境忽略。L 教师认为学生课堂回答不上来是因为不理解，但即便如此，L 教师并没有据此情境采取有效的教学策略，依然将教学目标作为教学策略选择的主要依据。C 教师虽然将情境作为教学逻辑推演的依据，但对情境的判断失真。C 教师认为学生回答不上不是因为不理解，而是由于暂时遗忘造成的。显然，C 教师对情境的判断不准确。T 教师既能够对情境有本质的认识，又能够依据情境进行教学逻辑推演。T 教师认为学生出现答案不一致或提出问题是由于理解上和思维上遇到了障碍，并据此选择讨论的教学策略，帮助学生暴露理解上和思维上的问题。

第五章

系列教学问题解决中教师个人教学逻辑的表现

第四章通过对九大教学基本问题的思考，探察了教师在单一教学问题解决中的教学逻辑，研究结果显示，不同教师对同一教学问题的认识存在差异，反映了背后不同的教学逻辑。本章将在前面探察教师单一教学问题解决教学逻辑的基础上，进一步分析教师在整节课的教学设计与实施过程中，如何在一系列教学问题的思考与解决中完成学科内容向学生认知结构的转变，背后反映了教师怎样的教学逻辑，本章将对教师整节课中教学逻辑的类型作进一步的研究与分析。

第一节　系列教学问题解决中教学逻辑的分析框架

一　系列教学问题解决中教学逻辑分析的重要性

任何教学都可以看成教学构想与实践操作的统一体。任何教学在转变为现实的操作形态之前都要首先在头脑中进行思维加工。教学逻辑恰恰反映了教师的思维加工过程，教师通过教学逻辑将自身对教学活动要素及其之间关系的理解转变为现实的可操作的教学形态。在整节课的教学设计与实施过程中，如何确定教学目标、如何选择教学内容、如何有效组织教学内容、如何安排教学活动、师生如何互动等，如何将对这一系列问题的解决最终转化为有效的教学操作形态，各操作形态之间如何衔接，这是每一位教师在整节课的教学设计与实施中都必须面临和解决的问题。透过对教师整节课教学逻辑外在表征与内在依据的分析，我们可以更深入地了解教师宏观的教学思维过程，为教师整体教学思维的优化、学科知识向学生认知结构的有效转变以及课堂教学质量的整体改进提供依据。

二　系列教学问题解决中教学逻辑的分析维度

如何反映教师整节课的教学逻辑，类型化研究不失为一种较好的选择。不同类型的教学逻辑恰恰反映了教师对教学活动要素及其之间关系的不同认识，有助于我们从整体上把握教师教学逻辑的性质倾向，了解不同类型教学逻辑的特点，进而为教学逻辑的改进提供依据。那么，如何把握教师整体教学逻辑的类型呢？分析维度的确定是我们整体把握教师教学逻辑的关键。在整节课的教学设计与实施中，教师最终都会将自身对教学活动要素及其之间关系的理解转化为有序的教学内容与教学活动序列，在每一个教学内容与教学活动的安排上，教师都会思考一系列的问题，比如“我该教什么内容”，“提出什么认知水平的教学任务”，“教学内容之间如何衔接”，“每个教学内容安排什么样的教学活动”，“应该提出什么样的问题”，“如何与学生互动”，“该用什么样的解释话语”等，教师正是在对这一系列教学问题的思考与解决中完成学科内容向学生认知结构的转变。因此，教师在处理这些问题时是如何做的，又是如何想的，成为我们判断教师教学逻辑类型的依据。

第二节　系列教学问题解决中教学逻辑的主要表现类型

综观课堂教学实践，教师对教学内容序列与教学活动流程的安排丰富而多样，但仔细审阅就会发现，大致呈现出几种典型的教学逻辑类型。这里，我们主要介绍三种类型：“讲练型”“解释型”和“探究建构型”，不同类型的教学逻辑，其外在表征和内在依据不同，反映了个人不同的教学理解。

一 “讲练型”教学逻辑

（一）“讲练型”教学逻辑的外在表征

“讲练型”也可以被称为“讲授—练习型”，它以知识结论的获得为主要目的，以书本知识的学习为主要内容，以教师独白式的讲解和学生机械、重复性的练习为主要教学方式的一种教学逻辑。在外在表征方面，“讲练型”教学逻辑具有以下特点：

首先，从教学活动流程以及时间的分配来看，“讲练型”教学逻辑主要表现为几种典型的类型：“准备—讲授—巩固练习”“观察—讲授—记忆—练习”“复习旧知—例题讲解—练习—布置作业”“诱发学习动机—讲授新内容—巩固知识—练习”以及“提出问题—讲授新知—回答问题—练习”等。尽管每一种教学活动流程在各环节的安排上并不具有一致性，但它们同时又具有共性特征：都强调教师独白式的讲解和学生机械、反复的练习，练习占据了教学活动的主要时间。讲在整个教学中所占的时间比例不多，只是一带而过，讲是为练服务的，是为了让学生掌握知识后，更好地在练习环节应用知识。

其次，从教学内容的选择、组织与认知要求来看，“讲练型”教学逻辑以教材为教学内容选择的依据，一般教材有什么，教师讲什么，教师将学生学习的内容局限在既有的教材内容安排上，很少跳出这个“框”。从教学内容的组织来看，教师一般按照既定教学计划来教，一般不对教学内容和过程进行调整。从认知要求来看，教师一般会直接为学生呈现教学内容，整个学习过程无须学生自主思考与探究，将学习的重点放在对正确、完整知识获得的追求上。

再次，从师生互动方式与提问的类型来看，“讲练型”教学逻辑在师生互动方式的选择上主要是有限的双向互动，教学信息一般由教师向学生传递，教师是教学信息的发出者，学生是教学信息的接收者，教师除了收集到学生对答案的回答信息，没有收到任何关于教学理解的信息。“讲练型”教学逻辑在课堂上的提问主要局限于事实性、规则性的教学问题，学生只需对“是”或“否”的问题进行回答，或者对学习过的数学规则进行简单回忆，整个课堂教学呈现出封闭的特征。

最后，从教师解释话语的类型和性质来看，“讲练型”教学逻辑的解释话语主要包括口头解释和非口头解释两大基本类型，前者包括陈述性解释、规则性解释、命令性解释、程序性解释以及说明性解释等，后者主要指通过给学生呈现视觉信息的方式进行解释。综观这些类型，它们在性质上都有一个共同特征，即这些解释话语是一种独白式解释话语，即教师主要通过自我陈述，而不是与学生互动来完成知识的讲授。

（二）“讲练型”教学逻辑的内在依据

任何一种类型的教学逻辑都不是凭空产生的，都有它存在的依据，教学逻辑一般建立在对“教学目标”“知识内容”“学生”和“教学策略”的认识之上，“讲练型”教学逻辑的内在依据具体包括以下几个方面：

第一，“讲练型”教学逻辑建立在对功利主义教学目标的认识之上。教学的根本目的在于学生能够识记所学的知识，在做题的时候会做，考试的时候能够准确写出答案。知识学习的价值对于学生来说主要是外在的，通过知识的学习，学生能在考试中取得成功，是一种为了应试而教的教学逻辑。在这种教学逻辑统摄下，教师在课堂中更关心学习结论的获得，而对于学生在学习过程中可能存在的问题，障碍、思维的闪光点都“视而不见”。在教师心目中，更看重知识学习所带来的短期效应，以至于学生自身在知识的理解、能力的培养和思维的发展方面究竟能够获得什么似乎成为教师思维的“真空地带”。

第二，“讲练型”教学逻辑建立在教师对课堂有效控制的认识之上。在知识讲解的过程中，教师的思维替代了学生的思维，教师会通过提示规则或直接呈现解题策略的方式帮助学生思考，教师不会让学生自己探索或说出自己的解题策略。教师不希望在知识讲解的过程中花费太多的时间和精力。一方面，认为如果花费太多时间让学生说，就会耽误教学时间，后面练习的时间就少了，如果不能充分的练习，没办法保证学生都会；另一方面，认为如果让学生说，学生也可能怎么说的都有，甚至超出了教师的预料，教师无法对课堂进行有效控制。因此，为了有效控制课堂，教师严格掌控讲授的过程，学生只需对事实性或结论性的问题进行回答，更多内容的讲解都由教师负责。

第三，“讲练型”教学逻辑建立在对“抽象的”“普遍的”“有限的”和“确定的”书本知识学习的认识之上。首先，从“讲练型”教学逻辑的外在教学活动序列来看，“讲练型”教学逻辑是一种演绎式的教学逻辑，知识不是学生在自主探究的过程中生成的，而是通过教师直接的讲解或示范给学生的，学生获得的是干瘪、符号化、抽象的知识。其次，“讲练型”教学逻辑认为教学内容是面向全体学生的，所有学生都应该按照统一的内容和进度进行学习，知识是普遍的。再次，“讲练型”教学逻辑认为教材是学生学习的全部，教材上的内容一般是经过专家选取的、比较科学、权威和有代表性的内容，是每个学生都应该学会的基本内容，所以教材上的例题和习题学生都要会。显然，在知识内容的学习上，“讲练型”教学逻辑所持的是一种教教材的逻辑。最后，“讲练型”教学逻辑认为知识是“确定的”真理，是毋庸置疑的，是事先安排好的在学生之外的内容。对于学生来说，他们所能做的就是尊重知识的客观性，保持对标准化、确定知识的识记和掌握。

第四，“讲练型”教学逻辑建立在对学生被动学习和能力不足的认识之上。“讲练型”教学逻辑认为学生学习是倾听、识记和练习的过程。一方面，学习是“识记”的过程，学生只有更好地“识记”知识，才能在考试中准确地写出答案；另一方面，学习是刺激与反应之间的联结，通过强化这种联结，学生才能形成对各种问题不假思索的“条件反射”。[①] 学习就是反复练的过程，练的次数越多，越容易帮助学生形成“习惯力量”[②]，越有助于学生做出期待的学习行为和反应。对于学生能力的认识，“讲练型”教学逻辑认为，如果没有教师的帮助和指导，学生很难找到解决问题的方法或策略，学生能力不足，需要教师引导，教师在教学中居于主导地位。

第五，“讲练型”教学逻辑建立在对教学策略“效用性”的认识之上。之所以选择讲和练的教学策略，是因为在“讲练型”教学逻辑看来，“讲”是最省时省力，确保学生在有限时间内掌握所学内容、确保教学计划实现、预期教学目标达成的有效教学策略。教师将“效用性”作为教

① 周成海：《基于行为主义学习理论的教学：主要特征与信念基础》，《教育理论与实践》2011 年第 11 期。

② 吴月芹、仲建国：《行为主义与认知派两种学习理论概观》，《南京航空航天大学学报》（社会科学版）2002 年第 1 期。

学策略选择的依据。“练”是确保学生掌握所学知识，会做题，在考试中能够准确写出答案的有效教学策略。持“讲练型”教学逻辑的教师很少思考教学目标的“正当性”。

（三）“讲练型”教学逻辑的个案分析

1. 个案教师L典型课例分析

在对个案教师L的课堂观察、教学流程及其具体活动序列的访谈中，我们发现L教师的整体教学逻辑属于“讲练型”教学逻辑。下面我们以L教师两节典型课例为例，在详细分析每节课教学逻辑的基础上，抽象概括出L教师所持“讲练型”教学逻辑的主要特点，见表5—1、表5—2。

表5—1　L教师典型课例《小小图书馆》

◇主要流程及教学逻辑

主要教学流程	具体内容与活动序列	教学逻辑
复习旧知	1. 让学生用三种方法自己算一算213＋139	价值命题： “让学生学会退位减法，在考试中会运用两种方法，取得成功”。 经验命题： “学退位减法，得会进位加，它们是相互的”。
	2. 提问学生在运用两种方法时应注意的问题	价值命题： ①“提示学生，避免类似错误的发生”。 ②“这两种方法，无论什么层次的学生都必须掌握”。 经验命题： ①“数线和列竖式两种方法考试考得特别多，也是学生经常出错的”。 ②“拨珠子的方法考试也不考”。 情境命题： “拨珠子的方法没有道具没法用”。

续表

主要教学流程	具体内容与活动序列	教学逻辑
问题一：故事书比连环画多多少本？	1. 教师提出问题—学生回答算式	价值命题： “能够一下子进入这节课的学习中”。 “这堂课的目的是让学生会算，而不是提出问题”。
	2. 画数线的方法 教师讲解每一步需要注意的问题—学生练一练	价值命题： ①“避免出错”。 ②“看到老师的思路过程”。 经验命题： ①“画数线是这三种方法中比较难一些的，它是重点，这种方法学生总出错，总忘，不熟练”。 ②“这节课之前学生都已经知道这三种方法了，再让学生说有点像走过场一样，老师直接告诉他效果很好，学生能看到老师的思考过程，学生看完之后能照你学”。
	3. 计数器的方法 回忆列竖式计算的顺序—教师多媒体演示计数器计算的过程	价值命题： ①“提醒学生，避免出错”。 ②“学生能理解每一步我说的意思就行”。 经验命题： ①“画数线是从最高位开始写，计数器的方法跟这不同，而且学生在学两位数列竖式计算的时候，从高位算没有错，但如果变成数位更多的数计算就有可能出错”。 ②“计算器这种方法以前在教两位数计算的时候用过，我觉得学生都理解了”。
	4. 列竖式的方法 让学生自己做一做	经验命题： “这种方法学生之前掌握的挺好，学生出错不是不理解算理，而是没有认真计算”。

续表

主要教学流程	具体内容与活动序列	教学逻辑
问题二：科技书比连环画少多少本？	1. 让学生用自己喜欢的方式练一练	经验命题： “这里边学生会选的方式只有两种，一个是画数线，另一个是列竖式，既然两种方法在刚才的过程中掌握了，就没有必要再拿时间一个一个的讲”。
	2. 出示错误的算法，让学生指出错误的地方	价值命题： “避免错误的发生”。 经验命题： “学生如果能把这些错误找出来的话，学生以后可能就不再犯这样的错误了”。
问题三：239－57 还能解决什么问题	1. 让学生提一提 239－57 除了能解决书上的问题，还能解决什么问题	价值命题： ①“老师怎么说，学生就怎么会的”。 ②“锻炼学生的反向思维”。 经验命题： ①“书上有什么我是肯定要讲的，书上的例子比较科学，是最好的例子，是最基本的，没有难度的，应该是老师怎么说，学生就怎么会的”。 ②“学生可能不太理解谁比谁少多少”。
	2. 学生自己编题，教师纠正错误，让学生根据这个情境以及数字代表的信息提出问题	价值命题： “培养应试能力”。 经验命题： “考试的时候肯定有学生没读题，在应试教育下必须得会读题，否则你答得再好，你也是没分的，不能说你是正确的”。

续表

主要教学流程	具体内容与活动序列	教学逻辑
问题四：还能提出哪些问题?	让学生根据数据，还能提出哪些数学问题	价值命题： “练一练如何提出问题”。 经验命题： “学生提了一大堆问题，就解决一个问题，挺没意思的，学生心里可能不舒服，而且太浪费时间”。 情境命题： “我看还有教学时间”。
练习	数学书上 50 页的四道习题 1. 画一画 266 - 124，592 - 254 学生做一做—学生汇报—教师演示	价值命题： ①“让学生掌握基本的习题”。 ②“学会思考和对照”。 经验命题： ①“书上的题是最基础、最基本的，命题的难度肯定和数学书上的一致”。 ②“教师直接演示，学生可能不思考，在思考的基础上演示，就是他对照着自己的东西看他刚才做的有没有缺、有没有落下的过程”。
	2. 用列竖式进行计算 作为家庭作业，要求学生用两种方法	价值命题： “竖式只需要多练习”。 经验命题： “竖式的方法学生基本都会了”。
	3. 计算 300 + （ ） = 580； （ ） + 80 = 320 560 - （ ） = 350； （ ） - 470 = 240 让学生回答得数和算法，学生说出一种算法就行，没有涉及多样化的算法	价值命题： “看学生会不会”。

◇分析与思考

首先，从外在表征来看，《小小图书馆》一课符合“讲练型”教学逻辑的基本特征。第一，从教学活动流程的安排来看，这节课的教学可以分为“复习旧知—讲授新知—练习”三大基本环节。其中，在讲授新知这个环节，两大核心教学内容“问题一”和“问题二”或通过“教师讲—学生练”，或通过“教师提问—学生回答—教师讲解”，或通过“学生练习”的方式来教学。教师的讲是一种独白式的讲，单纯为了让学生获得结论。学生练也只是一种强化性的、重复性的练，没有关注学生理解中的问题。第二，从教学内容的选择、组织与认知要求来看，《小小图书馆》一课“问题一”到“问题三”都取材于教材，并且按照教材的顺序来组织教学。从认知要求来看，L 教师在布置教学任务后，直接告知学生用数线和列竖式两种方法来计算，而且直接通过大屏幕进行讲解，没有让学生自己做一做，教学任务设置的认知要求比较低。第三，从师生互动方式和提问类型来看，师生互动主要在师生之间展开，且除了答案，教师没有尝试收集关于学生理解的任何信息，师生之间的互动是一种有限的互动。从提问来看，问题的提出者是教师，提出的问题都是封闭性的问题，学生只需对“算式如何列”“哪出错了”这一有限的思考问题和“步骤是什么”这一程序性问题进行回答，除此之外，学生没有说话的机会，整个课堂都由教师来掌控。第四，从教师解释话语来看，核心内容的教学主要由关于“计算顺序”的程序性解释和演示性解释两大独白性解释话语构成。

其次，从内在依据来看，L 教师《小小图书馆》一课的教学逻辑主要建立在对“教学目标”“教学内容”“学生”和“教学策略”的认识之上，其中，“教学目标”是整个教学逻辑的起点，L 教师主要以学生对数线和列竖式两种方法的正确掌握以及在考试中取得成功为教学目标。对于这节课的内容，L 教师认为教材、考试和学生出错的内容都要讲。“书上有什么我是肯定要讲的，书上的例子比较科学，是最好的例子，是最基本的，没有难度的，应该是老师怎么说，学生就怎么会的”“数线和列竖式两种方法考试考得特别多，这两种方法是全班学生，无论什么层次的都必须掌握的”“计数器的方法考试不考”“学生如果能把这些错误找出来的话，学生以后可能就不再犯这样的错误了”。对于“学生”的认识，L 教师只有对学生学习过程和学习问题的认识。在学生学习过程的认识方面，L 教师认为学生学习主要是听、看和练的过程。这可以从她采取讲和练的教学方式中推断出来。此外，L 教师在访谈中表示："学生已经知道的没有必要让学生说，有点像走过场"，可见，L 教师认为课堂教学中不需要学生说。在学生学习问题的理解方面，L 教师认为学生学习的问题不是由不理解算理造成的，而是由不认真计算造成的。对于"教学策略"，L 教师认为讲的教学策略更直观，效果好，学生能看到教师思维过程；而练的教学策略，能判断学生有没有掌握，能加强熟练程度。正是在对上述因素及其关系认识的基础上，L 教师形成了本节课具体的教学流程。

表 5—2　　L 教师典型课例《长方形与正方形》

◇主要流程及其教学逻辑

主要教学流程	具体内容与过程	教学逻辑
导入	1. 让学生用三角板画出三种角，并说出三种角的关系	价值命题： "复习上一堂课的内容，看学生掌握没有"。
	2. 出示长方形和正方形的纸片，问学生是什么图形	价值命题： "单独呈现图形，学生能识别"。 经验命题： "以前在学习长方体和正方体的时候，学过，学生都会"。
	3. 出示机器人的图片，让学生回答是由哪两种图形组成的	价值命题： "从复杂图形中也能识别"。
	4. 大屏幕出示长方形和正方形，教师让学生分别喊出它们的名字，并多次让学生重复	价值命题： ①"揭示要讲的内容"。 ②"提醒学生注意课堂纪律"。

续表

主要教学流程	具体内容与过程	教学逻辑
长方形和正方形各部分的名称	1. 长方形和正方形各部分的名称 教师提问—学生回答—教师说明	价值命题： “让学生知道长方形和正方形各部分的名称，也为下边教学服务”。 经验命题： ①“以前学生只是知道叫长方形和正方形，但没具体说过，这些是以前没接触过的，算是新课”。 ②“得先知道各部分名称，才能说出它的特征来”。
	2. 当学生在回答问题时说出正方形和长方形边的特点之后，教师仍然继续讲各部分的名称	价值命题： “给不会的同学思考的时间”。 经验命题： “有的时候孩子希望老师表扬他，你知道得可真多，可能我心情好的时候会鼓励他，但是他影响其他同学听课呀，其他同学思维还没到那呀，主要是给没在外边听课，不会的同学讲，否则他在听其他同学讲的时候彻底就蒙了，没有给不会的同学思考的时间”。 情境命题： “回答问题学生的行为属于抢答”。
	3. 教师出示大屏幕上的长方形（斜放着的），让学生说出数字部分是长方形的长还是宽	价值命题： “设置一个陷阱，考验一下学生看他们理解没有”。
	4. 当学生说出长方形两边短，上下长的时候，给予了纠正	价值命题： “纠正学生错误”。 经验命题： “学生理解出错了，你就必须纠正过来，要不然他就会这么认为”。

续表

主要教学流程	具体内容与过程	教学逻辑
长方形和正方形的特征	1. 让学生观察后，说出长方形和正方形的特征，然后教师多媒体进行演示	价值命题： “让学生掌握图形的特征”。 经验命题： “长方形与正方形的特点孩子们并不是都清楚，但是又不是完全不了解，所以选择让孩子们先试着说一说，能理解的孩子基本上就能说的差不多了，但是仍然有不会的学生，所以让大家再看一看直观的演示，这样不理解的学生就能更好地理解刚才发言同学表达的意思”。
	2. 大屏幕出示结论，让学生记下来	价值命题： “把口头归纳的语言变成规范的语言，在考试中知道怎么写”。 经验命题： “如果你单独问学生，学生知道，但是如果要让他们形成总结性语言，他们可能不会”。
	3. 当学生说出角都是直角之后，教师让学生用三角板量一下数学书上的四个角	价值命题： “为了验证结论”。
	4. 让学生记录长方形和正方形角的特征	价值命题： “记住结论，考试的时候倒出来”。 经验命题： “考试的时候必须把学到的东西倒出来”。

续表

<table>
<tr><th>主要教学流程</th><th>具体内容与过程</th><th>教学逻辑</th></tr>
<tr><td rowspan="3">练习</td><td>1. 填空
长方形的对边________，四个角都是________角
正方形的四条边________，四个角都是________角</td><td>价值命题：
“让学生练一练”。
经验命题：
“练习 1 和 2 都是课件上的内容，我们有统一的课件，一般都是课件上有什么我就讲什么。课件上的题一般都是选出来的题，一般很少改动”。</td></tr>
<tr><td>2. 找规律的题
让学生做一做—教师提问—学生回答—教师说明</td><td>价值命题：
“看学生会不会，掌握数的方法”。
情境命题：
“在做的过程中学生做的不好，所以花了比较长的时间进行讲解”。</td></tr>
<tr><td>3. 书上课后习题
（1）书上课后第一题与前面练习第一题重复，又让学生做了一遍
（2）在方格纸上画正方形
（3）在括号里填上合适的数
（4）在长方形里折最大的正方形
（5）数有多少个长方形与正方形（和找规律的题一模一样）
基本采取提示的方式</td><td>价值命题：
①“书上的题都要会”。
②“节省时间”。
经验命题：
①“书上的题是最基础的，所有学生都得会的”。
②“简单的内容可以直接把方法说出来，没必要让学生说，挺浪费时间的”。</td></tr>
</table>

◇分析与思考

首先，从外在表征来看，《长方形与正方形》一课的安排符合“讲练型”教学逻辑的基本特征。第一，从教学活动流程及教学时间的分配来看，整节课由“复习旧知—引入新知—讲授新知—练习”四大基本环节组成。其中，“练”在整个课堂教学中占有十分重要的地位。一节39分钟的课，导入占了4分钟，讲授占了12分钟，剩下23分钟全用来练习。从练习的内容来看，练习题1、2和3都是书上的内容，而且内容上存在交叉重复的现象。这种练是一种盲目地、机械地练。讲授新知环节由“长方形与正方形各部分名称”和“长方形与正方形特征”两大问题组成，这两大问题都是通过教师的讲来完成知识的学习。第二，从教学内容的选择、组织与认知要求来看，《长方形与正方形》一课主要涉及“长方形与正方形各部分名称”和“长方形与正方形特征”两大内容，均来自教材。从教学内容的组织来看，当教师提问图形名称的时候，学生直接说出了图形的特征，对于学生回答超出了事先的教学进度，教师仍按照教学计划来讲解。从认知要求来看，教师先讲“长方形与正方形各部分名称”，然后讲“长方形与正方形特征”，按照“概念—原理”的演绎逻辑来讲，本身就降低了认知的要求。事实上，“长方形与正方形各部分的名称”是在探索“长方形与正方形特征”的过程之后得出的。然而，L教师在讲“长方形与正方形各部分名称”的内容时主要按照“教师提问—学生回答—教师出题—学生练习”的演绎逻辑来讲，将知识的学习变成了教师讲—学生听—巩固练习的过程。在讲“长方形与正方形特征”时，L教师按照“教师提问—学生回答—教师演示—记住结论”或者“教师提问—学生回答—学生动手验证—记住结论”的方式来讲，教师直接把验证的方法告诉学生，学生无须自主探究，整个教学过程，教师的思维代替了学生的思维。第三，从师生互动方式和提问来看，互动主要在师生之间展开，没有生生之间的互动。提问主要是一些封闭性的问题，只需学生给出答案，无须学生进一步解释或说明。第四，从教师解释话语来看，核心内容“长方形与正方形特征”的讲解主要由演示性解释话语构成。

其次，从内在依据来看，L教师《长方形与正方形》一课的教学逻辑主要建立在对“教学目标”“教学内容”“学生”和“教学策略”的认识之上。同样，“教学目标”是整个教学逻辑的起点，学生对规范结论的掌握是本节课主要的教学目标。“把口头归纳的语言变成规范的语言，在考试中知道怎么写”。对“教学内容”认识方面，L教师认为书上、课件上和容易出错的内容老师要讲。“一般都是课件上有什么我就讲什么。课件上的题一般都是选出来的题，一般很少改动”“书上的题，我是肯定带着学生练的，书上的题是最基础的，所有学生都得会的”“学生理解出错了，你就必须纠正过来，要不然他就会这么认为”。书上的内容要按照教学计划来讲，对于超出教学进度的回答，L教师认为“他影响其他同学听课呀，其他同学思维还没到那呀”“其他同学在听的时候彻底就蒙了，没有给不会的同学思考的时间”。对“学生”的认识方面，L教师只有对受教对象和学习过程的认识。在对受教对象的理解方面，L教师认为“上课主要是给没在外边听课，不会的同学讲”，“仍然有不会的学生，所以让大家再看一看直观的演示，这样不理解的学生就能更好地理解刚才发言同学表达的意思”，从中也可以推测，L教师认为对于大多数不会的同学来说，学习主要是看和听的过程。对于教学策略，L教师认为“演示和讲解能够降低教学的难度，也便于教师控制”。

2. 个案教师L教学逻辑的主要特点

从对L教师两节典型课例的分析来看，L教师教学逻辑呈现出以下主要特点：

第一，以考试中取得成功和对课堂的有效控制为教学逻辑的起点。L教师在教学中十分注重功利主义教学目标的达成，注重学生对正确、规范结论的识记、掌握和运用，这种识记、掌握和运用最终服务于应试的需要。此外，L教师十分注重教师对课堂的有效控制，教师对课堂教学内容、教学过程以及学生参与程度的严格把握都基于对课堂有效控制的考虑。

第二，以自我对教学目标和内容的理解为教学逻辑运行的中心，各教学要素之间在教学逻辑运行的过程中联系松散。L教师始终从自身出发，根据自己对教学目标和内容的理解来安排教学结构，对知识内容本身之间的关联性，学生的知识经验、学习规律、思维特征以及更为有效的教学策略等都缺乏思考。比如在《小小图书馆》一课，L教师将教学重点定位在三种计算方法的掌握，虽然知道学生有100以内减法的知识基础，却不能发挥学生的主体性，让学生自己探究三位数的退位减法，仍由教师主导整个教学过程，通过演示—讲解来教学。在《长方形与正方形》一课，L 教师将教学重点定位在对长方形与正方形特征的掌握，采用演示—讲解的方式讲授图形的特征，既缺乏对多样化探究图形方法的了解，又缺乏对学生知识经验、思维特征和其他教学策略的思考与分析。

第三，从整体来看，L 教师对整体教学逻辑缺乏深入细致的思考。首先，从各教学环节教学逻辑的起点来看，各教学环节教学目标之间缺乏关联性，前一个教学环节的教学目标和后一个环节的教学目标脱节，甚至有的教学环节没有目标的考虑。其次，从教学内容的安排来看，有些教学内容之间的关联性是人为的，有些教学内容之间缺少关联性，比如 L 教师在《小小图书馆》一课将计算的方法分别看成不同的方法进行教学，缺乏对不同方法之间关联性的思考。可见，L 教师对一节课的教学设计与实施缺乏整体的逻辑把握。

二 “解释型”教学逻辑

（一）“解释型”教学逻辑的外在表征

“解释型”也可以被称为“解释—理解型”，它以系统学科知识的学习为主要内容，以促进学生结构化知识体系形成为目的，以教师的讲授或解释为主要教学方式的教学逻辑。在外在表征上，“解释型”教学逻辑具有以下主要特点：

首先，从教学活动流程以及教学时间的分配上来看，“解释型”教学逻辑在教学活动流程的安排上呈现出多样化的形式，但主要表现为以下几种类型：“告知目的—选择注意—刺激回忆—提供学习指导—强化—迁移”“感知—解释—理解—练习”“范例的学习—结构或规律的掌握—应用—评价”“情境创设—问题思考—提示规则或线索—学习新知—巩固—布置作业”“动机—提供先行组织者—理解—应用—评价”等。尽管每一种教学活动流程在各环节的安排上并不具有一致性，但它们都有一个共同的特点，都强调教师通过讲授或解释给学生提供某些帮助或指导，以此促进学生对知识的内化与理解。在整个教学过程中，教师的讲授或解释居于核心位置，所占的教学时间比较多。

其次，从教学内容的选择、组织与认知要求来看，“解释型”教学逻辑主要以学科知识的结构为教学内容选择的依据，以教材为主，但不局限于教材的内容，会适当增加学科知识体系中相关的知识。从教学内容的组织来看，一般在教学之前会考虑学生已有的知识结构，并根据学生已有的知识结构进行教学，但教学过程中，一般会按照既定的教学计划来教，很少对教学进程进行调整，不能认识到活动中生成的重要资源的价值。从认知要求来看，“解释型”教学逻辑给学生提供的教学任务所要求的认知水平要高于“讲练型”，“讲练型”教师一般会直接为学生呈现教学内容，而“解释型”教师一般会让学生先独立进行思考，之后会在与学生互动的过程中，一步一步通过教师的解释让学生获得知识，学生在这个过程中思维也在不停地运转。

再次，从师生互动方式与提问的类型来看，在师生互动方式上，一般只有师生之间的互动，没有生生之间的互动。在师生互动方面，“讲练型”教学逻辑仅限于单次的一问一答式互动，但“解释型”教学逻辑不同，师生互动在师生多次的一问一答中展开，教师试图通过问答了解学生的理解情况。在提问方面，既有事实、规则性问题，又有理解性问题。

最后，从教师解释话语的类型和性质来看，解释话语主要包括口头解释和非口头解释，前者包括陈述性解释、重复性解释、本质特征解释、总结性解释、指示性解释、关联性解释、例证性解释、比较性解释和论证性解释等，后者包括演示性解释和操作性解释等。和“讲练型”解释话语相比，“解释型”的解释话语类别相对比较宽泛，更加注重解释话语对知识理解的帮助性。综观这些解释话语，它们与“讲练型”教学逻辑中独白式解释话语占主导不同，“解释型”教学逻辑中，教师解释话语大多为交互式解释话语，但这种交互式解释话语主要指教师通过师生互动完成对教学内容的解释。

（二）“解释型”教学逻辑的内在依据

第一，“解释型”教学逻辑建立在对认知主义教学目标的认识之上。“解释型”教学逻辑寻求对普遍的、客观的、确定的知识的获得，要求学习者准确、无误地将知识复制到大脑中并最终内化为头脑中的认知结构。“解释型”教学逻辑寻求教学在促进学生知识理解与知识结构形成，以及在促进学生观察、思考、发现等认知能力发展方面的价值。

第二，“解释型”教学逻辑建立在对“教学任务有效传递”和学生获得“教师心目中标准化理解”的认识之上。“教学任务”在“解释型”教学逻辑中居于核心地位，教师十分关心“教学任务”能否在规定教学时间内全部传递给学生。教师将“教学任务”能否在有限教学时间内全部传递给学生作为判断教学成功与否的重要标准。此外，教师也十分关心学生对教学任务的理解和内化。但这种理解和内化仅限于对教师心目中标准化理解的达成，是完全排除学生个人因素的统一理解。为此，教师会通过讲解、示范、举例、反例、提示等多种解释方式帮助学生对教学信息进行加工、编码、转换和储存，以便随时能够在新情境的学习中提取和运用。

第三，“解释型”教学逻辑建立在对“抽象的”“普遍的”“确定的”和“结构化”知识学习的认识之上。首先，“解释型”教学逻辑认为知识是高度概括下的由概念构成的判断①，知识是远离学生生活世界的抽象的符号，知识学习就是对具有高度概括性、抽象性的符号的学习。学习主体身体化的、情境化的认识价值被悬置。其次，“解释型”教学逻辑认为知识是普遍的，是不考虑个人差异的共性知识，所有学生都应该按照统一的教学进度和标准化的理解来学习。再次，“解释型”教学逻辑认为知识是确定的，是外在于学生的客观存在，是远离个人意义生成的“非生命化”知识。最后，“解释型”教学逻辑强调学生对结构化知识的学习。“解释型”教学逻辑强调学生对学科知识结构的掌握，认为学生所获得的学科知识结构是学生学习新知识的基础，学科知识结构中知识的清晰性、可利用性、稳定性、适当性决定着学生对新知识的吸收、理解与组织。

第四，“解释型”教学逻辑建立在对学生个体主动学习和能力不足的认识之上。“解释型”教学逻辑一方面认为学生学习是独立自主的过程，学习中应培养学生独立思考和解决问题的能力；另一方面认为学生学习是积极主动的，学习的过程是学生调动自身已有知识结构对外界输入的新信息进行加工与处理的过程。因此，采取有效的教学手段调动学生学习的积极性，让学生进行积极的认知加工是关键。此外，同“讲练型”教学逻辑一样，“解释型”教学逻辑也存在低估学生能力的问题，认为如

---

① 李栋、田良臣：《“转识成智”——课程知识教学的“破”与“立”》，《教育理论与实践》2015 年第 7 期。

果教师不采取必要的手段降低教学任务的难度，不提供必要的线索或帮助，学生无法有效地获得新知识。因此，“解释型”教学逻辑尤为突出教师引导作用的发挥。

第五，“效用性”仍然是判断教学策略有效性的重要标准。同“讲练型”教学逻辑一样，“解释型”教学逻辑也以“效用性”作为教学策略选择的标准。之所以强调教师的解释（讲解、示范、举例、反例、比喻等），是因为教师认为，这些教学策略的运用能够保证学生对结构化知识的习得，能够帮助教师实现预期的教学目标。除了认知目标，这些教学策略的运用还能促进学生哪些方面的发展，教师很少进行主动思考。

（三）“解释型”教学逻辑的个案分析

1. 个案教师 C 典型课例分析

在对个案教师 C 的课堂观察、教学流程及其具体活动序列的访谈中，我们发现 C 教师整体的教学逻辑属于“解释型”教学逻辑。下面我们以 C 教师两节典型课例为例，在详细分析每节课教学逻辑的基础上，抽象概括出 C 教师所持“解释型”教学逻辑的主要特点，见表 5—3、表 5—4。

表 5—3　　C 教师典型课例《小小图书馆》

◇主要流程及其教学逻辑

主要流程	具体教学内容与过程	教学逻辑
导入	1. 问学生喜欢看书吗？都到哪里看书？出示书上图书馆的情境	价值命题： “拉近学生和课本的距离，激发他们的学习兴趣”。 经验命题： “孩子平时有的喜欢看书，通过谈话的方式导入情境，能够拉近学生和课本的距离，激发他们的学习兴趣”。
	2. 根据图中表格，你发现了哪些数学信息，能提出哪些问题	价值命题： “培养学生收集信息并根据信息提出问题的能力”。

续表

主要流程	具体教学内容与过程	教学逻辑
问题一：故事书比连环画多多少本？	1. 估一估。 让学生估一估—教师讲解估算的方法	价值命题： “培养学生估算的意识”。 经验命题： “学生不理解的时候，教师可以直接讲解”。 情境命题： “既然学生估错了，说明他们不太理解什么是估算”。
	2. 让学生用自己喜欢的方式做一做	价值命题： “让他们自己想办法解决问题”。 经验命题： “如果我上来直接讲，是我直接给他们的；如果让他们自己先做一做，他们会自己想办法解决问题”。
	3. 汇报 方法一：列竖式的方法。边提问边板演列竖式注意的问题	价值命题： ①“学会知识的迁移”。 ②“尊重学生算法的多样化”。 经验命题： ①“学生之前学过百以内的退位减法，他们有一定的知识基础”。 ②“学生的思维是不一样的，他们可能会用不同的方法”。 价值命题： “帮助学生掌握列竖式的方法”。 经验命题： “孩子平时在考试、练习或作业中会出现一些问题，他也知道自己存在的问题，所以让他们先说一下，然后老师再强调一下”。

续表

主要流程	具体教学内容与过程	教学逻辑
问题一：故事书比连环画多多少本？	4. 方法二：画数线的方法。 学生说画数线的过程，教师多媒体展示画的过程	价值命题： “学生知道这种方法就行”。 情境命题： “这只是一种方法不要求学生全都掌握，所以没有特别细的去讲”。
	5. 方法三：拨珠子的方法。 有学生指出这种方法比较麻烦，教师只是简单肯定这也是一种方法，然后教师边演示边问学生每一步操作的结果是多少	价值命题： “学生知道这种方法就行”。 情境命题： “拨珠子也是其中的一种方法，不要求学生全都掌握”。
问题二：科技书比连环画少多少本？	1. 让学生估一估	价值命题： “学会运用估算的方法”。 经验命题： “前面已经讲过估算的方法”。
	2. 用你喜欢的方法算一算	价值命题： “让孩子们用自己的方法解决问题”。
	3. 汇报算法： 方法一：数线的方法。 教师展示一名学生完成的情况，并请学生回答每一步的操作结果	价值命题： “了解解题的思维过程”。 经验命题： “有一部分孩子会喜欢这种方法，喜欢这种方法的就可以像被展示的同学这样来完成”。

续表

主要流程	具体教学内容与过程	教学逻辑
问题二：科技书比连环画少多少本？	4. 方法二：列竖式的方法。 教师提问—学生回答	价值命题： “让学生掌握列竖式的方法”。 经验命题： “通过提问可以了解学生是不是明白整个过程”。
	5. 方法三：拨珠子的方法 在教师的提示下，让一名学生展示拨珠子的过程	价值命题： “为了让所有孩子看，明白每一步应该注意什么问题”。
	6. 再次演示列竖式的过程、提示学生每步注意的问题	价值命题： “强调本节课重点要讲的内容列竖式”。
	7. 再次让学生总结列竖式应注意的问题	价值命题： “想看学生有没有掌握列竖式应注意的问题”。
问题三：一个算式 239－57 能解决什么问题	让学生说出算式 239－57 能解决的问题并自己算一算	价值命题： ①“培养学生提问的能力”。 ②“看学生能不能根据这个算式看明白这个算式是解决什么问题的”。

◇分析与思考

首先，从外在表征来看，《小小图书馆》一课符合“解释型”教学逻辑的基本特征。第一，从教学活动流程以及教学时间的分配来看，“解释”在整个课堂教学中占有十分重要的地位。一节 42 分钟的课，导入占了 3 分钟，剩下全用来讲授或解释。三种算法的学习都由教师的演示、提示、讲解或展示学生作品的方式来完成，教师试图通过讲解帮助学生理解。第二，从教学内容的选择、组织与认知要求来看，C 教师《小小图书馆》一课中涉及的三部分内容“问题一”“问题二”和“问题三”均来自教材，但 C 教师并没有局限于此，还添加了“估算”的内容。从教学内容的组织来看，C 教师完全按照既定教学计划展开，没有看到活动中生成的重要资源的价值。如在《小小图书馆》一课，当学生指出“拨珠子方法比较麻烦”的时候，教师并没有注意到这是一个进行方法优化的绝佳时间点。从认知要求来看，C 教师并没有直接讲授教学内容，而是让学生先独立思考，用自己喜欢的方式做一做，然后汇报所用的方法，C 教师在教学任务实施的过程中，注意调动学生学习的积极性，让他们参与到学习中来。第三，从师生互动方式和提问来看，师生互动是在师生多次问答的过程中展开的，教师试图通过互动看学生理解没有。从提问来看，主要是关于计算的程序性问题和理解性问题。第四，从教师解释话语的性质和类型来看，教师解释话语主要是互动性话语，即教师的解释是在与学生互动的过程中展开的，具体包括了程序性解释、规则性解释、理解性解释、示范性解释和重复性解释等。

其次，从内在依据来看，C 教师《小小图书馆》一课的教学逻辑主要建立在对“教学目标”“教学内容”“学生”和“教学策略”的认识之上，其中，C 教师将三种计算方法的掌握，特别是竖式计算方法的掌握，学会正确计算，学生估算意识、能力以及提出问题和解决问题能力的培养作为本节课的教学目标。在教学内容认识方面，C 教师在访谈中表示“教材上的内容一般都是按照一定的知识体系编排的，所以我基本上按照教材来教，学生之前学过百以内的进退位加减法，本单元是在前面学习内容的基础上进一步学习三位数的进退位加减法”。从 C 教师的表述中，可以发现，C 教师主要从知识体系的角度选择教学内容。对于为什么将“估算”内容整合进来，C 教师表示“估算能力是新课程中强调的重要能力之一，将估算内容放在这里，主要是想让学生体会估算在解决问题中的价值”。可见，除了依据教材，C 教师还能够根据新课程的要求，从知识之间的联系出发考虑内容的选择。在“学生”认识方面，C 教师对学生已有的知识或经验、思维的倾向和喜好等有一定的了解，认为学习要注意结合学生已有的这些特点，才能更好地促进学生的学习。比如 C 教师认为“学生之前学过百以内的退位减法，他们有一定的知识基础”“学生的思维是不一样的，他们可能会用不同的方法”“孩子平时在考试、练习或作业中会出现一些问题，他也知道自己存在的问题，所以让他们先说一下，然后老师再强调一下”“有一部分孩子会喜欢这种方法，喜欢这种方法的就可以像被展示的同学这样来完成”。在“教学策略”认识方面，通过C教师教学策略的选择，可以推测C教师认为教师的展示、提示、演示、强调等都是帮助教学目标达成，促进学生理解的有效方式。

表5—4　　C教师典型课例《长方形与正方形》

◇主要流程及其教学逻辑

主要流程	具体教学内容与过程	教学逻辑
导入	出示机器人和房子的图形，问学生认识哪些图形，揭示今天要学习的是长方形和正方形	价值命题： “为了增强趣味性，激发学生的兴趣，吸引学生的注意力”。
长方形特征	1. 出示生活中的信封、邮票、五星红旗，让学生观察并思考是什么图形，什么样的图形是长方形	价值命题： “为了从更为形象的物体入手，让学生经历从具体到抽象的认识长方形特征的思维过程”。
	2. 用手折的方法演示长方形对边相等 教师边演示，边提问学生该怎么做	价值命题： ①“保证课堂纪律”。 ②“让学生理解”。 经验命题： ①“让学生动手折会耽误教学时间、影响课堂纪律”。 ②“教师在前边操作，学生也可以看到，也不妨碍他理解”。
	3. 介绍长方形长和宽的名称	价值命题： “只要学生知道这些知识就行”。 经验命题： “先讲，后讲名称都可以”。
	4. 让学生观察长方形角的特点之后，教师演示如何测量的过程	价值命题： “为了验证他们的思考是否是正确的”。 经验命题： “教师演示也是一样的，不妨碍学生理解”。

续表

主要流程	具体教学内容与过程	教学逻辑
正方形的特征	1. 大屏幕出示正方形图形 (1) 有学生说老师出示的是长方形，教师自己量了一下 (2) 教师手里有一个正方形，用折的方法演示正方形四条边一样长	价值命题： ①“为了验证大屏幕到底是什么图形”。 ②“保证教学时间和课堂纪律”。 经验命题： ①“让学生自己判断的话，不太好判断”。 ②“让学生动手折会耽误教学时间、影响课堂纪律，教师在前边操作，学生也可以看到，也很直观，也不妨碍他理解”。 情境命题： “大屏幕也比较高，老师量也比较方便，他们也能看到这个结果”。
	2. 教师让学生猜，之后分别用三角板的直角去量大屏幕正方形的角，证明是直角	价值命题： “为了验证学生猜的对不对”。
长方形和正方形比较	1. 填空 长方形的对边（　），四个角都是（　）角；正方形的四条边（　），四个角都是（　）角	价值命题： “让学生知道结论”。 经验命题： “以填空方式呈现更简单一点，让他们自己说，可能说得达不到点上，有可能说的不是它们的特点”。
	2. 判断 正方形是特殊的长方形，对不对。 学生产生分歧时，教师讲解判断的理由	价值命题： “让学生会”。 经验命题： ①“课件上有，就讲到这了”。 ②“有可能在以后的练习中会出现这样的题，就给他们解释一下”。 ③“让学生说可能表达不清楚，是有难度的，所以就由我来说了”。

续表

主要流程	具体教学内容与过程	教学逻辑
练习	1. 识别图形 2. 根据特征描述，判断对错 3. 根据长方形或正方形已知的边，求另外的边 4. 找一找图中有几个长方形和正方形	价值命题： ①“使习题内容多元化”。 经验命题： ②“我在选习题的时候一般是结合书上的和网上找的一些课件”。

◇分析与思考

首先，从外在表征来看，《长方形与正方形》一课符合“解释型”教学逻辑的基本特征。第一，从教学活动流程的安排来看，“解释”在整个课堂教学中占有十分重要的地位。核心内容的教学都通过教师的演示和说明来完成。第二，从教学内容的选择、组织与认知要求来看，C 教师《长方形与正方形》一课中涉及的内容主要来自教材。从教学内容的组织来看，通过翻阅 C 教师的教案以及结合课后对 C 教师的访谈，C 教师完全按照事先的教学计划来教。教学中，C 教师没有认识到活动中生成的重要资源的价值。当学生在教师讲解“正方形特征”的时候，学生对教师出示的图形到底是长方形，还是正方形产生了分歧，教师并没有将此作为一个重要的契机，让学生进行讨论；在判断“正方形是特殊长方形”时，学生也产生了分歧，教师也没有将此作为一个重要的契机，让学生讨论，而是直接告诉学生判断的理由。从教学内容的认知要求来看，在“长方形与正方形特征”的教学中，C 教师通过边演示、边提问的方式来教，一方面给学生提供一定的方法指导，另一方面在提问过程中也试图激发学生的思考。与“讲练型”教学逻辑下教师直接呈现教学内容有所不同，C 教师主要通过对学生的启发或引导开展教学。第三，从师生互动方式和提问来看，师生互动是在师生多次问答的过程中展开的，教师试图通过互动判断学生理解知识的程度。从提问来看，主要是关于如何证明长方形与正方形特征的方法性问题和理解性问题。第四，从教师解释话语的性质和类型来看，教师解释话语主要是互动性解释话语，具体包括了理解性解释、论证性解释和操作性解释。

其次，从内在依据来看，C 教师《长方形与正方形》一课的教学逻辑主要建立在对“教学目标”“教学内容”“学生”和“教学策略”的认识之上，其中，C 教师将长方形与正方形特征的掌握与理解作为本节课的教学目标。在教学内容认识方面，教材的内容、课件的内容、网上查阅的内容、练习中出现的内容都是教师关注的内容。在“学生”认识方面，C 教师认为学生能力不足，“让学生自己判断的话，不太好判断”“让学生说可能表达不清楚，是有难度的，所以就由我来说了”“以填空方式呈现更简单一点，让他们自己说，可能说得达不到点上，有可能说的不是它们的特点”。从 C 教师各环节教学策略的选择来看，教学目标是教学策略选择的主要依据，在很多教学环节中，C 教师甚至只根据教学目标来选择教学策略，缺乏对相关经验命题的思考。对于教学策略，C 教师有自己的理解，“让学生动手折会耽误教学时间、影响课堂纪律”“教师在前边操作，学生也可以看到，也不妨碍他理解”。

2. 个案教师 C 教学逻辑的主要特点

从对 C 教师两节典型课例的分析来看，C 教师教学逻辑呈现出以下主要特点：

第一，以在有限教学时间内教学任务的完成、标准化理解的达成和认知目标的实现为教学逻辑的起点。C 教师认为教学的最终目的在于使学生在有限时间内获得结构化的、客观的、确定的知识，形成对数学知识的统一理解，同时使学生在注意、观察、思维、提出问题、分析问题和解决问题等方面获得一定的发展。知识的价值不在知识学习之外，而在知识学习本身，C 教师更看重知识学习对于学生在认知方面发展的价值。

第二，以教学目标为教学逻辑运行的中心，各教学要素在教学逻辑运行的过程中联系松散。比如在《小小图书馆》一课，C 教师在教学三位数减法的过程中，不能根据学生已有知识基础和学习特点让学生充分交流各自的算法，而总是让学生在教师对教学任务的分解下，在教师一步一步地提示与启发下思考问题。在《长方形与正方形》一课，C 教师只根据教学目标的需要，采用演示—讲解的方式向学生介绍长方形与正方形的特征，对学生在学习这部分内容之前可能具有的量和折的经验、对动手操作在学生学习图形特征过程中的价值以及对学生之间交流的重要性缺少思考。

第三，从整体来看，C 教师对教学流程的安排缺乏深入细致的思考。尽管在具体教学环节实施的背后，教师都有相应的教学逻辑，但显然 C 教师对整体教学流程各环节之间的关联性缺乏深入细致的分析：一方面表现在缺乏对教学目标之间关联性的思考。比如在《小小图书馆》一课，“估算”是为了培养学生的估算意识和能力，但“估算”这一内容的教学目标和“计算”的教学目标之间是什么关系，教师缺乏仔细的分析。在《长方形与正方形》一课，对“长方形与正方形的比较”这一内容，如果单纯从这一内容本身来考虑，目标在于让学生获得知识，但如果从整节课来看，该如何定位它的教学目标呢，显然，C 教师缺乏相关的思考。而且从 C 教师对教学目标的定位来看，在两节典型课例中，只有对知识与技能这一个维度教学目标的思考，缺乏对其他维度教学目标及其之间关联性的分析。另一方面表现在缺乏对教学内容之间关联性的思考。比如在《小小图书馆》一课，C 教师将“估算”内容放到教学中，但并没有通过“估算”和“计算”的比较，向学生明确指出“估算”在问题解决中的价值。在讲完三种计算方法之后，C 教师对三种方法的认识只停留在它们是解决计算问题的常用策略，而没有在教学中将三种方法进行比较，让学生进一步体会三种方法适用的条件。在《长方形与正方形》一课，C 教师对证明长方形与正方形角的特征的方法认识有限，C 教师只知道量四次的方法，不知道还有量两次，量一次的方法，没有方法的比较与优化。

三 “探究建构型”教学逻辑

（一）“探究建构型”教学逻辑的外在表征

“探究建构型”教学逻辑是以知识意义的动态建构与生成为主要目的，以书本知识、学生生活经验以及理解中的问题为主要教学内容，以学生自主探究、合作学习以及教师的有效指导为主要教学方式的一种教学逻辑。在外在表征方面，“探究建构型”教学逻辑具有以下特点：

首先，从教学活动流程的安排来看，“探究建构型”教学逻辑主要表现为几种典型的类型：“创设情境—独立探索—协作学习—交流汇报—评价”“创设情境—问题确定—自主探索—交流指导—练习”“创设情境—探究发现—巩固—练习”“情境创设—随机进入学习—思维发展训练—合作学习—评价”以及“呈现情境—确定问题—提出假设—验证—归纳总结—练习”等。尽管每一种教学活动流程在各环节的安排上并不具有一致性，但它们在教学活动流程或次级活动序列的安排上都强调学生的独立探索和同伴之间的合作学习。一方面，知识不是由教师直接或间接告诉学生的，而是学生在已有认知结构基础上，自主建构起来的。另一方面，由于个人对同一事物的理解不尽相同，同伴之间的交流，能够充分调动每个人的思维与智慧，实现知识的共享与创生。

其次，从教学内容的选择、组织与认知要求来看，“探究建构型”教学逻辑以教材为教学内容选择的蓝本，但教材不是唯一的依据，学生的生活经验以及在教学活动中出现的理解问题都可以作为重要的教学资源。从教学内容的组织来看，教师会按照既定教学计划来教，但又不失灵活，会随时根据学生的学习反应情况，对教学进程进行调整。从认知要求来看，“探究建构型”教学逻辑给学生提供的学习任务不是学生毫不费力，通过教师直接或间接告诉学生的，而是需要学生结合自身已有的知识经验，在自主探索、合作交流以及教师的有效指导下通过“跳一跳”可以摘到桃子的学习任务。

再次，从师生互动方式与提问的类型来看，“探究建构型”教学逻辑在师生互动方式的选择上主要是多边互动。教学信息在师生、生生之间传播与交换。教师和学生既是教学信息的发出者，同时又是教学信息的接收者。从提问的类型来看，“探究建构型”教学逻辑在课堂上提出的问题主要是解释性的问题，需要学生将个人对教学问题的理解表达出来，接受教师和同伴的批评与指正。

最后，从教师解释话语类型和性质来看，“探究建构型”教学逻辑的解释话语类型包括陈述性解释、本质特征解释、例证性解释、论证性解释、比较性解释、实现问题解决的解释等。综观这些解释话语，它们在性质上具有一致性，即都为交互性解释话语。“解释型”教学逻辑主要是在师生互动中进行解释，与“解释型”教学逻辑不同的是，“探究建构型”教学逻辑同时还强调生生互动中的同伴解释。简言之，“探究建构型”中的“交互性解释”话语主要包括两个方面：一个是师生之间的交互，另一个是生生之间的交互，即教师一方面在与学生互动的过程中实现对知识或问题的解释，另一方面同伴解释话语成为一种有效的替代性解释话语，利用学习同伴对知识或问题的理解，能够帮助教师达成对知识或问题的有效解释。

（二）“探究建构型”教学逻辑的内在依据

第一，“探究建构型”教学逻辑建立在对多元主义教学目标的认识之上。除了知识与技能领域的目标，过程与方法以及情感、态度、价值观等领域目标的实现也是“探究建构型”教学逻辑关注的内容。这种类型的教学逻辑在关注知识技能获得的同时，同样关注学生活动经验和学习方法的积累，思维的训练与发展、学习习惯的养成、学习兴趣的激发、学习信心的树立以及学习需要的满足等。“探究建构型”教学逻辑能够从学生全面发展的多维视角出发，注意挖掘知识学习所具有的多方面发展价值。

第二，“探究建构型”教学逻辑建立在对学生个人认知图式建构追求的认识之上。“探究建构型”教学逻辑强调学生在教学中的主体地位，认为学习是学生个人认知图式建构的过程。在这个过程中，学生不是空着脑子走进教室的，在他的头脑中具有一定的“前结构”，这个“前结构”是学生认知图式建构的基础。“解释型”教学逻辑也强调学生认知图式的形成，但这种认知图式只强调知识之间的层级结构与教师认可的知识结构的一致性。与“解释型”教学逻辑不同，“探究建构型”教学逻辑强调学生个人认知图式的形成，这种认知图式不仅包括知识，而且包括背景知识（知识形成的条件），这种认知图式更强调个体建构的独特性。

第三，“探究建构型”教学逻辑建立在对“情境化”“具体的”“动态的”知识学习的认识之上。首先，“探究建构型”教学逻辑认为知识不是由教师直接告诉给学生的，而是学生在自主探究的过程中生成的，而且这种探究总是与情境中问题的解决紧密相关。因此，学生学的知识不是抽象的知识，而是与情境和问题相关的具体知识，是学生身体参与情境之中生成的知识。其次，“探究建构型”教学逻辑认为知识不是对外界事物的客观反映，知识只不过是人们对客观世界认知之后形成的一种解释或假说，不同的学生对同一知识的理解存在个体差异，教学中应关注不同学生个体生成的个人理解，这对学生来说是最具有实际意义的知识。再次，“探究建构型”教学逻辑以教材中的知识为主要教学内容，但并不局限于此，“探究建构型”教学逻辑更注重挖掘教学活动中随时生成的重要教学资源，将其纳入教学中来，知识不是固定的，知识具有动态生成性。

第四，“探究建构型”教学逻辑建立在对学生主动、合作学习，以及对学生学习能力认可的认识之上。“探究建构型”教学逻辑认为学生学习并不是被动地接受外来信息的过程，而是在个人已有认知结构基础上主动建构知识意义的过程，同化和顺应是个体加工知识的两种重要方式，知识意义正是在个体与教学环境互动的过程中生成的。另外，学生学习是主体间对话、协商的过程，学习不是个人建构的过程，而是社会建构的过程。学生在教师的组织与引导下，交流个人意见、观点、问题，思维不断碰撞，共同完成对知识意义的建构。对于学生学习能力的认识，“探究建构型”教学逻辑高度认可学生个人的能力，认为学生具有的相关经验、知识基础、能力等能够帮助学生自主探索知识的意义。

第五，“探究建构型”教学逻辑建立在对教学策略“有效性”和教学目标“正当性”的认识之上。“讲练型”和“解释型”教学逻辑主要以教学策略促进教学目标达成的有效性为教学策略选择的依据。与两者不同，“探究建构型”主要从教学策略能否更好地促进学生对知识的理解、能否更好地调动学生参与学习的热情、发挥学生的主动性，集中学生的注意力，帮助学生获得丰富的个人体验等来选择教学策略，也就是说“探究建构型”教学逻辑不仅考虑教学策略的“效用性”，而且考虑教学目标的“正当性”，即教学策略在促进教学目标达成的同时，其教学目标设定是否合理，能否从长远的、促进学生全面发展的角度来考虑，而不局限于眼下功利的、片面的发展目标。

第六，“探究建构型”教学逻辑建立在对教学情境重要性和差异性的认识之上。“讲练型”和“解释型”教学逻辑很少将教学情境作为教学决策的依据，或者说，这两种类型的教师会无差别地对待所有的教学情境。与两者不同，“探究建构型”非常关注教学情境的差别性以及在教学决策中的重要性，会根据教学情境的特殊性，灵活选择不同的教学策略。

(三)“探究建构型”教学逻辑的个案分析

1. 个案教师T典型课例分析

在对个案教师T的课堂观察、教学流程及其具体活动序列的访谈中，我们发现T教师整体的教学逻辑属于“探究建构型”教学逻辑。下面我们以T教师两节典型课例为例，在详细分析每节课教学逻辑的基础上，抽象概括出T教师所持“探究建构型”教学逻辑的主要特点，见表5—5、表5—6。

表5—5　T教师典型课例《小小图书馆》

◇主要流程及其教学逻辑

主要流程	具体教学内容与过程	教学逻辑
导入	出示书中主题图，问学生知道了哪些数学信息？根据这些信息，提出数学问题	价值命题： ①“让学生知道数学与生活的联系，体会数学的价值”。 ②“培养学生提问的能力”。 经验命题： ①“提问是数学上一个重要能力的培养”。 ②“要想让学生提出问题，首先应该让学生说出知道了哪些数学信息，只有读懂了图中数字所表示的意义，学生才能根据这些数字提出数学问题”。 情境命题： “书中创设的情境还可以，比较联系学生的生活”。

续表

主要流程	具体教学内容与过程	教学逻辑
问题一：故事书比连环画多多少本？	1. 让学生先估计一下结果，并说出方法	价值命题： ①“培养学生的估算意识”。 ②“会的再巩固，不会的再学一遍”。 ③“在情境中体会估算的价值”。 经验命题： ①“他自己先试着估一估，他自己有了实践的经验，然后他再去提炼方法，有一个从实践到理论的提升过程，如果我先讲，就是我给他的了”。 ②“学生有估算的经验，让他自己估一估，对能够进行正确估算的孩子来说就是巩固，对没有掌握估算方法的孩子来说就需要再学一遍”。 情境命题： “这节课可以把估算和计算结合起来”。
	2. 让学生动笔算一算 239 - 118	价值命题： ①“让学生有一个实践的经历”。 ②“学会知识迁移”。 经验命题： ①“什么都没做你让学生说，他什么都说不出来”。 ②“学生之前在一年级的时候已经学过百以内的减法，已经具备一定的基础”。 ③“让学生算一算可以帮助学生回忆以前学过的知识，学会知识的迁移”。

续表

主要流程	具体教学内容与过程	教学逻辑
问题一：故事书比连环画多多少本？	3. 学生汇报算的方法 方法一：列竖式 让学生讲解算的过程，同时引导学生发现估算的价值	价值命题： ①“发挥学生主体地位”。 ②“交流算法”。 经验命题： ①“学生先说哪种方法就先讲哪种方法，依据学生回答问题的情况而定”。 ②“学生要是自己能讲出来就说明他掌握了，让他通过他的嘴把理解讲出来，比我告诉他，他听要好得多，完全体现的都是学生的主体，教师是主导的地位，学生是课堂学习的主人”。 ③“学生也愿意说，他会了他都愿意说，如果都是你在说，你不知道他听没听，你能在他的发言中知道他会没会。如果他明白，他就会讲清楚，如果他自己糊涂，他就说不明白”。 ④“估算的价值不是老师告诉学生的，而是学生在解决问题的过程中亲自体验的”。
	方法二：口算的方法 让学生说出口算的过程、比较两种方法	价值命题： ①“发挥学生主体性”。 ②“交流算法”。 ③“优化算法”。 经验命题： ①“学生说比教师说的效果好，能发挥学生主体性”。 ②“他要是能说，说明他明白了”。 ③“比较两种方法能够帮助学生学会具体情况具体分析，灵活掌握解决问题的策略，进一步深化对知识的理解”。 ④“有简便的方法就要让学生掌握简便的方法，这种简便不是我告诉学生的，而是他自己体会、感受的过程”。

续表

主要流程	具体教学内容与过程	教学逻辑
问题二：连环画比科技书多多少本？	1. 让学生自己列算式，解答 118 – 57	价值命题： 让学生有一个实践的过程，更能发挥学生的主体性。 经验命题： ①“如果是我直接讲就是我直接给他的了”。 ②“在自己做的过程中学生可能会发现计算中与前面问题不一样的地方，印象会更深刻”。
	2. 找一名同学到黑板上来写	价值命题： “我想看看学生到底会不会”。 经验命题： ①“我叫的孩子一般是可能不会的孩子”。 ②“这实际上是针对不同层次学生的一种练习形式”。 ③“我心里没底的孩子如果会了，那么其他学生也就可能都会了”。
	3. 让所有同学看黑板，问学生你想说什么	价值命题： “让学生养成认真检查的习惯”。 经验命题： ①“检查的孩子身份和角色就发生变化了，他由共同学习者变成了教师的角色，孩子特别愿意干这事，而且在检查别人的时候也是在检查自己”。 ②“做题的孩子心里可能是不服气的，他做题的时候可能没认真，但如果听别的孩子要检查，他就可能自己再检查一遍，发现自己到底有没有问题”。

续表

主要流程	具体教学内容与过程	教学逻辑
	4. 当学生发现到黑板写题的同学没有借位的时候，教师让发现的学生去改过来	价值命题： “把错误改正过来”。 经验命题： ①“改错是数学学习当中很重要的环节”。 ②“哪个孩子都不能保证自己所学的都会”。 ③“出错很正常，但改错的过程也很重要，把错误改正过来了，才能在头脑中形成正确的认识，下次他才能不犯同样的错误”。
问题二：连环画比科技书多多少本？	5. 让学生观察第二题和第一题有什么不同？重点讲解借位和“借一当十”的过程	价值命题： ①“让学生明确要解决的新问题”。 ②“在学生头脑中形成一个清晰的知识网”。 经验命题： ①“从旧知识当中抽取新知识，跟旧知识相同的部分就用原来的老方法解决，重点要解决新问题，这样的话才能提高课堂学习的效率”。 ②“前面我们学习的是不退位的，现在我们学习的是退位的内容。两部分知识的不同点就是这堂课的重点，这个重点会解决了，那么这堂课也就会了”。
	6. 让学生重复十位不够减，借位的过程	价值命题： ①“突出重点”。 ②“学生不能光知道怎么做，而且要知道为什么要这样做”。 经验命题： “他把为什么弄懂了，你不用讲怎么做，他也知道该怎么做”。

续表

主要流程	具体教学内容与过程	教学逻辑
问题三：计算239－57	1. 直接出示算式239－57让学生计算，没有让学生根据算式提出问题	价值命题： “让学生会计算”。 经验命题： ①“这堂课是以小小图书馆为载体讲计算的知识，培养学生提出问题的能力可以贯穿到一到六年的教学中，不一定非要每堂课都要让学生提问”。 ②“教材给的只是一个例子，你实际上是在用教材教，而不是教教材，你可以创造性地用教材，有用的我可以拿来用，也可以把它扩大化，根据课堂的实际情况和教学内容确定”。
	2. 让学生动笔算一算，找四名学生到黑板算	价值命题： ①“让学生动笔算也是让学生有一个实践的过程”。 ②“想看看学生到底有没有掌握前面的知识”。 经验命题： “让四名学生到黑板做题一般都是选择我心里没底的孩子，他们要是会了，其他学生也就会了”。
	3. 找两名学生到黑板检查并判断对错，让其他学生检查这两名判题的同学	价值命题： “让学生养成认真检查的习惯”。 经验命题： ①“检查的孩子身份和角色就发生变化了，他由共同学习者变成了教师的角色，孩子特别愿意干这事，而且在检查别人的时候也是在检查自己”。 ②“做题的孩子心里可能是不服气的，他做题的时候可能没认真，但如果听说别的孩子要检查，他就可能自己再检查一遍，发现自己到底有没有问题”。

续表

主要流程	具体教学内容与过程	教学逻辑
问题三：计算 239－57	4. 这道题百位上都写 1 了，为什么上次百位上的 0 不写，这次都写了	价值命题： “提醒学生易错点”。 经验命题： “这是一个易错点，学生可能会出错”。
问题四：计算 339－157	1. 出示 339－157 的问题（书上没有的内容）让学生动笔算一算，找一名学生到黑板算	价值命题： “增加一下难度”。 经验命题： “这道题是百位上也需要再减一下，其实这个难度只是一小部分，学生基本上能够解决，这个难度不是一下子提高，是一个逐步提高的过程，这个问题就是稍微麻烦一点，让学生多算一步”。 情境命题： “因为前边的问题学生解决的挺顺利的，所以我就想再加深一步，如果前边的问题学生不会，我可能还会出一个类似的问题让学生再算，完全根据学生当时的学习情况来定”。
	2. 个位和十位是几，我们都知道，让学生思考并回答百位是几减 1？为什么	价值命题： “提醒学生易错点”。 经验命题： “这是与前边题不一样的地方，也是一个易错点，学生可能会出错”。
练习	画一画 第一题教师让学生想一想画几步，需要注意什么，学生说，教师画，第二题让学生自己画	价值命题： ①“书上的内容也要照顾到”。 ②“让学生先思考，然后掌握规范的画法”。 经验命题： “一般做题先需要认真思考，所以我先让学生想一想，然后让学生说实际上是看学生会没会，然后教师画是给学生一个示范，之后学生在教师示范下再做另外一道题”。

续表

主要流程	具体教学内容与过程	教学逻辑
练习	列竖式计算 （1）给学生 2 分钟的时间计算四道题，并且要求学生要写得又快又好	价值命题： “提高速度的同时注意规范性”。 经验命题： ①“正确的方法掌握了就得提高学生的速度，还包括书写的规范性都应该跟学生提到”。 ②“数学讲究规范性”。
	（2）写完的要求检查	价值命题： “培养学生检查的能力和习惯”。 经验命题： “不能说做完就往那一扔，应该有一个良好的习惯”。
	（3）没写完的再给 1 分钟的时间	价值命题： “照顾那些比较慢的孩子”。 经验命题： “学生之间是有差异的”。
	（4）对题，让四道题都对的同学举手	价值命题： “想看看到底有多少学生会了”。
	（5）错的同学改错	价值命题： “让学生再次检查和更正错误”。 经验命题： “学生之间有差异，肯定有不会的，做错的同学”。 “出错是正常的，改错的过程实际上是再次检查和更正的过程，只有改了才知道正确的”。
	3. 让学生交流算法 300 + （　） = 580； （　） +80 = 320 560 − （　） = 350； （　） −470 = 240	价值命题： “锻炼学生口算能力。” 经验命题： “学生可能有不同的算法，学生可以用自己喜欢的方法进行计算”。

◇分析与思考

首先，从外在表征来看，《小小图书馆》一课符合“探究建构型”教学逻辑的基本特征。第一，从教学活动流程的安排来看，整节课由“情境创设—自主探究（问题一和问题二）—巩固（问题三和问题四）—练习”四大教学环节构成。其中，“问题一”由“估一估—算一算—交流汇报—算法优化”一系列活动序列组成。“问题二”由“算一算—学生演示—检查—交流—改错—比较—重复”一系列活动序列组成。整节课的核心内容“问题一”和“问题二”都是通过学生自主探究和交流的方式进行学习。第二，从教学内容的选择、组织与认知要求来看，T 教师没有局限于教材中的内容和组织方式，在教学过程中能够随时根据学生理解的情况进行调整。比如在巩固环节，T 教师根据学生课堂学习的情况，稍微增加了一下学习的难度，让学生计算“339 - 157”。在“问题三”的教学中，T 教师也没有局限于教材中的安排，非要在这个环节培养学生提出问题的能力，而是选择让学生直接进行计算。从认知要求来看，“问题一”和“问题二”的内容都不是通过教师直接讲授的方式告诉给学生的，而是通过学生独立思考、探索，共同交流的方式获得的，教学任务需要学生在手、脑并用的过程中探索解决问题的方法，极大地发挥了学生学习的主体性。第三，从师生互动方式和提问来看，师生互动是在师生、生生之间多边互动的过程中展开的，教师与学生共同组成学习共同体，相互交流、在知识分享的过程中不断建构知识的意义。从提问来看，T 教师在教学过程中主要提的是解释性问题，教师试图通过学生的解释，了解学生理解的情况。第四，从教师解释话语的类型来看，教师解释话语主要是同伴性解释，即教师利用生生之间的互动和交流来替代教师自身的解释。

其次，从内在依据来看，T 教师《小小图书馆》一课的教学逻辑主要建立在对“教学目标”“教学内容”“学生”“教学策略”和“教学情境”的认识之上。其中，T 教师将三位数一步退位减法算理的理解和算法的掌握，特别是竖式计算方法的掌握，估算意识和能力的培养，提出问题、分析问题和解决问题能力的培养，经历与他人交流算法的过程以及认真计算和检查习惯的培养等作为这节课的教学目标。在教学内容认识方面，T 教师在访谈中表示“教材给的只是一个例子，你实际上是在用教材教，而不是教教材，你可以创造性地用教材，有用的我可以拿来用，也可以把它扩大化，根据课堂的实际情况和教学内容确定”。在“学生”认识方面，T 教师对学生已有的知识基础、学习规律、学习特点、问题理解、学习意愿、学习差异等方面都有深入的思考和研究，“学生之前在一年级的时候已经学过百以内的减法，已经具备一定的基础”“学生是学习的主人”“学生学习有一个从实践到理论的过程”“学生愿意说”“如果他明白，他就会讲清楚；如果他自己糊涂，他就说不明白”“在自己做的过程中学生可能会发现计算中与前面问题不一样的地方”“检查的孩子身份和角色发生变化了，他由共同学习者变成了教师的角色，孩子特别愿意干这事”“哪个孩子都不能保证自己所学的都会”“学生之间是有差异的，要照顾那些比较慢的孩子”。在教学策略认识方面，T 教师有自己的认识，她认为让学生自己探究的好处在于“回忆以前学过的知识，学会知识的迁移”“学生能有一个实践的经历，印象深刻”，让学生表达交流的好处在于“让学生说能够发挥学生的主体性，知道学生会不会”。在情境认识方面，从 T 教师的实际做法和访谈中可以推测，她认为情境是教学决策中的一个重要因素。在 T 教师的情境创设环节和巩固环节中都可以看到她对情境的思考，比如在情境创设环节，对于是否选择教材上现成的情境，她认为如果教材上的情境比较贴近学生的生活，就可以直接拿来用，否则就选用其他更为贴近学生生活的情境。另外，在巩固环节，T 教师能够主动依据情境来调整教学内容，T 教师在决策中表示，“因为前边的问题学生解决的挺顺利的，所以我就想再加深一步，如果前边的问题学生不会，我可能还会出一个类似的问题让学生再算，完全根据学生当时的学习情况来定”。可见，T 教师在课堂教学决策中充分认识到了情境识别的重要性。

表 5—6　　T 教师典型课例《长方形与正方形》

◇主要流程及其教学逻辑

主要流程	具体教学内容与过程	教学逻辑
导入	拿出事先准备好的长方形和正方形纸片，让学生说出名称，并揭示主题	价值命题： “从旧知引入新知”。 经验命题： ①“之前学生有从实物抽象出图形的经验，对长方形和正方形已经有了初步的感知”。 ②“导入的方式有很多种，除了可以从生活到数学，还可以从数学到数学”。
探究长方形、正方形的特征	1. 让学生用比一比、量一量、折一折的方法探究长方形和正方形的特征	价值命题： ①“让学生学会在动手操作中发现图形的特征”。 ②“让学生自己学会学习”。 ③“让学生获得成功的体验”。 ④“激发对数学学习的兴趣”。 经验命题： ①“如果在学习过程中他能够根据自己的发现去了解图形的特点，本身他也有一个很成功的体验”。 ②“学生有相关量和折的经验，形象思维占主导”。
	2. 发现有学生叠飞机，教师在黑板上各粘贴了一个长方形和正方形，让学生分别观察长方形和正方形由几条边和几个角组成，并从边和角的特点去探究	价值命题： “让学生明确探究的方向”。 情境命题： “有学生叠飞机，说明这些学生不知道探究点啥，所以就给这样的学生明确的目标，让学生想有几条边、几个角，都是什么边，什么角”。

续表

主要流程	具体教学内容与过程	教学逻辑
探究长方形、正方形的特征	3. 一名学生说用眼睛看就知道这些角是直角，教师说更相信测量的方法，眼睛有时会说谎	价值命题： “让学生知道要用科学的方法”。 经验命题： ①“数学是需要科学和准确的”。 ②“有的时候不能用眼睛看，像 91 度角和 89 度角，用眼睛看很像直角，但如果你去量，它就不是了”。
	4. 把你的发现跟同桌说一说	价值命题： “让学生获得更多的信息”。 经验命题： “有的孩子可能会发现边的特点，有的可能会发现角的特点，他们交流能扩充认知的容量，有个思维之间的碰撞，让自己和对方都能够获得更多的信息，当他对对方信息有疑问的时候，可以再次操作去验证，这样做能得到的信息更多一点，他没想到的，对方说出来了，对他来说是一个提示”。
正方形的特征	1. 正方形边的特征 （1）让学生到前边边演示边叙述证明正方形边的特点的方法	价值命题： “把学生的学习成果展示出来，能够帮助其他学生了解这种证明的方法”。 经验命题： “让学生做和教师讲是完全不同的，学生做更能吸引学生的注意力，加强生生之间的互动”。

续表

主要流程	具体教学内容与过程	教学逻辑
正方形的特征	（2）问谁听懂了？学生又叙述了一遍	价值命题： ①“强调重点”。 ②“想看下边的学生听懂没有”。
	（3）谁得出的结论一样，方法不一样？让用折的方法的孩子到前边演示	价值命题： ①“让学生了解多样化的方法，积累认识图形的经验和方法”。 ②“看学生理解没有，还存在什么问题”。 经验命题： ①“有的孩子用的是量的方法，有的用的是折的方法”。 ②“在展示的过程中也能看学生理解没有，还存在什么问题”。
	（4）在学生展示的过程中，教师质疑该生并没有证明四条边一样长，让学生思考并到前边演示	价值命题： ①“把学习的主动权交给学生”。 ②“让更多的学生参与到课堂中”。 经验命题： ①“如果我直接告诉他，又是我教他了，让学生在质疑和发现过程中学会知识，在这个过程中学生才能彻底的理解，转化为自己的知识，质疑的话学生印象会特别深刻”。 ②“质疑能让更多的学生参与到学习中，都来思考这个问题”。 ③“课堂不是教师与一个学生学习的过程，而是全体学生都参与进来的过程”。

续表

主要流程	具体教学内容与过程	教学逻辑
正方形的特征	2. 正方形角的特点 （1）在学生说出正方形角是直角之后，让学生演示证明正方形角是直角的方法（跟三角板的直角重合了，量了四次）	价值命题： ①“让其他学生了解这种方法”。 ②“激发学生学习的积极性、加强生生之间的互动”。 经验命题： “让学生展示和叙述能激发学生学习的积极性，加强生生之间的互动，学生印象更深刻”。
	（2）谁只量了一次，让学生演示证明另一种方法，并让学生分析两人方法的优劣	价值命题： “优化方法”。 经验命题： “证明正方形角是直角的方法不止一种，有的学生可能会想到更简单的方法，量四次是能解决问题，但是耽误时间，而且量的方法肯定不如折的方法，量会有误差，所以最后优化方法”。
长方形的特征	1. 边的特点 （1）用研究正方形的方法研究长方形，让学生操作	价值命题： “学会方法的迁移和推广”。 经验命题： “既然前边的方法掌握了，就要用掌握的方法解决新问题”。
	（2）让学生到黑板指出自己的发现，学生说出有两条边长，两条边短	价值命题： “照顾不知道的孩子”。 经验命题： ①“上前边指比较直观，大部分学生能明白，但是还有一些孩子都不知道你说的是什么，到前边指对这些孩子来说是一个提示”。 ②“课堂教学要照顾到不同层次的学生”。

续表

主要流程	具体教学内容与过程	教学逻辑
长方形的特征	(3) 启发学生长边和短边所处的位置，揭示相对的概念，以及对边相等	价值命题： “让学生经历一个发现结论的过程”。 经验命题： “结论需要在操作、观察、启发的进一步推动下完成，而不是我直接告诉他”。
	(4) 让学生到前边演示证明的方法（量的方法）	价值命题： “让其他学生了解这种证明的方法”。 经验命题： “让学生做和教师讲是完全不同的，学生做更能吸引学生的注意力，加强生生之间的互动”。
	(5) 问学生有没有别的方法（折的方法）	价值命题： “让学生了解这种方法”。 经验命题： ①“学生的思维不一样，会用到不同的方法”。 ②“特别是受到前面方法的启示，学生也会想到这种方法”。
	(6) 揭示长方形长和宽的名称和数量	价值命题： “让学生经历一个自主发现的过程”。 经验命题： ①“不先发现特点，凭什么叫长和宽，每个名称都是有来历的，根据特点拟定名称，才能把特点和名称都记住”。 ②“如果先告诉学生什么是长，什么是宽，那就是老师在教，那不是学生发现的，要想让学生彻底发现问题，什么都不能告诉给他，让他自己发现特点，然后根据特点才拟定名称”。

续表

主要流程	具体教学内容与过程	教学逻辑
长方形的特征	2. 长方形角的特点 让学生说出是怎么知道的—展示简便的方法	价值命题： ①“帮助其他学生了解这种证明的方法”。 ②“促进学生思维的优化”。 ③“让不同层次的学生都有收获”。 经验命题： ①“让学生做和教师讲是完全不同的，学生做更能吸引学生的注意力，加强生生之间的互动”。 ②“有简便的方法也要展示出来，这实际上是促进学生思维的优化”。
长方形和正方形的相同点和不同点	1. 让学生比较它们的相同点和不同点	价值命题： “让学生自己发现”。 经验命题： “如果以填空的方式让学生填，会束缚学生的思维，是拽着学生走”。
	2. 让学生重复	价值命题： ①“强调重点”。 ②“找到知识之间的联系”。 ③“考虑不同层次学生的需要”。 经验命题： ①“他能找到区别，他基本这堂课的内容都学会了”。 ②“找它们的相同点和不同点，也是找它们的联系”。 ③“多说，给接受比较慢的学生一个消化和理解的时间”。 情境命题：“这是重点的地方”
	3. 学生提出自己对长方形边和正方形边关系的理解，教师通过给予反例指出其中的错误	价值命题： “纠正错误”。 经验命题： “学生的错误必须纠正，否则以后想改可难了”。

续表

主要流程	具体教学内容与过程	教学逻辑
画正方形和长方形	1. 让学生根据图形的特点画正方形和长方形	价值命题： ①“判断学生是否理解所学的内容”。 ②“培养学生作图的能力”。 经验命题： “了解图形的特点，才能画出来，这是逆向思维，他要是能画出来，就说明他理解了”。
	2. 教师巡视，展示画的比较好的学生作品	价值命题： ①“看学生完成的情况”。 ②“发挥学生示范作用”。 经验命题： “数学作图是有要求的，要用铅笔、用格尺，这是数学上的规范，是学生必须掌握的”。 情境命题： “但现在有的年轻老师不注意这个问题，学生有的拿钢笔，拿啥画的都有”。
练习	1. 填空题 长方形的对边________，四个角都是________角；正方形的四条边________，四个角都是________角 2. 折一折 在长方形中折出最大的正方形	价值命题： “让学生进行科学有层次地练习”。 经验命题： “学生对数学的理解是一个逐渐深化的过程”。 情境命题： “本节课设置的两个练习题有一定的层次性。其中，练习题 1 主要考查学生对长方形与正方形特征的识记，属于基础练习，第 2 题属于发展练习，学生需要通过动手操作的方式去解决问题”。

◇分析与思考

首先，从外在表征来看，《长方形与正方形》一课符合“探究建构型”教学逻辑的基本特征。第一，从教学活动流程的安排来看，整节课由“复习旧知—自主探究—巩固—练习”三大教学环节构成。其中，“长方形与正方形的特征”属于“自主探究”环节，主要由“自主探究—同桌交流—汇报—方法迁移—汇报交流—比较—讨论总结—纠错”一系列活动序列组成。可见，在核心内容的教学过程中，T教师主要采取让学生自主探索和同伴交流的方式进行学习，充分发挥了学生的主体性，让学生自主建构对知识意义的理解。第二，从教学内容的选择、组织与认知要求来看，T教师在情境创设环节，没有直接选择书上的情境，而是通过复习旧知的方式导入新知。在核心内容的教学中，并没有局限于讲一种方法，量、折的方法以及同一种方法的不同做法在教学中都有所体现。而且在核心内容讲完之后，T教师还添加了画长方形与正方形的内容。从教学内容的组织来看，T教师并没有按照书上的教学顺序，先讲长方形，再讲正方形，而是根据学生回答的情况决定教学内容的先后顺序。第三，从师生互动方式和提问来看，师生互动是在师生、生生之间多边互动的过程中展开的。这里不仅有教师与学生之间的互动，还有生生之间的互动。学生在彼此的叙说、倾听、质疑、回答和评价中建构对知识意义的理解。从提问来看，T教师在教学过程中主要提的是解释性问题，教师让学生说出自己探究长方形与正方形特征的方法，试图通过学生的解释，了解学生理解的情况。第四，从教师解释话语的类型来看，教师解释话语主要是同伴性解释，即教师利用生生之间的互动和交流来替代教师自身的解释。

其次，从内在依据来看，T教师《长方形与正方形》一课的教学逻辑主要建立在对“教学目标”“教学内容”“学生”“教学策略”和“教学情境”的认识之上。其中，T教师将教学目标定位为掌握长方形与正方形的特征、会画长方形与正方形；学会探究；经历与他人交流的过程；体会到学习的成功和乐趣。在教学内容认识方面，从T教师让学生交流证明长方形与正方形特征的方法来看，可以推测T教师认为交流和方法本身都是数学的重要组成部分。在“学生”认识方面，T教师对学生已有的知识基础、思维差异、学习规律、学习态度等方面都有深入的思考和研究，比如T教师谈道："如果在学习过程中他能够根据自己的发现去了解图形的特点，本身他也有一个很成功的体验""学生有相关量和折的经验，形象思维占主导""有的孩子可能会发现边的特点，有的可能会发现角的特点，他们交流能扩充认知的容量，有个思维之间的碰撞，让自己和对方都能够获得更多的信息""学生的思维不一样，会用到不同的方法""学生对数学的理解是一个逐渐深化的过程"。在教学策略认识方面，T教师谈道："让学生做和教师讲是完全不同的，学生做更能吸引学生的注意力""质疑能让更多的学生参与到学习中""让学生展示和叙述能激发学生学习的积极性""还有一些孩子都不知道你说的是什么，到前边指对这些孩子来说是一个提示""不先发现特点，凭什么叫长和宽，每个名称都是有来历的，根据特点拟定名称，才能把特点和名称都记住""多说给接受比较慢的学生一个消化和理解的时间"。在教学情境认识方面，当T教师发现有的学生在下边叠纸飞机的时候，能够及时诊断出现这种现象的原因，即有的学生不知道从哪些方面探究，于是T教师马上提示学生，明确探究的切入点，让他们从边和角两个方面进行思考。当学生在证明正方形四条边一样长这一结论时，无法证明正方形的两条邻边相等，T教师马上意识到学生的思维出现了障碍，于是她把问题抛给全班同学，让每个人都进行思考，T教师意识到只有通过质疑，才能让学生在这个过程中彻底理解知识，并最终将书上的知识转化为自己的知识。可见，T教师将教学情境作为教学决策过程中不可缺少的重要教学因素。

2. 个案教师T教学逻辑的主要特点

从对T教师两节典型课例的分析来看，T教师教学逻辑呈现出以下主要特点：

第一，以促进学生多方面的发展为教学逻辑的起点。从T教师的两节课例中可以发现，T教师对教学活动目标的考虑要明显多于其他两个教师，或者与其他两位教师相比，T教师能够从学生能力的培养、过程的体验、方法的习得、本质性理解、思维的训练与发展、学生需要的满足、主体性的发挥、规范的养成、学习热情的激发、学习信心的树立等方面界定教学目标。

第二，各教学要素在教学逻辑运行的过程中联系比较紧密。比如在

《小小图书馆》一课，T教师能够根据对教学目标、教学内容和学生已有的知识基础、学生学习由实践到理论的规律和爱说特点的理解，选择让学生做一做—汇报算法—教师讲解的教学方式。在《长方形与正方形》一课，T教师能够根据对教学目标、教学内容和学生具备的量和折的经验，形象思维占主导和爱说的特点等，选择让学生动手操作—汇报交流—教师讲解的教学方式。

第三，从整体来看，T教师对教学流程有相对审慎和系统的思考。一方面，T教师认为教学目标之间是相辅相成的，不是孤立的，每堂课都有一个主目标，在教学主目标实现的过程中，其他目标也同时得以实现。比如在《小小图书馆》一课，教学主目标是让学生理解和掌握三位数一步退位减法的算理和算法，在实现这个目标的过程中，经历与他人交流算法的过程，提出问题、分析问题与解决问题能力的培养，认真计算和检验习惯的培养等其他目标也得到了实现；在《长方形与正方形》一课，在实现掌握长方形与正方形特征目标的基础上实现其他目标；另一方面，表现在教学内容之间的关联性。如在《小小图书馆》一课，T教师先讲“故事书比连环画多多少本”的三位数不退位减法，然后讲“科技书比连环画少多少本”的三位数一步退位减法，并让学生对两道题进行比较，明确指出本节课的重点内容是三位数一步退位减法算理的理解和算法的掌握；在讲计算时，把估算和计算结合起来，让学生体会估算的价值；在讲列竖式方法时，把列竖式和口算方法进行对比，让学生发现列竖式计算方法的简便性。在《长方形与正方形》一课，T教师让学生说出证明长方形与正方形角特征的不同方法，并让学生进行了比较；讲完长方形特征之后，让学生用探究长方形特征的方法探究正方形；在讲完长方形与正方形各自特征之后，再让学生对两者进行比较。

第六章

教师个人教学逻辑的变化特征与影响因素

第四章和第五章分别探讨了教师单一教学问题解决中的教学逻辑和系列教学问题解决中的教学逻辑，发现不同教师的教学逻辑存在差异。本章将在前面两章的基础上，进一步探讨教师教学逻辑变化的主要特征及其影响因素。

第一节　教师个人教学逻辑的变化特征

一　从价值诉求来看，经历了由“工具价值”向“发展价值”的转变

从个案教师教学逻辑的发展情况来看，教师教学逻辑经历了由“工具价值”—“认知价值”—“发展价值”的转变。其中，以新手教师L为代表的一类教师，其教学逻辑建立在教学目标“工具价值”的认识之上，L教师在教学目标的确定中多次提到“考试”，她更关注学生在考试中能否把学到的东西倒出来，写出标准答案，在考试中取得成功。而C教师在教学目标的确定中更关注学生在有限教学时间内对知识的掌握与理解，更看重知识在促进学生认知发展上的价值。与两位新手教师不同的是，优秀教师T能够从知识对学生发展的多元价值出发进行教学决策，在她的教学中，她不仅关注知识的学习和理解，而且关注数学思想、方法的习得、学习过程的经历与体验以及良好学习态度、习惯、情感的培养。事实上，知识除了具有促进学生认知发展和能力形成的价值，还具有促进学生经历学习过程，掌握学习方法以及建立积极情感体验等多重

价值。教学目标的确定直接影响着教学在促进学生发展方面所能达到的空间水平。一般来说，学生发展的空间水平由教学目标在知识与技能、过程与方法以及情感、态度、价值观三个维度上的投影之积决定，如图6—1所示。教师在教学目标确定时，越能从教学目标的本体价值出发，越能从多个维度确定教学目标，其教学在促进学生发展方面所达到的空间水平越高。作为教学逻辑的出发点，教学目标的性质和水平统领着教学逻辑的性质和水平，显然，优秀教师T的教学目标性质和水平高于两位新手教师。

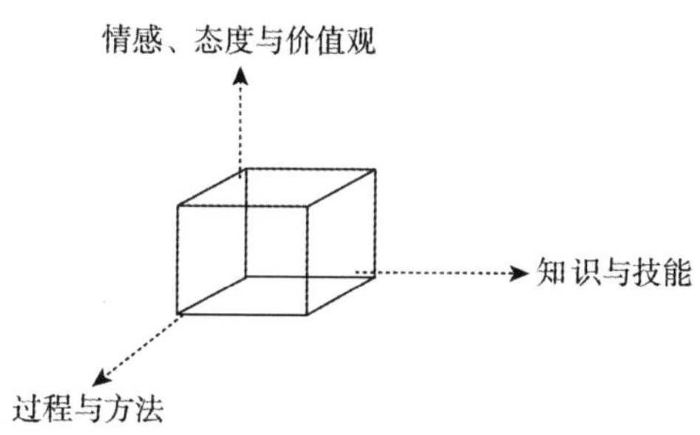

图6—1　学生发展的空间水平

二　从认知性质来看，经历了由“静态数学教学认识论”向“动态数学教学认识论”的转变

从个案教师教学逻辑的认知来看，三位教师所持的“数学教学认识论”存在显著差别，教学逻辑经历了由“静态数学教学认识论”向“动态数学教学认识论”的转变。从L教师对数学结论的强调，可以推断出她认为数学知识是由客观的、确定的一系列事实、概念和规则组成的，数学教学主要是将定论的知识传递给学生的过程。从L教师对练习的重视，可以推断她将教学看成“练”的过程，“练”的目的是确保学生掌握教师所教授的知识；从L教师对讲解—演示教学方式的“情有独钟”，可以推断出L教师认为学生学习主要是听和看的过程，学生在课堂学习中不需要说，也说不好；从L教师对练习和定论知识的强调，可以推断L教师认为学生对确定知识的掌握和输出是评价学生学习结果的重要尺度；与L教师类似，新手教师C对数学教学的认识也相当有限。如从C教师

对“讲”的重视，可以发现C教师认为教学的过程主要是教师讲，学生听的过程，课堂教学不需要学生说。教师讲得越多，学生理解得越好，越容易掌握知识。从C教师对直接告知教学方式和演示—讲解教学方式的认识来看，C教师认为学生学习能力不足，其数学学习是一个需要教师引导的学习固定知识体系的过程；从C教师对教学计划的遵循来看，C教师将数学教学看成对事先设计好的内容的再现过程。从性质来看，两位新手教师所持的是“静态主义”的数学教学认识论。静态主义的数学教学认识论注重确定结果的获得，注重学生演绎思维、抽象思维的培养，注重对规则的论证和应用。

与两位新手教师不同，优秀教师T所持的是“动态主义”的数学教学认识论。动态主义的数学教学认识论更注重过程，注重归纳思维、创新思维的培养，注重操作与思维的统一，注重观察、实验、猜测、推理等。从T教师所采取的“动手操作”“做一做”“说一说”“让学生提出自己的问题”“共同研讨”“师生互动”以及“追问”等教学方式中，可以发现T教师将数学教学看成学生手脑并用、自主探索、交流与表达以及问题解决的过程；从T教师注重教学内容之间的关联性中可以发现，T教师注重数学知识之间的来龙去脉，数学知识的学习不是孤立的，而是彼此相互联系的；从T教师教学目标的确定来看，T教师更注重学生数学思维的发展，数学表达、交流、质疑能力的培养以及数学方法、思想、原理和解决问题能力的培养；从T教师采取“改错”的教学方式，可以看出T教师将数学学习的过程看成不断纠错的过程，学生犯错误是正常的，学生能够在改错的过程中习得正确的知识，数学学习本身不是一蹴而就的，需要一个渐进的过程；从T教师采取“根据学生问题组织教学”的方式来看，T教师将教学看成一个开放的过程，能够根据不同层次学生学习的情况开展教学，能够照顾到不同层次学生的需要；从T教师在课堂教学中根据学生问题组织教学内容，采取“说一说”“共同研讨”“有针对性的评价学生”和“共同体作为评价主体”的做法中可以发现，T教师在数学教学中十分尊重学生的主体性，了解学生、相信学生，能够看到学生身上的闪光点、让他们参与到学习中来，主动提出自己的问题，并对学生的想法或所取得的进步给予积极肯定，用动态发展的眼光看待学生的成长。

三　从认知程度来看，经历了由“浅表”向“深刻”的转变

从认知程度来看，教师教学逻辑经历了由“浅表”向“深刻”的转变。这种转变既表现在教师对教学活动要素的认识上，又表现在对教学活动环节之间关联性的思考上。

首先，不同教师对教学活动要素的认识存在显著差别：在教学目标认识方面，两位新手教师只能从知识与技能一个领域来确定教学目标，而优秀教师T能够从知识与技能、过程与方法以及情感、态度和价值观三个领域来确定教学目标。在数学内容认识方面，两位新手教师将数学理解为固定的概念和规则，而优秀教师T对数学的理解更为丰满，从T教师课堂教学的实际做法来看，她认为命题、问题、语言和方法等都是数学的重要组成部分；两位新手教师将数学知识看成相对独立的内容，而优秀教师T将数学知识看成一条线，知识之间相互关联；两位新手教师将数学的获得看成静态的接受过程，而优秀教师T将数学看成探究、解释与论证的过程。在教学认识方面，两位新手教师将教学看成教师讲—学生听的过程，而优秀教师T将教学看成体会、感受、促进思维深化的过程；两位新手教师教学中主要照顾大多数（准备学习新内容，还不会的学生），而优秀教师教学中能照顾到不同层次的学生，既包括思维比较敏捷的学生，也包括学习的大多数，同时还包括学习理解能力相对比较差的学生；两位新手教师将教学看成由师—生的单向传递过程，而优秀教师将教学看成师生、生生多向互动的过程。在学生认识方面，两位新手教师一般停留在对学生已有知识基础的认识，而优秀教师T不同，她对学生的认识比较充分，既有对学生已有知识基础的认识，又有对学生能力、思维特征、可能存在的学习困难、学习规律、学习反应、学习差异、可能用到的学习方法、学习习惯以及学习态度、动机、兴趣等方面的认识。在课程认识方面，两位新手教师将教材和网络资源作为课程的主要内容，而优秀教师T对课程的理解更为宽泛，她认为“教材给的只是一个例子，你实际上是在用教材教，而不是教教材，你可以创造性地用教材，有用的我可以拿来用，也可以把它扩大化，根据课堂的实际情况和教学内容”。她认为学生也是课程的一部分，是最为重要的课程资源，T教师在课堂教学中经常依据学生提出的问题或学生的回答情况开展

教学，在T教师看来，“学生的思维有的时候比老师开阔，在他的思维中是有闪光点的，可能我没想到的，学生想到了，我通过他的回答，给我个提示”“学生回答能发现学生认识上的问题，当这个问题出现的时候，一般比较普遍，很有代表性，这个问题出现了，其他学生也有可能出现，只是没有举手”。此外，T教师还让学生通过交流、讨论的方式进行学习，在T教师看来，“学生之间的交流能扩充认知的容量，能得到的信息更多一点，他没想到的，对方说出来，对他来说是一个提示”。此外，新手教师和优秀教师对课程纵横关系的理解存在较大差异。比如在《奥运开幕》一课，两位新手教师不能准确认识本节课与以往学习认识钟面的不同，在教学中抓不住本节课的重点。事实上，学生在一年级上册已经认识整时和半时，知道钟面上有时针和分针。本节课的重点在于认识分，认识时、分的关系以及认识时间。相对而言，优秀教师T对同一内容在不同阶段学习上的不同有更为准确的把握。相对于新手教师孤立讲授数学，优秀教师T在《一分有多长》一课，在讲到珍惜时间时，让学生联想语文中学的哪些诗句能够表达珍惜时间的重要性，学生想到了《长歌行》中“少壮不努力，老大徒伤悲”的诗句，巧妙地将数学知识学习和语文知识联系起来。在自我认识方面，新手和优秀教师对自身职责的认识和自我效能感存在差别，两位新手教师将知识的传递看作自己的责任，而优秀教师T将学生整体的发展看作自己的责任；两位新手教师的自我效能感比较低，L教师谈道：“我本身对数学的敏感性不强，只能靠课标、备课来把握教学内容及其重难点，但是教学之前的备课肯定与实际有偏差，特别是细的东西，不一定能把握的特别准……因此，我主要通过练习来了解学生理解中的问题，再针对问题进一步拓展相关的教学内容”“如果让学生说，可能怎么说的都有，我怕接不上来”。C教师谈道：“教师可以灵活选择教学情境，但对于新教师来说，缺乏经验”“新课程倡导的三维目标是好的，对于学生的发展是积极的。但是在实践中，知识领域目标我能把握，学生在学习之前有一定的生活经验和知识基础，他们能够利用已有知识去学习新知识。但是对于过程与方法以及情感、态度和价值观其他两个维度的目标，却不知道如何在教学中实现”。优秀教师T则拥有较高的自我效能感，“有的课拿来我就知道该讲什么、怎么讲”。在情境认识方面，新手和优秀教师的情境感知和辨识能力存在显著差异。

两位新手教师的情境感知和辨识能力比较差，很少有对情境的具身思考和分析，如果有的话，也只是对班级规模、教学时间、教学内容的思考与判断，且存在认知上的错误。优秀教师 T 则不同，她的情境感知和辨识能力比较高，对学生当下学习状态、思维困境、学习反应等的判断尤为准确。比如，优秀教师 T 在评价学生时秉持“鼓励”的原则，但又对学生表现的不同情况进行了具体的识别，一共识别出九种情况：动脑筋想办法解决问题的、有进步的、认真听的、善于观察或发现的、说得准确和表达清晰的、提出有价值问题的、知道知识比较多的、在倾听别人发言的基础上表达自己想法的、提出简便方法或学会运用简便方法等，T 教师都进行了有针对性的表扬。

其次，不同教师对教学活动环节之间关联性的认识也存在显著差别。这种差别主要表现在不同教师对教学活动环节之间教学目标或教学内容之间关联性的认识不同，有的教师能够有比较深刻的认识，有的教师则缺乏深入的思考与分析。从个案教师课堂教学的实际情况来看，优秀教师 T 无论对教学目标之间的关联性，还是对教学内容之间关联性的把握明显优于两位新手教师。在教学目标认识方面，两位新手教师要么只关注每一具体教学环节的教学目标，要么只关注内容本身、不关注具体教学环节的目标。总之，两位新手教师对整节课的教学目标都缺乏系统的思考。而优秀教师 T 既能够对具体教学活动环节的教学目标有认真的思考，又能够对教学活动环节之间目标的关联性进行思考，后一个教学目标与前一个教学目标紧密相连，逐步实现整节课的教学目标。而且，T 教师对教学目标还有自己的理解，她一般将一节课的教学目标定位在多个领域，但她认为这些目标实际上不是多个目标，而是一个目标的多个方面，在主目标实现的同时，其他的副目标也得到了实现。在教学内容认识方面，有的教师仅具有局部视野，将教学内容看成相对独立的组成部分。有的教师不仅具有局部视野，而且具有整体视野，能够看到局部内容的同时，看到不同教学内容之间的关联性。从个案教师的实际情况来看，两位新手教师一般只具有局部视野，优秀教师 T 具有相对比较好的整体视野。

四 从知识提取来看，经历了由“单一片面”向“多元统整”的转变

从个案教师教学逻辑运演过程中知识的提取来看，经历了由“单一片面”向“多元统整”的转变。

首先，从知识提取的种类来看，教学逻辑经历了由“实践性知识”向“实践性知识与原理性知识并存”转变。两位新手教师提取的知识种类中以实践性知识为主，她们一般只有对具体教学目标、具体教学内容、具体学生和具体教学策略等的认识，缺乏对教学目标、教学内容、学生和教学策略等的一般性思考。而优秀教师 T 不同，在她的很多叙述说，我们可以发现，她不仅有针对具体教学目标、具体内容、具体学生和具体策略的思考，还有对一般教学目标、教学内容、学生和教学策略等的思考。在她的知识提取中既有实践性知识，又有原理性知识。也就是说，与新手教师相比，优秀教师提升实践性知识的意识更强，她能够在自身实践的基础上主动升华对原有实践性知识的认识，使其上升到原理性知识。

其次，从知识提取的结构来看，教学逻辑经历了由“结构性缺失”向“知识统整”转变。在教学逻辑发展的过程中，一个最明显的改变就是教师对学生的了解越来越深刻、全面。在个案研究中，优秀教师 T 在每节课中对学生之前具备的知识基础和经验、思维特点、学习规律、学习困难、学习反应、学习差异、学习动机和学习兴趣等方面都有相对比较充分的了解。比如在《小小图书馆》一课，T 教师能够根据对教学目标、教学内容和学生已有的知识基础、学生学习由实践到理论的规律和爱说特点的理解，选择“做一做—汇报算法—教师讲解”的教学方式。在《长方形与正方形》一课，T 教师能够根据对教学目标、教学内容和学生具备的量和折的经验，形象思维占主导和爱说的特点等，选择“动手操作—汇报交流—教师讲解”的教学方式。在《奥运开幕》一课，T 教师能够根据对教学目标、教学内容的理解和学生已有知识基础和思维特点，选择“观察发现—交流方法—教师讲解”的教学方式。

五 从逻辑链接来看，经历了由“自我假定”向“实践反思”的转变

从个案教师教学逻辑命题之间的链接来看，教学逻辑经历了由“自

我假定”向“实践反思”的转变。所谓“自我假定”指教师完全根据自身对教学策略“有效性”的主观判断建构教学逻辑。新手教师L在教学逻辑建构过程中遵循“效用原则”，以教学行动策略在预期教学目标实现方面能够满足效用最大化需求的程度作为教学行动策略选择的标准。如L教师谈道：“在前边的演示中，我先通过让学生观察，控制变量，得出了结论，这里我主要是让他们把口头归纳的语言变成规范的语言，这样考试的时候，他们就知道怎么写。如果你单独问学生，学生知道，但是如果要让他们形成总结性语言，他们可能不会”“因为在考试的时候，它不会让学生说你是怎么理解的，而直接看你答的结果，我主要是想让学生记住这个简便的方法，在考试的时候他们能得心应手一点”“学到脑子里的东西最重要，同时还得帮助学生在考试的时候把学到的东西倒出来，练习就是这样一种有效的方式”。对于教学行动策略的选择，L教师有一种认知的倾向性，而且根深蒂固，她本人很少对行动策略选择的有效性进行实践检验和反思。与L教师相似，C教师对教学命题正确性的认识也具有一种“假定的真实性”，比如在访谈中，C教师谈道：“学生虽然在前边了解了长方形与正方形的特征，但是如果让学生去比较可能有一定的难度，教师应该给学生提供一定的方法和角度，这样可以降低难度”“学生之前学过角的大小跟张口有关、跟边无关的知识，这里我主要是想让他们利用已学的知识判断直角的大小，当发现学生不能联系旧知时，教师是可以直接告知的”。从C教师的教学逻辑来看，她对学生能力和学生出现问题的判断主要建立在自我假定的基础上，存在低估学生能力、错误理解学生出现问题的原因等情况。由于教学逻辑建立在“自我假定”基础上，两位新手教师的教学思维和教学实践呈现出封闭性，在面对教学实践情境时，教师常常因循守旧，按照既有的教学行动原则一劳永逸地自发行动，缺乏对行动依据合理性的检验。

从T教师教学逻辑建构的过程可以发现，T教师教学命题的链接遵循“实践验证”和“自觉反思”的原则。T教师在专业发展的过程中积累了丰富的教学经验，但这些教学经验并不是某一次成功教学体验的重复，这些教学经验是在经过了实践验证和教学反思之后确定下来的，这在T教师的教学反思日记中能够寻觅踪迹。例如T教师形成的对如下教学策略的认识：“在课堂上，讲列竖式计算时，我估计学生能够自己计算出来，就点名让王某某到前面来讲，这个平时沉默寡言的孩子讲得条理清晰、头头是道、语言简洁，学生们听得非常认真，我让他们评价王某某讲得是否正确，他们一致点头说一点问题都没有。课堂上的情景让我很感动，学生听得认真，讲者讲得清楚，没有一个溜号的学生，也无须我提醒谁要注意听讲，全体学生都将注意力投注到新知识的学习上来，课堂气氛是那样浓厚，我觉得让学生讲课这一点，我做对了”“刚开始上课时，我出示了三组图形，让孩子动手圈一圈，多的是少的几份，边圈边指导学生数学说理，因为学生能说清楚了，也就真正理解了，然后孩子就有人说出黄色磁力扣是绿色磁力扣的 3 倍。我马上追问：为什么是 3 倍？孩子们异口同声地说，是它的 3 倍。在一一列举，说清楚了黑板上的三组图形的倍数关系后，我问：现在你知道什么是倍了吗？提出这个问题，我的目的是引导学生找到计算倍数的方法，此时一只只小手高高举起，一个学生说‘倍就是一个数里有几个另一个数，就是另一个数的几倍’，……细细想来，学生之所以能准确总结出来，跟前面的实物演示和充分说理是分不开的”“在多次实践的基础上总结规律，学生更容易发现”。有时 T 教师对教学策略的认识经过了反复的推敲、权衡和比较才得以确定下来。通过访谈和实物搜集发现，T 教师有时一节课的教学设计能写一本，这一本的内容都是对这一节课不同教学方案的设计与比较，并经过 T 教师不断地实践、权衡与修改，最终确定较好的教学方案。而且 T 教师能够通过多种途径，利用各种机会，积极汲取外界先进教学理念和科学的教学方法，融入自身的教学中。例如在《长方形与正方形》一课，除了自己的实践探索，T 教师还主动学习他人先进的教学做法，在 T 教师的教学反思日记中她写道：“昨天教研时，同事说到了这节课的导入，创设了一个相当好的问题情境，有价值应该记录下来。让学生用大小不一的四根小棒摆出一个长方形，学生无论如何摆不上。由此引入新知识的学习，以前的导入都是从正面入手，而本课却反其道而行之，从反面入手，值得借鉴。”T 教师教学命题之间的逻辑链接正是在多次教学实践、教学反思与教学效果验证的互动中形成的。

第二节　教师个人教学逻辑变化的影响因素

教学逻辑不是从来就有的，教学逻辑是教师在长期的生活与工作实践过程中形成的。那么，不同阶段的教师在各自教学逻辑的形塑过程中受到了哪些因素的影响，促成教学逻辑发展变化的影响因素发生了哪些改变，本书通过纵向追踪和横向比较的方式对此问题进行了研究和回答。

一　由“主观的情感认同”趋向“理性的实践”

理论工作者倡导的教学规范能否转化为教师教学实践的内在根本准则，还要看外界倡导的教学规范能否在情感层面得到教师的接受和认同，只有被教师实际接受和认同的教学规范才能实际的发挥作用，否则只能停留在口头阐释水平。外界倡导的教学规范的内容能否被教师接受和认可主要取决于其能否与教师日常情感体验的习惯保持一致，当两者一致时，教师会欣然接受教学规范并将其转化为行动的准则；当两者不一致时，教师会拒绝使用或在某些特殊情境下使用，但并不能将其作为日常教学实践一以贯之的行动原则。对个体行动的决策来说，教学行动有“必要性”与“意愿性”两个维度，“必要性”涉及教师对教学行动依据的理性之知，“意愿性”涉及教师对教学行动依据的情感体验。① 从个案研究的情况来看，三位教师的情感体验分别建立在不同的水平之上。其中，两位新手教师的情感体验建立在主观非理性认知之上，优秀教师 T 的情感体验则建立在理性之知之上。情感体验建立的水平不同，导致了教师教学逻辑价值诉求上的差异。

访谈中，研究者曾针对“你如何看待平时课和大赛课?”这一问题与 L 教师进行了交流，L 教师认为：“大赛课有它自己的目标，它强调目标的完整性，特别是情感、态度和价值观目标，在大赛课中必须淋漓尽致地表现出来，评委也主要从这几个方面打分。课程目标有三种体现，它抓的是考核标准方面的，而我平时很少涉及情感、态度和价值观方面的目标，因为它对学生做题方面有多大帮助不一定，平时要是那么上，不

① 赵鑫：《教师有效教学决策的情感基础及其实现路径》，《教育科学》2012 年第 5 期。

是特别实在。大赛课是一种理想状态的教学，肯定课前你会告诉学生这堂课特别重要，上课要认真听，不能溜号，让你干什么就干什么，让你想啥就想啥，你得交代一下。平时课堂的话，稍微松一点，课堂纪律就不好了，你再让他们活动，你不能保证百分之七八十的孩子按你的思路来，平时的效果不一定达到理想的水平，你让他们小组活动，他们不一定在干什么。而且你也没有时间每堂课让他们准备活动需要的东西，也不能保证谁都带来，不能保证活动的有效性和可实施性。平时要是这么上，行是行，肯定得耽误更多的时间，练习的时间少了。大赛课的进程多快呀，如果活动是5分钟的话，那是高效的5分钟，这5分钟如果是平时的话可能你要花10分钟，甚至20分钟更多的时间，所以平时很少按大赛课去做。"从L教师的谈话中，我们可以发现，理想的教学规范受到教学客观现实条件、个人对克服教学困难的意志、所具备的能力以及情感本身所具有的"趋乐避苦"特性的制约①。L教师认为平时缺乏新课程倡导的教学规范实现的条件，而且新课程倡导的教学规范不利于教师有效"控制"课堂，不能按时完成教学任务，不能保证学生在考试中取得成功。但如果按照L教师目前的实践原则，能够减少很多不必要的麻烦，使教师的教学变得简单易于操作，进而在心理上产生一种"愉悦"的感觉和体验。

此外，L教师重视教学的考试价值还受到教师专业发展阶段和传统考试文化带来的情感体验的影响。访谈中，L教师表示，由于处于新手阶段，为了"保底"，教学中她基本上是考试考什么就讲什么。可见，外界倡导的教学规范不符合教师个人目前对教学价值目标的主观欲求。根据叶澜老师对教师专业发展阶段的划分，L教师目前处于专业发展的"关注生存"阶段，这一阶段的教师主要关注自身能否适应工作岗位的要求。L教师作为新手教师，她提到目前教学什么以及如何教学最终都是为了"保底"，而这个"保底"主要指在工作业绩的表现上不落后于他人，这个现实的发展需求使得L教师在教学中从情感的认同上来看，更认同传统的教学理念及其方式。除了受到专业发展阶段影响，考试文化强化了L

---

① 李森、高岩:《教师教学决策的情感机制与实践策略》,《课程·教材·教法》2012年第10期。

教师的教学思维及其行动表现。作为人才选拔的重要工具，考试由于自身所具有的体现教育公平的特点而受到社会的广泛关注、认可与接受。[①] 这其中包括教育管理机构、学校、教师、家长和学生对考试的认同。考试本身具有诊断、甄别、选拔、激励、提供反馈和促进发展等诸多应然性的评价功能[②]。然而实践中，考试功能的发挥主要局限在甄别与选拔方面，阻碍了考试激励、提供反馈和促进发展等方面功能的发挥。在我国，这种以甄别和选拔为主的考试文化依然根深蒂固，形塑了人们的教育价值观念、思维方式和行动方式。在教师专业领域，考试文化至今仍是制约教师教学实践价值选择和行动表现的深层桎梏。从访谈中，可以了解到考试文化对L教师的影响。由于L教师大学实习期间所在的学校是高中，她深受学校考试文化的影响，并深切地体会到考试对学生未来升学及其家庭影响的重要性，所以L教师当时感觉“心理压力挺大的，怕自己将来教出来的学生成绩不好”。工作之后，L教师所在的学校也有期中、期末和单项检测各种考试，学校不会对考试成绩进行排名，但一般都会把各班成绩列一个单子，教师拿到单子之后，各班的学习情况一目了然。如果所在班级的学生有学困生，考试成绩总排在后边，学校领导会找任课教师谈话。另外，L教师在访谈中还谈到家长和学生对考试成绩的重视，“如果班级成绩不好，开家长会的时候感觉没法向家长交代，感觉同样送到学校来，如果咱班分低的话感觉挺对不住他们的”“孩子也很注重成绩，他们之间也会进行比较”“上托管班的时候，家长之间也会私下交流学生成绩”。所在学校、家长和学生对考试成绩的重视再次强化了L教师对考试成绩的关注。

与L相似，C教师对教学价值的理解也主要受到主观情感体验的影响。访谈中，C教师表示：“新课程倡导的三维目标是好的，……但是对于过程与方法以及情感、态度和价值观其他两个维度的目标，却不知道如何在教学中实现”。C教师虽然从口头阐述来看表达了对新课程倡导的

① 邢秀茶等：《考试文化、成功文化到主体发展文化——学校文化样态现状与展望》，《全球教育展望》2012年第7期。

② 王中男：《考试文化：课程评价改革的深层桎梏》，《华东师范大学学报（教育科学版）》2013年第1期。

三维目标的认同，但同时也表达了自身对过程与方法以及情感、态度和价值观两个维度目标把握能力的不足。从两位新手教师的情况来看，尽管新课程倡导了很多先进的教学理念，但两位新手教师在实际的教学实践中依然按照自身的理解开展教学实践，很少主动将先进的教学理念应用于教学实践并自觉反思，这主要源于教师自身对确定性的寻求。正如杜威所言："当人类还不能利用实践艺术来指导事物发展的进程时，他就去寻求一种在情绪上的代替物，这是很自然的事情；在这个动荡不安的世界中由于缺乏实际的确定性，人们就只有去培植那些予人类以确定感的东西。"①

与两位新手教师不同，优秀教师 T 对教学的价值理解建立在理性实践的基础之上。优秀教师 T 工作 18 年，有着丰富的工作阅历，特别是经历了新课改实验的关键期，在参与新课改实践的过程中，自身对数学教学实践的认识逐步深化。除了常态课的实践探索，T 教师还参加过各种类型的大赛课，基本 J 市所有的教学大赛都参加过，不仅取得了突出的成绩，而且脑子里的教学观念也在发生变化。T 教师最大的优点在于不盲目实践，而是认真思考、仔细斟酌。参与教学实践前，她都会认真备课，多方面权衡。教学过程中，头脑中也在积极思考。教学结束之后，自觉反思，针对别人提出的意见，她都会积极听取并努力在后续的教学实践中改进。正是在丰富教学实践经历、积极实践和体验以及理性反思的基础上，T 教师形成了教学的理性认识。在 T 教师的教学中，她非常注重数学思想、解决问题方法和策略、学习习惯、学习兴趣和问题意识培养对学生发展的重要性。她认为："数学的思想和方法才是数学的根，数学教学要以知识为载体，让学生在亲身经历数学学习活动的过程中掌握数学的思想和方法""如果学生把解决问题的方法和思维方式学会了的话，那相关的一类问题他都会解决，而不是就针对这几道题，所以我认为培养学生思维其实是挺重要的，还有就是学习习惯的培养，如果这两方面都培养起来，那么将来即使他离开我，他上初中，上高中，甚至上大学，我感觉对他自己来说都是终身受益的""兴趣是最好的老师，有兴趣了，

---

① ［美］约翰·杜威：《确定性的寻求——关于知行关系的研究》，傅统先译，上海人民出版社 2004 年版，第 30 页。

有探索的欲望，他自然就会跟着你的思路去想”“有了学生的乐学才有学生的会学”“问题是数学的心脏，你要是提不出问题就不能发现知识中本质的东西，培养学生思维就应该从培养学生提问入手”。与两位新手教师只能从短期价值看待教学实践不同，优秀教师T能够从学生发展的长远价值出发看待教学实践。对数学教学的理性认识成为支配T教师教学实践的魂，也造就了T教师高水平的课堂教学实践。

二 由“经验的局限与依赖”转向“经验的扩大与改造”

对教师决策来说，“一切”都只是经验系统的运作[①]。简言之，经验是教师决策的支持系统。经验的范围和类别影响着教师决策的品质。从个案教师教学逻辑的建构来源看，两位新手教师和优秀教师获得的实践经验的范围和类别存在显著差异。

首先，新手教师和优秀教师教学逻辑建构的实践经验来源不同。虽然，教师教学逻辑的建构受到以往和当下实践经历的双重影响，但在不同类别教师身上，发挥作用的权重不同。其中，两位新手教师教学逻辑的建构主要受到职前经历、感受和体验局限的影响。L教师教学逻辑的建构主要受到自己学习数学时的感受和实习期间经历的影响。访谈中，L教师表示：“我以前上大学之前，数学成绩还挺好，但后来家长说女孩子还是报文科吧，我也没补过数学，就是老师讲完之后，回来做题差不多都会，我感觉上课认真听了，不用课外补课，基本上都是上课不认真听的，还得课外补课，补也没用，回来还那样，我感觉上课认真听了，回去题认真做了，作业认真完成了，这样就挺好，家长再配合点。”在本科实习的时候，L教师在一所高中实习，她感觉到同样是教学，不同教师所教出来的学生分数差得很多。L教师实习的学科虽然是语文，但她也会主动与数学学科或其他学科的教师交流，其中一名教数学学科的教师谈到练习的重要性，这名数学教师告诉L，“教学必须保证学生在考试中取得成功，你就让学生练，练得多了，他们自然就会了。”此后，L教师对数学学习和教学的理解始终停留在职前认识水平。

---

① 杨鑫、霍秉坤：《论教师直觉性教学决策与教学反思的关系》，《教育发展研究》2012年第18期。

与L教师相似，C教师教学逻辑的建构也主要受到早前“旁观习艺”和实习期间指导教师的影响。所谓“旁观习艺”，也有译作“学徒观察”，指“实习教师在接受教师教育课程之前，已经花费数以万计小时的时间以在校学生的身份观察和评价学校教师的专业行动”[①]，“旁观习艺”形塑了教师关于教学的“先入之见”。从C教师的表述，“从小学到高中几乎所有的数学老师都是按照直接讲授的方式教学，感觉也挺有效的”，可以了解她现在的教学方式主要受早期学生时代数学教师教学方式的影响，并呈现出一种泛化理解的取向，其背后的逻辑为“我就是这么学习的，所以这一定是最好的学习方法；我的老师是这么教的并且我学会了，所以这一定是最好的教学方法”。[②] 事实上，这样的教学理解只是关于教学工作的一种偏狭、局限、直觉和模仿的认识，正如罗蒂所指出的：“作为学生，他们是对站在前台和中心的教师进行观察，像观众观看演出一样，虽然他们看到了教师在前台管理、矫正和讲授等教学行为，但他们却没有看到教师后台的行为。作为学生，他们没有参与教师对教学目标的选择、对课的准备和课后分析等后台活动，他们不能以教育学的思维框架来审视教师行为。”[③] 教师的“先入之见”经常“受到其学生时代的历史记忆所引导”[④]，又由于其本身所具有的“连续性”“反弹性”“过滤性”和“交互性”等特点[⑤]，教师在教学逻辑运演的过程中会不自觉地寻求“先入之见”的帮助。此外，C教师还谈到研究生实习期间，指导教师对她的影响。“指导教师讲课特别有激情，学生特别喜欢她、崇拜她，我也被她感染了，她的每节课都有对话练习，新知识的学习主要通过老师和能力强学生之间对话示范，然后再找两三组学习好的进行展示，在展示

---

① Michaela Borg, “Key Concepts in ELT the Apprenticeship of Observation”, *ELT Journal*, Vol. 58, No. 3, 2004, p. 274.

② 苗学杰：《学徒观察与学习教学——“先入之见”对师范生学习教学影响研究的三十年异域检视》，《外国教育研究》2014年第7期。

③ Michaela Borg, “Key Concepts in ELT the Apprenticeship of Observation”, *ELT Journal*, Vol. 58, No. 3, 2004, p. 274.

④ 李德华：《新手教师实践性知识的建构——从教师生活史分析》，《当代教育科学》2005年第12期。

⑤ 苗学杰、饶从满：《学徒观察与教师培养——“先入之见”及其对师范生学会教学过程的影响》，《教育学报》2012年第8期。

的过程中对其他学生来说是一个学习的过程。”从两位新手教师教学逻辑建构的来源来看，她们当前的教学实践实际上是职前经历在她们个人身上的主观映射，两位新手教师没有对职前经历进行主动反思，在教学认知和行动策略的选择上常常表现出经验的固着性。

与两位新手教师不同，优秀教师 T 工作的时间比较长，职后实践的范围比较广，因此，她获得的经验也比较丰富，有来自自身的实践探索、有来自对同事的观摩和学习、有来自对名师的学习、有作为指导教师在指导新教师过程中获得的经验、有作为教研组长参加各种活动获得的经验、有作为名师工作室成员参加活动获得的经验。T 教师正是在经验的不断积累与扩大过程中形成了对教学的深刻理解。比如在参与课改的实践探索中，T 教师形成了如下认识：“一开始参加课改的时候，我们觉得谁课件做得好，谁就能在课改的各种大赛课中获一等奖，慢慢经过一段时间的教学之后，我认为课件是一种辅助手段，课堂教学应该是最实在的、最真实的、最有效的，我现在很少用课件，原来几乎每堂课都用，现在我更注重学生思维的发展和方法的掌握，解决问题的思想、方法和策略就是数学”“在数学教学中，应尽量将抽象的内容具体化、生活化，让学生在生动有趣的数学活动中感受数学、理解数学，经历愉悦的学习过程，发挥学习的自主性，积极主动地寻求解决问题的方法”“要使学生喜欢数学，课堂上就要为学生创设一种宽松，友好的教学环境，形成一个无拘无束的思维空间，产生自觉参与的愿望，充分表达自己的思想”“情境创设更注重联系学生生活实际，凸显生活本色，在教学内容的选择上更凸显人文情怀，以层层递进、简洁的过程促进学生思维的发展”。有在自身日常教学过程中形成的认识：“匆忙之中上了这节数学课……虽然设计得很好，但由于太匆忙了，所以学生的学具准备得不充分，只能让学生看着书上的图形研究，学生只能量和比，做不到折和剪，因此效果大打折扣，而且在汇报时，我忽略了学生得出结论的方法，只重视听取结果了……”“今天的练习课有这样一道题，爸爸是出租车司机，计算每天的行驶里程。其中周三、周四都是 745 千米，题中问为什么？绝大多数孩子写周四爸爸没出车，这个答案是完全正确的。我并未太在意，在判到王欣时，一行歪歪扭扭的字映入眼帘，爸爸累了，我心中不觉一动，这个答案虽然不是最准确的，但是它富有人情味，小小的孩子体味到了父母生活的艰辛，似乎比那些准确答案多了一些温暖，让人想到了更多的东西。”有来自对同事的观摩和学习：“今天听同组人在讲这节课时，说到了用小棒摆来理解算理，很受启发，48 ÷2 把 4 捆零 8 根小棒平均分给两人，48 ÷3 平均分给 3 个人，可以用小棒理解十位余下的 1 个十和个位的 8 个一合并在一起继续分，把 1 个十打散变成 10 个一，有了这样直观演示的过程，便于学生理解竖式算理，这也是借助直观模型学习计算的一个有效方法。”“这是推门课一年级的一节整理与复习课，某某在准备这节课时非常认真，制作了精美的课件，但是在听完课后，我感觉有些地方还应该再强调。首先，要引导学生学会有序观察，由上到下或由左到右，这是数学思维素养培养不能忽视的。其次，根据主题图提出系列问题后，要引导学生将问题分类，再总结归纳出在什么情况下用加法，什么情况下用减法后形成规律性认识。”有来自对名师的学习，访谈中，T 教师表示：“在知识底蕴方面，这些名师知识比较丰富，与小学相关的初、高中知识，甚至相关的大学知识都具备；在教学理念方面，更突出数学思想和方法的教学，不是在教知识，而是在教思想、方法和解决问题的策略；在教学风格方面，他们的教学返璞归真。”有作为指导教师获得的经验：“我挺愿意听年轻老师的课，她们的思维挺活跃、挺新，有些经验挺不错的，比如我听《用字母表示数》，那个老师就用手机人气红包和普通红包来讲，挺好的。”除了好的经验，T 教师也谈到年轻教师教学中也会存在一些问题，这些问题激发了 T 教师的思维，引发了 T 教师对以后再讲这节课应注意问题的思考。有作为教研组长参加各种活动获得的经验，作为教研组长，T 教师有机会参加推门听课活动，在推门听课的听评活动中能积累较为丰富的教学经验。作为教研组长，T 教师还有在全校范围做讲座和在小专题教研做讲座的机会，用 T 教师自己的话说，“得好好准备吧，在准备材料的过程中你得查很多资料，在查资料了解内容的过程当中，其实自己就是一个提升，然后我把这些材料聚集在一起了，把精华的部分拿出来去讲，让大家都去了解、去普及，但对我自己来说绝对是个提升。”有作为名师工作室成员获得的经验，T 教师作为名师工作室成员，有机会参加“教学研讨”“课题研讨”“听评课”“传帮带”“学习讨论”“送教下乡”“名师微课制作”等各种活动。通过参与名师工作室的活动，T 教师能够有机会与更高水平的专家、学者和名师接触，自身对数学教学的认识与理解在这个过程中得到了极大的提升。

其次，新手教师和优秀教师积累的经验类别不同。与两位新手教师相比，优秀教师T积累的经验类别更为多样，不仅包括教学经验，而且包括生活经验。其中，生活经验包括观察生活的经验、观看少儿节目获得的经验和教育子女获得的经验。T教师谈到，她平时十分注意观察生活，这为她的教学提供了宝贵的经验。比如在讲《方向》一课的时候，T教师通过观察街道，发现南北是街，东西是路，T教师将自己的观察融进教学。此外，T教师还经常观看少儿频道的节目，比如《大风车》，T教师说，“节目里有很多小游戏，孩子都很喜欢。”再有，与两位新手教师没有成家相比，T教师已经为人母，在教育孩子的过程中获得的经验也有助于自己对教学的理解。在“鼓励孩子”方面，T教师谈道：“我在我儿子身上挺有这个体会，我儿子之前参加围棋比赛一场也没有赢过，对他和对我都是打击，有时我就想他学这个围棋有没有这个必要，后来我就想他就学吧，能学啥样学啥样，第三次比赛的时候，我儿子给我一个特别大的惊喜，晋级第三位，现在我儿子学围棋越来越好，已经入段了，在他这个年龄已经很不错了。所以如果我班有这样的孩子，他有闪光点，我就会极大地表扬，帮助他树立信心，比如某学生原来成绩在底层，现在已经上升到中上层，成绩有了很大的提升，学习状态也比以前好多了，我在家长会的时候也表扬了，也跟家长们说别拿老眼光看孩子，其实孩子身上有很多我们意想不到的闪光点。”基于经验、在经验中，为了经验是教师专业发展的有效途径，T教师在经验积累的过程中不是被动接受经验，她能够主动对经验进行加工与改造。当新经验与教师头脑中的旧经验相吻合的时候，新经验就会被纳入个体的认知结构中，旧经验得以强化；当新经验与教师头脑中的旧经验发生矛盾或冲突时，教师就会调整自己原有的经验结构，使经验得以扩大或重组。T教师实践经验积累的过程主要通过旧有经验与新经验的同化与顺应，实现自身教学认知结构的建构与发展。

三　由“单一发展模式的选择”变为“融合发展模式的选择”

在教师专业发展的过程中，不同教师所选择的职业发展路径不同，其专业发展水平必然存在差异。从个案教师的发展情况来看，两位新手教师教学逻辑的建构建立在单一的教学实践模式之上，而优秀教师T教学逻辑的建构建立在实践、学习与科研相结合的融合发展模式之上。从两位新手教师的情况来看，她们教学实践的范围相当有限，主要受到自身实践探索、同事私下交流以及上网浏览资料几个方面的影响。比如，对于教学方式的理解，L教师在自身一段时间的教学实践探索以及和老教师的交流之后，认为练是最好的教学方式，能够帮助她确定学生存在的问题，有针对性地帮助学生在考试中取得成功。C教师根据自身的实践探索认为，教师讲的越多越好，学生越能理解。对于教学内容的选择，两位新手教师主要依据教材和网上相关的课件进行教学。比如在《长方形与正方形》一课，L教师表示"我不是根据学生实际理解中遇到的问题展开教学，而是事先通过上网浏览课件预设学生可能在学习正方形特点时，只会比较上下两条边、左右两条边，而不会比较临边之间的关系来进行教学的"。C教师表示"备课的时候，我主要参看教参和网上的课件进行设计"。对于学生特征的认识，两位新手教师主要依赖旧有教学经验的认识，比如L教师表示："我们班的学生有一个特点，比较成熟，给我们班带班的老师也有这样的感觉，我以前也尝试过设置情境吸引他们的兴趣，但是发现他们不是特别感兴趣，也不太愿意说，所以从那以后，我很少在教学中像大赛课那样设置情境导入，大多采取联系旧知的方式，帮助他们建立学习新知的信心。"C教师在访谈中表示："我们班孩子总是急于表达自己的想法，总是在别人回答问题的时候抢着举手，总是打断别人，不注意倾听，我这么做是让他们学会倾听和耐心等待，也是给回答问题的学生一个思考的时间。"可见，建立在有限实践范围的教学理解具有浅显、片面和固化的特征，有可能使教师的教学始终停留在低水平的重复阶段而无法在层次上得到有效的提升。

与两位新手教师不同，优秀教师T之所以能够快速成长起来，主要源于她自身在教学实践中不断探索，并且能够将教学探索与学习、科研有效结合起来。T教师中专毕业参加工作后，坚持在职进修学历，先后获得汉语言文学专业的专科和本科学历。除了学历进修，T教师还自觉学习学校的办学理念，并结合自身的教学体验，提出"有教师的勤勉、宽容、赏识和疼爱，才有学生的乐学""有学生的乐学才有学生的会学"的思想认识。T教师还通过外出培训，不断学习新的教学理念和经验，并将学习所得融入自身的教学实践中并不断进行反思改进。此外，T 教师从小学开始一直到现在保持着良好的阅读习惯，从小学五六年级开始读世界名著，而且阅读的范围比较广，用她自己的话说“看得比较杂，像小说、散文、名人传记、诗词等都看，只要是带‘字’的都看，用她同学的话说‘一张发票都能看半天’”。像《安娜卡列妮娜》《复活》《红字》《德伯家的苔丝》《飘》《红楼梦》《野草》《狂人日记》，还有像张爱玲、郭沫若的作品都看过，而且她特别喜欢中国古典诗词，她觉得“中国古典诗词具有一种凝练的美，给人一种意境，让人想象很丰富，怎么想都觉得美”。T 教师不仅大量阅读，自己还创作，还写散文和诗。在数学方面，T 教师主要看《小学数学教师》，她觉得里面有很多比较好的例子。而且 T 教师还购买了大量的教育理论方面的书籍，一有空的时候就拿出来看看。T 教师不仅看，而且还把她认为比较好的内容摘录下来。这种坚持不懈的阅读习惯和广泛的阅读兴趣很好地提升了自己的专业素养。最后，T 教师能够将自身的教学实践、学习与科研结合起来，针对教学中出现的问题展开行动研究。T 教师先后主持并参与了校级、市级、省级乃至国家级的科研课题多项，研究的内容包括“数学思想渗透”“魅力课堂”“个性化教学”“数学素养培养”“教学模式”等，并积极撰写科研论文，其中多篇论文在省级和国家级优秀科研论文的评比中获奖。实践、学习和科研相结合的发展道路深化了 T 教师对学科教学的理解。

四　由“简单与随意的思考”走向“审慎与自觉的反思”

经验是教师教学逻辑建构的重要来源，是教师专业发展的基础。然而，并不是所有的经验都能对教学逻辑的建构产生实质性的影响，只有经过教师有意识地思维加工和评价之后形成的经验才更具有深刻性，更能在“意识”层面促进教学逻辑的形成，使教学逻辑的建构成为一个“自觉”的过程，这个过程离不开教学反思作用的发挥。教学反思是教师对即将发生、正在发生和已经发生的教学事件、教学活动及其背后的教学观念的评价与判断。三位教师教学反思的水平存在显著差异。

首先，三位教师教学反思的认真程度和系统程度不同。从两位新手教师教学逻辑建构的过程来看，她们对自身教学的反思更多是一种简单与随意的思考。L 教师在访谈中表示：“一般教材有什么、考试考什么，我就讲什么，我自己很少进行主动思考”“现在自己的教学主要是一种习惯，不敢说这么教就好”“平时没有专门拿出一块时间反思，就是课后自己想一想，一般就是想想目标达到没有，存在什么问题”。C 教师在访谈中表示：“我一般都是课前怎么想的，课上我就怎么做，课后就自己整体感觉一下，想一下，哪一块自己讲的不是很顺畅或不是特别明白”。从两位新手教师的教学反思来看，她们的反思在教学中是可有可无的存在。优秀教师 T 的教学反思则不同，她能够以审慎的态度反思自身的教学。无论是日常教学，还是参加大赛课，T 教师都能够做到认真备课、收集资料、上课、自我反思并不断在教学中作出调试与改进。用她自己的话说，“我要对领导负责、对自己负责、对学生负责”。有时，T 教师关于一节课的教学设计能写一本，T 教师能够在对各种教学设计方案比较与权衡的过程中审慎地作出判断和选择。此外，T 教师形成了较好的教学反思习惯，教学反思已经变成她工作中很重要的一部分。她不仅写数学反思，语文方面的以及班主任工作方面的反思都写。她的教学反思呈现出多元的特征。从反思的时间来看，T 教师的教学反思包括了课前反思、课中反思和课后反思；从反思的内容来看，包括了对教学中好的教学经验的反思、对教学存在问题的反思、对再教的思考以及对再教后的反思、对课堂教学中学生闪光点的反思和对教学智慧的反思等多个方面；从反思的种类来看，包括了教学过程反思、教学主题反思、教学案例反思、教学随笔反思等多种类型。

其次，三位教师教学反思的开放程度不同。两位新手教师的反思主要是自我反思，她们一般以自我为中心，按照自身对教学的理解评价教学，很少借鉴他人的经验。而优秀教师 T 不同，她能够始终以开放的态度对待外界的各种信息。比如 T 教师谈到在讲公开课“磨课”的过程中，领导提的意见，T 教师马上记下来，试讲之后，领导再提意见，她还记下来，她有一个本是专门记录各种意见的。用 T 教师的话说“只要别人给我提意见，都值得反思，我基本能做到这点，你给我提意见我就能改过来”。而且，在 T 教师的教学反思日记中也能看到这种开放的教学态度，比如 T 教师能够在校内外的推门课、教研课、常态课、观摩课、新教师指导课等各类课中及时发现外界较好的教学经验，把它们随时记录下来，并与自身的教学实践相融合。

第七章

教师个人教学逻辑的合理发展

第一节 教师个人教学逻辑合理发展的内涵之思

一 教学逻辑合理发展的提出

作为教师专业发展的重要组成部分，教学逻辑的发展是一个持续不断建构与完善的过程。教学逻辑合理发展的提出建立在对教学逻辑“先在存在”承认和“先在存在”与“合理存在”之别的思考之上。

（一）建立在对教学逻辑“先在存在”承认的基础之上

古德莱德对课程层面划分的论述中，将课程分为“理想课程—文件课程—理解课程—实施课程—经验课程”五个不同的层面。其中，理解课程是制约理想课程能否被有效实施以及转化为学生可接受的经验课程的核心环节。理解课程是实际工作者对国家文件课程中所反映的理念、目标和具体内容方法的理解①。理解课程是制约课程与教学理念能否顺利推行并转化为有效实践的关键。教师作为课程与教学变革的中间环节，他们并不是空着脑子进入改革的队伍之中。个人成长过程中角色承担的转换赋予了教师参与课程变革的“前结构”，这一“前结构”成为制约教师能否按照课程与教学理念的要求发生改变的关键。富兰在他的研究中从物化形态、外在行为和内部心理论述了教师改变的三个维度②。其中，教师内部心理的改变是最根本的。作为参与课程与教学改革内部心理构

① 马云鹏:《课程与教学论》，中央广播电视大学出版社 2005 年版，第 5 页。

② Fullan, M., “Curriculum Implementation”, Lewy, eds., *The International Encyclopedia of Curriculum*, Oxford, New York: Pergamon Press, 1991, p. 378 -384.

成之一的教学逻辑，是植根于教师自身教学实践之上的个人教学认知，与教师自身的教学经历、实践体验和反思密不可分，是教师实际信奉并对自身教学行动起实际规约作用的依据，并对外在的教学理念起着过滤的作用。如果外在的教学理念无法通达教师的内心，甚至与教师实际信奉的教学原则相抵触，那么教师自然而然就会放弃外在的教学理念而选择自认为有效的教学行动规则。相对于外在教学理念而言，教学逻辑的存在具有“先在性”。鉴于教学逻辑的“先在存在”事实，只有关注教师内在的教学逻辑，并分析其内涵以及何以如此的原因，才能从根本上促进教师教学实践的改变。

（二）建立在对教学逻辑“先在存在”与“合理存在”之别的认识之上

在承认教学逻辑“先在存在”的前提下，接下来我们需要思考的就是“先在存在”是否等于“合理存在”，答案显然是否定的。对教学逻辑“先在存在”的承认是从事实层面对教学逻辑的“有无”进行澄清，即每位教师都有生成于实践并作用于实践的“先在逻辑”，它决定了教师所能看到的教学世界的“阈限”。然而由“自然的思维态度”① 所建立的研究成果的可靠性是值得怀疑的，这是由教师教学理性认识能力的有限性、对知识教学目标的过渡关注性、对教学经验的依赖性以及对教学方法论思考的缺失性所致。具体如下：

1. 对理性人的强调遮蔽了对人的理性能力有限性的思考

教学理性是教师存在的本质属性，教师可以利用自身拥有的教学理性知识来把握自身与教学世界之间的关系，从而创造性地进行教学实践。然而将教师视为“全能理性人”的传统形象假设与教学客观现实存在较大差别，这是因为现实中，教师的教学理性认识能力受到教师知识结构、情绪体验、教学经验、决策时间、教学情境等众多因素的制约。首先，教师的知识结构是教学理性认识能力发展的基础。教师如果没有相应必备的知识结构，就不可能建立起合理的教学逻辑。本书的实证研究结果也表明，教师的知识结构具有未完成性，教师对教学目的、数学、学生、

① 伍叶琴：《教师学习的现实深描与学者想象——基于成人教育哲学视域结构的分析》，《教师教育研究》2013 年第 5 期。

教学、自身、课程与情境等问题的认识都具有一定的局限性，知识之间相互联系的紧密程度不够，教师就不能在综合考虑各种因素的基础上进行教学决策，即便是优秀教师也仍有进一步提升的空间。其次，教师的情绪体验影响教师教学理性认识能力的发挥。情绪记忆的相关研究表明，当个体经历一种特殊的心境后，当他们有选择地接触、阐述、学习情感基调类似的材料时，倾向于以一种相同的心境来解释这种经验，通过先前的情绪联想，这些材料被纳入已有的情感图式中，这种偏好加工被称作心境一致记忆。[①] 也就是说，当个体再次经历与过去某一心境相似的事件或材料时，过去经历获得的情绪体验会唤起教师相似的情绪体验并影响教师的教学决策。如果教师获得的是消极的情绪体验记忆，那么教师就会规避导致消极情绪体验获得的教学行动。鉴于教师获得的情绪体验并不一定都是合理的，如果教师不能正视、分析其性质并努力作出调整与改变，无疑会影响教师教学理性认识能力的发挥。再次，教师教学理性认识能力受到教学经验范围和程度的制约。经验是理性形成的来源或基础，倘若教师经验有限，认识程度处于浅表状态，教学操作处于重复水平，那么，由经验导向的教学理性认识能力必然存在局限性。复次，教学理性认识能力受教学时间紧迫性压力的制约。课堂中的教学决策往往是在有限的教学时间内作出的，由于教学时间的紧迫性和教学任务的艰巨性，教师往往不可能在获得各方面详尽信息的基础上进行教学决策，而会忽略掉一些信息。教学时间的紧迫性使得教师不可能在充分深思熟虑的基础上进行教学决策，这为事后教学反思提供了可能。最后，教学情境的复杂性、变动性和涌现性决定了教师不可能预测教学活动的所有可能，而只能在有限理性的限度内进行教学。教学情境是教学决策的现实环境或条件，任何教学决策都离不开所在教学情境的影响。教学情境中蕴含着各种复杂的教学关系，主要包括主客体和主体间之间的关系。同时，教学情境具有变动性，教学情境变化了，教学情境中蕴含的各种复杂教学关系也会随之发生改变并涌现出不同的特征。因此，教师对教学情境的识别以及对不同教学情境下各种复杂教学关系的把握能力关系着教学理性认识能力的发挥。

---

① 费多益：《寓身认知心理学》，上海教育出版社 2010 年版，第 127 页。

2. 对知识教学目标的关注遮蔽了对教学价值应有之义的思考

教学价值的确立是教学逻辑建构的起点，一旦教师确立了某种教学价值追求，就会将其作为整个教学实践的核心并在教学实践中得以贯彻实施。对教学价值的认识不同，教师所关注的教学重点和所采用的教学策略必然存在差别。尽管我国新课程改革实施以来，倡导确立“知识与技能、过程与方法以及情感、态度与价值观”的“三维目标”，但事实上三维目标并没有完全被教师所认同和接受，他们或只关注其中的知识一维，或在关注知识一维的基础上，不同程度地关注到其他两维目标。教师在关注知识教学目标的时候，缺乏对知识教学目标背后教学价值应有之义的思考，即教师的教学究竟是为了什么，是为了让学生仅仅获得所需的知识，以便学生在考试中取得成功，还是通过知识让学生形成理解能力、促进学生思维的发展、让学生获得更多参与教学实践的体验，并获得积极的情感。前者关注教学的工具价值，将人视为知识学习的工具，目的是掌握知识，知识的掌握高于一切。后者关注教学的人文价值，将人视为知识学习的主人，目的是促进人的自我实现，人的发展高于一切。教学是“为人”的活动，“人”是教学的出发点和归宿点。因此，在教学中，教师始终要以“学生”为教学价值确立的中心，关注“学生”作为整体人在教学中的发展。叶澜教授提出的“生命·实践”教育学观点是对教学价值应有之义最好的阐释。

3. 对教学经验的依赖遮蔽了对教学行动合理性的主动思考

任何教学经验都是在一定的教学情境之中通过试误的方式以及思维活动的参与，在对“做”与“受”关系把握的基础上产生的。其中，对行动及其后果关系的“知觉”是教学经验获得的核心环节，它直接决定着教学经验的深度与广度，如图 7—1 所示①。然而，现实中无论是新手教师，还是优秀教师，都有可能因为受到教学习惯的不良影响而不自觉地选择以往的教学经验作为教学行动的支撑。这种以“不变”应“万变”的教学行动方式必然会阻碍教师的专业成长与发展，原因在于：一方面，没有放之四海而皆准的教学经验，任何教学经验都具有情境依存性。教学行动的反思就在于不断地识别在特定的情境下对特定的孩子来说什么

① 刘慧霞：《新入职教师的专业发展需求》，《教育理论与实践》2008 年第 11 期。

样的教学行动是恰当的或不恰当的。另一方面，教师常常由于受到教学习惯的不良影响而失去了发现教学问题的敏感性，进而失去了生成合理教学逻辑的时机。因此，对于教师来说，要敢于唤醒自己的理性，用理性来突破自身教学经验的局限性，突破技术化教学实践的束缚，进入用“理性”来“思”教学行动的新境界。

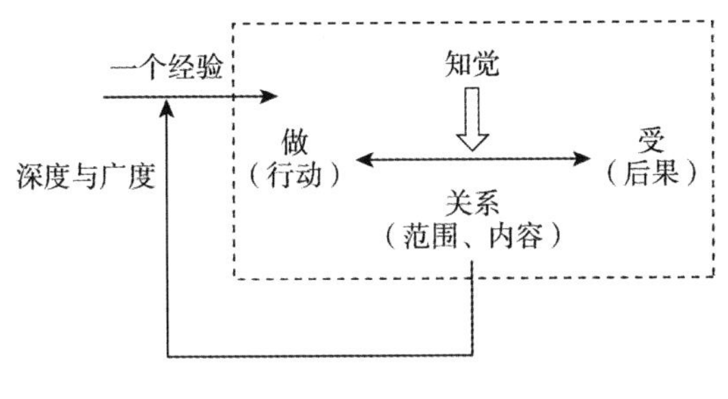

图 7—1　经验的形成

4. 对教学方法的迷恋遮蔽了对教学方法论的自觉探寻

当下教学实践中，教师更关心具有“普适应”的教学方法的掌握，而不是方法背后的价值探寻。这样的教师问的最多的就是关于如何做的方法问题。这种受工具理性支配的思维方式严重阻碍了教师的专业发展，将教师沦为某种教学方法的复制机。事实上，任何一种教学方法的背后都蕴含着一定的理论基础，只有对教学方法背后的理论基础进行细致的考究，即深入思考并对“我为什么要采用这样一种教学方法”的问题进行回答，才能帮助教师更好地思考自己的教学价值追求，不盲从，选择适切的教学方法。教学方法论不是从方法论方法，而是从教学方法与教学目标、教学内容与教学对象关系的视角来谈方法，即教学方法论强调从整体、动态、过程、复杂的视角来谈方法。拥有自觉的教学方法论意识，能够帮助教师提升教学实践“育人价值”的同时，提升教学实践的品质。“方法论的这种功能决定了它会成为每一个希望在教学中有所发现、有所创造的教师所必需，并应追随时代发展而更新的深层次的重要修养。一言以概之，教学方法论以及由此形成的方法论自觉是教师素养的基本构成。”①

二 教学逻辑合理发展的内涵与外延

（一）教学逻辑合理发展的内涵

教学逻辑的“先在存在”和“合理存在”之别为教学逻辑的合理发展提供了前提或可能。那么，究竟什么是教学逻辑的合理发展？首先要回答什么是“发展”以及什么是“合理发展”。所谓发展是事物由低级到高级、由旧质到新质的变化。所谓合理发展就是按照“理”由低级到高级、由旧质到新质的变化。那么，教学逻辑的合理发展就是教学逻辑按照“理”由低级到高级、由旧质到新质的变化。这里的“理”实为教学逻辑合理发展的判断依据或标准。对“理”的解读是教学逻辑合理发展的关键。那么，何为“理”？麦金泰尔和哈贝马斯都从客观世界、主观世界和社会世界三个方面论述了合理性的标准②。这为本书教学逻辑合理发展标准的确立奠定了基础。

1. 教学逻辑的发展要合教学规律之理

从认识逻辑来看，教学逻辑首先要反映教学的客观规律。教学是事理之学。正如杜威所言：“如果没有关于实际条件和因果关系的知识，任何‘应如何去做’的建立和准则都是愚蠢的冒险；同时，任何确立为目的和价值的东西都是空洞的理想。”③ 教学规律是对教学本质的客观反映，它使得教师的教学实践具有某种规约性，不能任意而为。一旦违背教学规律，教师的教学实践就失去了存在的根基。教学规律包括内部规律和外部规律，内部规律主要指教学与学生发展的相互制约规律，外部规律主要指教学与社会政治、经济、文化发展之间相互制约的规律。教学规律的复杂性要求教师加强对教学规律的研究，在对多种教学规律的统筹把握与思考下，寻求学科内容的最佳转换路径。此外，教学规律是有条件性的。对教学规律的认识不能脱离其赖以存在的具体教学情境，否则

---

① 李政涛：《从教学方法到教学方法论——兼论现代教学转型过程中的方法论转换》，《教育理论与实践》2008 年第 11 期。

② 杨清溪：《合理发展：基础教育发展新路径研究》，博士学位论文，东北师范大学，2015 年。

③ 南纪稳、张立昌：《教学规律研究：必要性及研究逻辑》，《教育研究》2010 年第 12 期。

无法验证教学规律的有效性。所有的教学规律“都必须回过头来与它们从其中产生出来的意识条件和意识脉络联系起来，都必须从这样的条件和脉络中把它们的有效性推导出来”①。教师在教学实践中要根据对教学实践关系的现实把握，选择符合特定教学规律的特定教学策略，提升教学策略选择的科学性和适切性。

2. 教学逻辑的发展要合教学价值之理

从价值逻辑来看，教学是关于“善和益”的伦理活动。偏离“善和益”的伦理指向，教学手段的有效性就失去了谈论的价值。教学是人为和为人统一的活动。教学中不仅要研究各种客观规律，更好地服务于人。同时，教学也表达了人们主观的价值诉求。教学是多方利益群体参与的活动，表达了多方利益群体对教学的期望，这其中包括社会、教育管理者、教师、家长以及学生不同的教学期望。不同主体的教学期望会贯穿教学过程的始终并实际发挥影响作用。如何处理好不同主体不同价值诉求之间的关系成为判断教学逻辑发展之合理与否的重要标准之一。教学实际上反映了教师对多种价值诉求的权衡。

3. 教学逻辑的发展要合教学现实之理

教学现实是教学实践面对的具体而确定的场域。在某一具体的教学现实中，教学活动各要素都有一个稳定值。教师需要在框定和分析教学现实，把握教学活动各要素稳定值的基础上做出教学决策，这就要求教师具有较强的情境识别能力。同时，教学现实的稳定性是相对的，教学现实处于不断地变化之中。教学现实的流变性、涌现性、多义性决定了教师必须以动态的视角看待教学现实。教学现实是一个复杂的系统，由各种教学要素耦合而成，一旦某一教学要素发生改变，教师需要对整个教学系统进行重新把握和厘定。

4. 教学逻辑的发展要合教学思维之理

教学逻辑除了建立在教学规律之理、教学价值之理、教学现实之理上，还要建立在教学思维之理上。作为教学思维的一种表达形式，教学逻辑也要符合思维表达的规律。概念不统一、思维对象不统一、判断不一致、理由不充分等都有可能影响教学结论的得出。因此，思维表达应

① 李森、张家军、王天平：《有效教学新论》，广东教育出版社2010年版，第88页。

遵循的同一律、矛盾律、排中律和充足理由律对教学逻辑的合理表达同样具有约束和规范作用，应成为教师审视、纠正自身教学逻辑规范应遵循的基本准则。

总之，教学逻辑的合理发展建立在教学规律之理、教学价值之理、教学现实之理和教学思维之理的四维空间之中。其中，教学规律之理是教学逻辑合理发展的客观规定之理，教学价值之理是教学逻辑合理发展的主观规定之理，教学现实之理是教学逻辑合理发展的可能范围之理，教学思维之理是教学逻辑合理发展的推理过程之理。教学规律之理使得教师能够以客观的教学态度对待教学实践，避免受到自身已有教学习惯和他人教学话语的束缚。同时，教学作为人为的实践活动，体现了不同价值主体的教学诉求，如果仅以教学规律之理作为教学逻辑合理发展的唯一标准，那么势必造成教学实践无法满足多方利益群体的教学诉求，进而阻碍教学的发展。如果教学逻辑的发展仅以教学规律之理和教学价值之理为依据，那么，教学逻辑则变成了教条，无法适应具有多变性的教学现实的需要。如果教学逻辑的发展不合教学思维之理，也很难保证教学结论的科学有效。可见，教学逻辑的合理发展是“四理”协调统一发展的结果。

（二）教学逻辑合理发展的外延

明确了教学逻辑合理发展的内涵，还要知道如何在实践层面操作，这就需要明确教学逻辑合理发展的外延。具体而言，教学逻辑合理发展的外延主要包括替换和扩充。

1. 替换

从性质来看，构成教学逻辑的教学命题并不一定正确反映了教学的客观规律和教学的价值诉求，建基于不正确教学前提之上，得出的结论必然存在问题。这就需要教师转变观念，剔除掉自己头脑中不正确的教学理解，取而代之以全新的教学理解作为自己教学认识或教学行动选择的前提。替换对于教师来说，是头脑中教学观念或理解的彻底改变，是教学逻辑改变中最难的一种。目前，造成教师教学实践与外界倡导的教学理想存在距离的最大障碍，莫过于教师头脑中固有教学理解的束缚，这些教学理解不仅源于教师过往的生活与教学经验，而且一经形成，往往具有潜隐性，潜移默化地制约着教学实践的开展。因此，替换发生的关键在于使教师意识到自身教学认识与行动实际上受到某些隐性教学理解的制约。除此之外，还要让教师意识到旧有教学理解如果持续作为教师教学逻辑建构的要素将对教师当下以及未来教学实践的危害。唯有如此，替换才有现实发生的可能。

2. 扩充

所谓扩充指教师在原有教学理解之上，形成更为丰富的教学理解。优秀教师之所以优秀就在于他们头脑中形成了较为稳固的教学信念，以及在稳固教学信念的支配下形成了具体的教学原则以及多样化的教学策略。相比较而言，新手教师一般只有比较宏观的狭窄的教学信念，既缺乏宏观教学信念指导下的教学原则，又缺乏具体的教学行动策略。这就需要新手教师在深化理解—实践探索—建构性积累—实践应用中不断加强对教学的宏观和具体把握。教学逻辑的扩充需要教师多看、多听、多积累、多反思、多实践，教学逻辑的扩充不仅需要时间的累积效应，更需要教师自主地介入，积极地建构。

第二节　教师个人教学逻辑合理发展的对策之探

一　教学逻辑建构主体意识的觉醒

教学逻辑合理发展的首要任务在于教师能够成为教学逻辑建构的自觉主体，这意味着教师能够主动意识到、识别并以反思与批判的精神和相应的行动对待已有的教学逻辑。为此，教师需要具备态度和行动上的相应品质。

首先，在态度上，教师始终能够以“关心”“质疑”和“坚持不懈”的精神投射已有的教学实践。其中，“关心”指教师能够意识到自身教学实践实际上受到教学逻辑的支配。教师可以通过在头脑中思考以下问题来保持这种“关心”的品质，比如“我的教学是怎样的?”“支配我的教学逻辑是什么?”“它们是怎样形成的?”。“质疑”指教师能够在“关心”的基础上不断对教学实践及其背后教学逻辑的合理性提出批判。教师可以通过在头脑中思考这样的问题保持这种“质疑”的品质，比如“我的教学逻辑有问题吗?”“它们怎样影响了我的教学实践?”“带来了什么样的结果?”“还有更好的解决策略吗？它背后的教学逻辑又是什么?”。“坚持不懈”指教师能够将教学逻辑的建构作为一个持续终身的过程，教师在教学逻辑的建构过程中能够不断吸收更多的理论及更好的教学策略。

其次，在行动上具备将“行动中识知”和“行动中反思”作为教学逻辑分析基本单位的品质。“行动中识知”指教师在借助外界媒介力量的基础上反观自身，使处于潜隐状态的教学逻辑显性化。“识知”的意义在于将自身的教学作为意识参与的对象，达成对已有教学实践及其背后教学逻辑的“知”。“行动中识知”意味着教师作为教学实践主体意识的觉醒，能够主动感知并深入分析自身教学实践的习惯及其依据。“知”是对教学逻辑的感知、揭示和外化。“行动中反思”指教师能够在“识知”的基础上，对外化的教学逻辑进行评估和合理的教学逻辑进行确证。要想做到“行动中反思”需要教师具备发现问题和实践的能力，这两项基本能力是教师成为教学逻辑建构自觉主体必备的基本素养，其中发现问题的能力能够帮助教师在实践中直面“问题”，摆脱固有教学习惯和外来权威的束缚，从“问题”本身出发，形成对教学问题的自我理解和行动方式；实践的能力能够帮助教师确证自我理解和行动方式的有效性。总之，“行动中识知”和“行动中反思”能够帮助教师以更主动、更合理、更有效、甚至更有创见的方式开展教学实践活动。

二 恢复“身体”在教学逻辑建构中的合法地位

鉴于具身认知科学理论对“身体”在认知建构中重要性的强调，我们对“身体”在教学认知建构中的地位有了新的认识。教学实践不是“防身体”的由上而下的外在规训过程，教学实践是教师基于身体，在教学关系的历史与现实体验中自我认同与建构的生命实践活动。教学实践的过程离不开“身体”的参与和“身体”作用的发挥。教学逻辑建构的水平受制于“身体”在教学活动中参与范围和程度的影响。因此，为了提高教学逻辑的水平，必须恢复“身体”在教学逻辑建构中的合法地位。

首先，正确理解身体的内涵，重塑身体观。长久以来，无论是理论工作者还是教师本人，将教学看成心灵、精神或理性成长的活动，将身体看成与心灵、精神或理性相对的存在物，且这种存在物在教学实践中只具有工具价值。事实上，“身体”是教学实践是其所是的内在根源。教学实践是一种身体实践，是基于教师身体、在身体中展开的实践。“教师总是通过身体与教学生活世界发生联系的。身体是教师存在于世和存在于他人的方式"①。此时的“身体”不再是传统身心二元论下的纯粹的物理身体，而是“肉体和精神”“生理本质与社会、文化共同作用的集合体"②。另外，“身体”在具有工具价值的同时，“身体”本身的成长与发展也是教学的重要目的之一。教师不仅通过身体的实践达成对教学的理解和培养人教学目的的实现，而且在这个过程中，教师身体本身由于受到了关注和反思，身体的结构和功能也在发生积极的改变，教师在这一过程中自我得到了解放与发展。因此，“身体”的改变本身就是教学的应有之义。

其次，加强对教师身体史的研究。教学实践是教师身体史的反映，不同类型、不同年龄段、不同风格的教师承载着不同的身体史，形塑了不同的教学实践。身体史的研究能够将教师置于教学研究的中心，从时空的双重视角通过教师的“身体”来了解教师个人、教学生活世界以及外在社会政治、经济以及文化之间的互动关系。教师正是在身体参与、身体感知、身体记忆、身体反思与身体重建中不断建构自我以及教学生活世界。因此，身体史是了解教师教学实践的切入点，从身体史出发，既能够了解每位教师的生活、学习、工作中的重要经历及体验，又能够透过身体了解政治、经济、文化等宏观因素对教师的影响。透过对个人经历以及外来影响因素的交叉分析，能够真实还原个体教师成长的历史图景，从而对教师教学实践是其所是作出更准确、更有力的解释。口述、叙事、传记、日记、案例以及其他的文本材料分析等都是用来感知和再现教师身体史的有效途径。总之，加强对教师身体史的研究有助于教师更好地理解自身的教学实践，明确任何教学实践都不是偶然，都有它的历史原因；有助于教师对教学实践中出现的问题追根溯源，进而从根本上找到解决问题的办法，改善教学实践。

最后，为身体实践培育良好的内外环境。一方面，教师应加强对身体感知和正向引导能力的培养，这是教师开展身体实践所需的内在环境。

---

① 罗儒国：《教师身体的异化与重建》，《大学教育科学》2010 年第 4 期。

② 贾利帅：《身体意识的觉醒：理解当代教师发展的新视阈》，《当代教育科学》2016 年第 2 期。

教师“身体”在参与教学实践的过程中是作为一个能动的主体而存在的，教师“身体”在感受传统文化、学校体制与规范以及外来政治、经济、文化影响的同时，也在综合这些影响的基础上形成自己的理解并内化为身体的图式。可以说，任何教学实践都是教师身体参与、综合反映、自我内化的结果。作为自我内化的结果，不免受到不良教学认知和情绪、不良社会传统文化以及不良学校文化的影响，这就需要教师加强对身体的感知和反思，以指向幸福为身体实践的正确发展方向。另一方面，学校应为教师的身体实践创造自由、合作、激励、宽松的生存环境。学校是教师工作的重要场域，身体认知和身体图式是教师个人与所在场域互动的结果。在教师个人发挥积极性、主动性，自主建构教学实践的同时，所在场域对教师的教学实践发挥着潜移默化的影响。学校的规章制度、文化对教师的身体实践起着一定的规约作用，这种规约作用的发挥既可能是积极的，也可能是消极的，主要取决于学校规章制度和文化的性质。因此，为了更好地帮助教师在教学世界中进行身体实践，学校应为教师创设自由、合作、激励的外在环境。所谓自由，意味着教师能够不受外来权威的束缚，能够按照自己对教学的正确理解开展教学实践；所谓合作，意味着学校能够为教师搭建互动交流、智慧碰撞的平台，能够让教师在共同体层面积极的表达和显现自己的想法或行动，并在共同体反思的层面得到提升；所谓激励，意味着学校能够积极探索有效的激励措施，鼓励教师拓展身体实践的空间，鼓励教师持续地开展专业实践与反思。所谓宽松，意味着学校能够减少不必要的事务活动，为教师提供足够的时间和精力进行身体实践。

三 加强对教师实践性知识的有效管理

教师的实践性知识是教学逻辑的静态构成内容，实践性知识的积累、甄别、转化、分享、检验和更新直接影响着教学逻辑建构的性质和水平。因此，加强对教师实践性知识的有效管理是教学逻辑发展的根本保障。

首先，注重对实践性知识的积累、甄别和优化。事实表明，教师实践性知识的发展是一个渐进的过程，是一个由无到有，由少到多，由浅入深，由劣到优的过程。这就需要教师注重对实践性知识的积累、甄别和优化。学徒生涯、生活经验、职前受教经历和教学反思、同行观摩、日常交往、阅读理论书籍和期刊、行动研究、师徒结对、参加名师工作室、外出培训与学习、教学研讨、网络资源等都是积累实践性知识的有效渠道。教师应拓宽实践性知识来源的渠道，从数量上丰富自身的实践性知识。但教师一开始积累的实践性知识往往是不稳定的、杂乱的、浅显的、内隐的，需要教师将这些实践性知识外显化，并进行甄别与优化，保留那些具有价值合理性和事实合理性的实践性知识，逐渐使其稳定化并用以指导教学实践。

其次，注重对实践性知识的学科转化。所谓实践性知识的学科转化指教师在学科信念的支配下，将具有观念形态的实践性知识转化为具有操作形态的实践性知识。实践性知识的转化可以看作是教师从教学已知出发推出教学结论的过程。其中，教师对教学目标、学科内容、学生、课程、自我、教学、情境的认识可以看作是教学的已知，教师对具体情境下教学策略的选择可以看作是教学的结论，从教学已知推出教学结论的过程中既涉及教师对教学的宏观把握，又涉及教师对教学的具象分析。其中，教师对教学目标、学科内容、学生、情境和教学策略的把握是有效教学决策过程中必不可少的分析要素，教师在由教学已知推出教学结论的教学决策过程中，既有对总体教学目标的把握，又有对具体教学目标的分析；既有对学科总体知识，又有对学科内部不同领域知识甚至是某一领域下具体内容知识的把握；既有对学生一般特征的分析，又有对班级具体学生的分析；既有对情境的宏观把握，又有对情境的具体识别；既有对一般教学策略的把握，又有对不同教学主题下特殊教学策略的把握。简言之，实践性知识作用的发挥不能停留在观念层面，还要结合具体的情境、具体的内容、具体的学生落实到实践中，以灵活多样的行动策略促进学科教学价值的实现。

最后，学校为教师搭建实践性知识分享与更新的平台。每位教师在实践中都积累了一定的实践性知识并内化为自身行动的准则。除了教师个人加强对实践性知识的管理，学校还要对教师个人的实践性知识实施有效管理。第一，学校应引导教师加强对自身实践性知识分享意愿的激发，让教师意识到分享实践性知识的重要性。第二，学校应为教师搭建分享实践性知识的平台。多为教师提供与他者（同事、教研员、校长、专家、学者、科研人员等）交流与互动的机会，丰富教师所在实践共同体所共享的实践知识库。第三，加强对共享的实践知识库的检验和更新。实践是检验真理的唯一途径。教师在实践中积累的实践性知识最终还要拿到实践中去检验，只有经过实践反复验证为有效的实践性知识才是最可靠的知识。因此，教师要多实践，特别是将积累的实践性知识拿到不同的问题情境中，接受不同情境的挑战和反复检验，这一过程既是检验实践性知识有效性的过程，也是使实践性知识在检验过程中得以不断深化理解的过程。随着教师对实践性知识理解的深入，实践性知识的内涵和外延同时也在不断扩大和更新。实践性知识的发展是一个持续不断的演进过程，将随着教师理解的深化和实践经验的积累而不断得到发展。

四 促进专业教学理论与教师个人经验之间的对话

教学逻辑作为教师个人认知和行动依据，不是从来就有的，而是教师在专业教学理论与个人经验的对话中生成的。一方面，教学逻辑的建构离不开教师自身在生活、学习、受教育和工作中获得的经验，这些经验是教师教学逻辑建构的基础，它们不仅制约着教师当下的教学活动，而且预示着教师在今后教学实践中的教学反应方式。另一方面，教学逻辑的建构也离不开专业教学理论的影响，专业教学理论为教师个人教学逻辑的创建提供了“语境”。教学实践无论是在既有经验的简单复制中茧式发生，还是在专业教学理论支配下的教条主义发生都难以解决教师自身面临的实践和发展问题。因此，必须形塑专业教学理论与教师个人经验对话的机制，只有在“对话”中才能更好地促进外在理论与内在经验的沟通与对接，才能帮助教师形成更为科学、合理且具有灵活情境适切性的教学逻辑。

首先，加强专业教学理论对教学实践的介入。专业教学理论一般是专业理论工作者形成的旨在解释和预测教学现象的系统化的陈述，具有抽象性、普适性和逻辑性。由于教师获得经验难免受到个体有限理性、不正确价值导向、不良思维习惯以及经验来源场域的影响，其性质和适用范围就需要得到辩护，而专业教学理论的介入无疑成为经验性质和适用范围得以辩护的最有力工具。专业教学理论能够帮助教师超越既有经验的束缚，以科学和先进的思想、认真和全面的态度来看待和引领教学实践。“如果教师不能与理论有机地融合起来，教学经验只能导向徒然的毫无收益的自发社会化过程而不是丰富的专业发展。”[①] 因此，科学教学理论的介入在教师个体教学逻辑的建构中显得尤为重要，它的介入是教师专业发展由“自发”向“自觉”转化的关键，能够为教师行动选择提供科学的理论依据，推动教师自身教学行动合理地发展。因此，一方面教师自身要加强对各种先进教学理论的正式和非正式学习，加强理论对教学实践的引领、指导、规范和超越作用的发挥；另一方面，学校要为教师专业教学理论的摄入创造条件，可以通过专家讲座、理论培训、教学研讨、学历进修、校本学习等多种形式帮助教师吸收新的专业教学理论。总之，专业教学理论能够为教师教学实践提供价值引领和理性批判。

其次，促进专业教学理论与教师自身经验的有机融合。专业教学理论对于同一时空里的不同人或同一人在不同时空的价值与意义是不相同的[②]。因此，教师在注重专业教学理论学习的基础上，还要注重专业教学理论向教学实践的转化。如果教师只知道一般的专业教学理论，而不能将其转化为具体教学情境下的教学行动，不能把“为什么”转化为“如何做”，那么专业教学理论永远只能停留在口头阐释水平，无法现实地发生并改变教师既有的教学实践。但专业教学理论无法照顾到现实教学实践情境的多样性，专业教学理论在关照教学现实方面具有有限理性，这就需要教师在深化学习专业教学理论的同时，将自身习得的教学经验融合进专业教学理论中，对习得的“做”的教学经验进行积累、观察、分析与评估，认清教学经验的性质和适用范围，并学会在不同的教学情境下创造性地运用。也就说，教师要提升对习得的教学经验的自组织能力，使教学行动在“理论介入—经验转化”的循环模式中不断得以重构。

五　采取有效干预措施助推不同发展阶段教师教学逻辑的发展

为了促进不同发展阶段教师教学逻辑的发展，应为他们提供不同的干预措施。

---

① 张释元、陈向明、邱霞燕：《师范实习生教师专业身份建构》，《教师教育研究》2015 年第 4 期。

② 伍红林：《中小学教师的理论学习与实践转化》，《教育发展研究》2010 年第 22 期。

首先，对于新手教师而言，干预的关键在于暴露问题、深化理解、经验累积和转识成智。新手教师带着“前结构”参与到教学实践中，这一“前结构”是在职前生活、学习和受教育的过程中形成的，从性质来看，可能是正确的认识，也可能是错误的或浅表的认识。因此，十分有必要对新手教师的“前结构”进行分析，分析的关键在于使“前结构”外显化，充分暴露其中存在的问题。在使“前结构”外显化的过程中，对“转换期”蕴含的教师“前结构”进行分析显得尤为重要。这里的“转换期”主要指新手教师由“学生生涯—师范教育阶段”之间的“转换期”和由“师范教育阶段—入职”之间的“转换期”。对于由“学生生涯—师范教育”之间的“转换期”而言，干预的关键在于充分暴露师范生的“学生经验”，为此，师范教育过程中，可以通过课程学习、案例分析、微格、教育实习等多种途径带出以往学徒经历对他们的影响，并能够帮助教师在理论的指导下重新思考和重建原有的“学生经验”。其中，课程学习旨在通过相关课程的设置和学习，丰富师范生的理论素养。案例分析旨在通过提供真实的教学情境、人和事，引发师范生对教学案例背后所蕴含的教学原理的理解。“对于大量不可预测、没有确定性和需要自己判断的观念和工作，案例是将新手引入其中的理想之选”①。案例既可以选择来自师范生、新手教师和优秀教师等处于职业不同发展阶段教师的案例，让教师在观看、思考和研讨教学案例的过程中学会分析教学案例所需的专业思维，同时丰富自身的教学经验库。微格和教育实习对于师范生而言是具有临床实践特征的学习方式，通过指导教师在微格和教育实习中对学生的亲自指导，能够及时捕捉师范生在教学实践中存在的认知和行动上的问题，能够及时发现和纠正原有“学生经验”的不良影响。对于由“师范教育—入职”之间的“转换期”而言，干预的关键在于充分暴露师范生在师范教育学习阶段所存在的问题。一般来说，师范生在师范教育阶段存在的问题主要包括要么停留在对理论知识的宏大叙事之中，缺乏对不同学科的具体了解，更缺乏与具体教学情境相关联的学科转化知识；要么只熟悉某一学科，难以适应未来岗位对教师多学科教学素养的需求；要么毫无批判地接受实习指导教师经验的影响。

---

① 李利：《职前教师实践性知识发展研究》，博士学位论文，苏州大学，2012 年。

因此，在入职阶段，应通过多种途径了解师范生在师范教育过程中积累的“师范学习经验”。教学展示、教学观摩与研讨、教学叙事等都是了解师范生“师范学习经验”的有效途径。在暴露问题、深化理解的基础上，多为新手教师提供经验积累的机会，帮助新手教师逐渐实现由“边缘参与者”向“中心参与者”转变。只有问题得以暴露和纠正、经验得以积累和丰富、认识得以深化，教师才能转识成智，以科学理论为指导，灵活应对实践情境。

其次，对于优秀教师而言，干预的关键在于经验分享、实践理论提炼、专业引领和卓越发展。优秀教师在长期的教学实践中积累了丰富的教学经验，这些教学经验与具体的教学情境“打包”，一同储存在教师的“记忆库”中，当优秀教师面对具体的教学问题时，它们会根据情境的需要自动化地选择适合的教学策略。新手教师与优秀教师的重要区别之一在于缺乏丰富的教学经验。因此，学校应鼓励优秀教师分享他们在长期教学实践中积累的优秀教学经验，使优秀教学经验得以传播和更广泛有效的运用。此外，优秀教师不仅积累了丰富的教学经验，他们在教学实践中还形成了具有个人哲学特征的理论，这些理论是优秀教师在综合专业教学理论和自身经验的基础上形成的理性认识结果，具有认知与行动的双重属性。帮助优秀教师提炼实践理论，既有助于对既有实践理论的批判与提升，使教师在科学实践理论的指导下实现对既有教学实践的超越，又有助于教师形成稳定的个人教学哲学，使自身的教学实践在“哲学之思”的引导下走向幸福之路。再有，多为优秀教师提供与专家、学者和优秀同辈群体交流的机会，从更高水平对他们进行专业引领。另外，这种专业引领不仅包括教学引领，还包括科研引领，调动优秀教师参与教学行动研究的热情，将教室作为天然的实验室，结合自身或同伴教学中遇到的现实问题进行行动研究。行动研究能够帮助教师以研究者的视角来审视自身的教学实践和所持有的教学理论，能够使自身的教学实践始终处于不断的建构与完善之中。简言之，如果说对于新的教师而言，干预的关键在于暴露、深化理解和积累，那么对于优秀教师而言，干预的关键在于分享、提炼和跃迁，这样优秀教师才能突破自身遇到的“瓶颈”，实现卓越发展。

六 积极发挥实践共同体在教学逻辑发展中的关键作用

帕尔默曾说："如果我想教得好，则一定要去探究我的内心世界。但我可能在那里迷失，不断自我蒙蔽和故步自封。因此，我需要一种同事之间相互切磋、对话的共同体的指引，何况这样的共同体可扶持我经受教学的磨炼，给我在任何名副其实的教学单位都能找到的累积的集体智慧。"① 帕尔默的话实际上指出了实践共同体在教师专业发展中的重要性。实践共同体最早是由人类学家莱夫和温格在1991年的时候提出来的，指的是有着共同关切、面对着一系列同样的问题或者对某个话题抱有热情的一群人聚集而成的团体，他们不断地互动交流、相互影响，从而使其在该领域的知识和专长得以深化。共享的愿景与价值观、相互的介入、知识的批判与共享、实践的开展、身份的认同是实践共同体的基本特征。在促进教学逻辑发展的过程中，要积极发挥实践共同体的作用。

首先，以实践共同体作为教学逻辑揭示与重建的重要媒介。第一，实践共同体要以促进课堂教学的改变以及教师与学生的发展为共享的愿景和价值观，并以此作为教学逻辑发展的内在根本动力。第二，实践共同体的成员之间要主动介入到彼此的教学实践活动中，积极发挥对他人的影响作用。实践共同体成员之间地位上是平等的，不存在谁领导谁，同伴之间是一种相互影响的关系。教师个人处于潜隐状态的教学逻辑可以在同伴成员间的相互介入中得以外显化，并接受同伴群体的审视与批判。第三，实践共同体成员之间要定期针对教学中存在的问题交换意见，便于教师在异质多元的思维碰撞中建构合理的教学逻辑。"教师通常喜欢交流与他们工作有关的想法和材料，但教师群体中对同事教学进行的批判性讨论却很少"②。在实践共同体中同伴之间的关系是一种批

① ［美］帕克·帕尔默：《教学勇气——漫步教师心灵》，吴国珍等译，华东师范大学出版社2005年版，第154页。

② Hilda Borko, "Professional Development and Teacher Learning: Mapping the Terrain", *Educational Researcher*, Vol. 33, No. 8, November 2004, p. 7.

判性诤友关系，“同伴支持”“实质对话”与“合作调研”① 是批判性诤友关系的主要特征。在实践共同体中同伴相互信任，经常通过观摩与讨论的方式参与到同伴的教学中，针对教学问题为对方提供反馈意见，一起进行合作研究，将共同的发展作为双方关系建立的基础。第四，实践共同体成员要将经过审视、批判与重建的教学逻辑付诸实践，在行动反思中不断检验和更新教学逻辑。第五，身份的认同旨在使处在某一群体中的个体，主动建立一个认知和表达体系，在自己是谁、自己是做什么的、扮演什么角色、遵循什么规范等问题上形成清晰的主体意识并表现出相应的主体行为。② 身份认同体现了个人对集体共享价值观念和行为规范的认同，对责任义务的共担以及对自身角色与行为的确认。在教学逻辑的发展过程中，身份认同指共同体成员能够将教学实践及其依据的改变作为一个持续建构的过程，共同体成员能够主动承担影响他人的责任，并自觉、主动地介入到他人的教学实践中促其改变的发生。

其次，发挥不同类型实践共同体在促进教学逻辑改变与发展中的作用。新手教师在参加工作之前头脑中的“前结构”是制约他们教学认知和行动的基础，“前结构”一般处于潜隐状态，很难被教师觉知。对于新手教师而言，他们教学认知与行动的依据要想获得发展，关键在于能够使新手教师意识到“前结构”的存在以及能够将他们外显化。实践共同体无疑在这个过程中发挥着重要作用。学校可以通过组建师徒实践共同体和新老教师实践共同体的形式，让新手教师能够在师傅或有经验的老教师们的帮助下，使自身的教学逻辑逐渐获得发展。对于优秀教师而言，他们虽然在教学实践中积累了许多丰富和宝贵的经验，当面对教学问题时，他们甚至不需要过多的思考，便自动化地开展教学实践，使教学实践受到茧式思维和旧有经验的影响。因此，为了帮助优秀教师从习惯化的教学实践中解放出来，学校可以组建优秀教师实践共同体以及大学与中小学教师合作共同体，为优秀教师提供更多的优质资源，让他们能够在更专业的思维碰撞下建构优质的教学实践。

---

① 王春晖：《CFG 教师专业发展新模式——以一项越南外语教师教育的研究为例》，《全球教育展望》2011 年第 5 期。

② 张军凤：《教师的专业身份认同》，《教育发展研究》2007 年第 7 期。

第八章

研究结论与反思

第一节 “教师个人教学逻辑研究”的主要结论

一 教学逻辑是教学实践是其所是的内在根本依据

教学作为人为的一种实践活动，内蕴着实践主体对教学活动诸要素及其关系的理解、内蕴着实践主体的教学目的与追求。可以说，教学是教师将教学理解与目的付诸实践的过程。教学实践的样态不是一种偶然现象，它是教师在教学实践活动中所形成的理性行动原则的“反映”。教学逻辑既不是一种纯粹的理论逻辑，也不是一种纯粹的情境逻辑，而是兼而有之的“实践逻辑”。理论逻辑寻求一种普遍性，企图用一种普遍的指导原则来规范教师的实践，忽视了教师存在所具有的“具体”和“复杂”的特征，每个教师都是在自我理解的框架下开展教学活动，即便是教学理论，也要经过教师的理解、内化与认同，才能现实地发挥作用，否则教学理论永远停留于理论，无法对实践产生切实的影响。这意味着教师才是教学实践的主体，教师在长期教学实践中所形成的教学理解对教学活动的开展起着至关重要的作用，影响着教师教学实践的方向和水平。同时，教学逻辑也不是一种纯粹的情境逻辑，教师并不是完全凭着在具体教学情境中的感觉来实践，它内蕴着教师对教学的理解，这种理解在一段时间内具有一贯性和稳定性。

作为教师在深化理解教学问题与具体开展教学实践活动中所遵循的相对稳定的依据或规则，从内容上，教学逻辑表达了教师对教学“真”和“善”的追求；从结构上，教学逻辑表达了教学价值诉求、知识经验、实践情境和行动策略之间的推理关系；从发展上，教学逻辑在知、情、意、行统一过程中得以不断改变。从功能上，教学逻辑具有自我理解与发展的双重功能；从属性上，教学逻辑具有经验与理性的双重属性。教师教学逻辑在具有一般特征的基础上具有自身的特殊性，是“学科”和“教学”双向建构的结果。教学目的认识、学科内容认识、学生认识、自我认识、教学认识、课程认识、情境认识构成教师教学逻辑的基本内容，这些认识在实践中的相互作用是对教学逻辑在实践中运行方式的动态描述。个体性、潜隐性、优先性、稳定性、具身性、情感性、实践性、复杂性是教师教学逻辑的基本特征。不同价值诉求、建构方式、思维方式、拥有方式和意识程度的教师，其教学逻辑存在类型上的巨大差异。但无论如何，教学逻辑都是教师教学实践是其所是的内在根本依据，决定着教师教学实践的过去、现在以及未来的发展，教学逻辑对教师主体身份的形塑、教师专业素质的发展以及课堂实践水平的提升都具有重要的价值或意义。

二　教学逻辑是教师个人与教学环境互动的产物

教学逻辑不是从来就有的，是教师个人在与教学环境互动的过程中形成的。因此，要想了解教师的教学逻辑就要从教师个人的生活史入手。正如伽达默尔所言：“传统的过程是一种参与到所有的理解之中的活生生的力量。无论如何，我们和过去之间的通常的关系不是以远离和摆脱传统为特征的，而是我们总是处在传统之中，这不是客观化的过程，我们不能把传统设想为外在的和相异的东西，它总是我们的一部分”①。教师对当下教学活动的理解总会在过去某个时间段的教学活动中有所体现，它经过教师行动的反复和意识的沉淀得以保存下来，并成为后续教学活动开展的内在根本准则。因此，了解教师生活和工作中重要的经历、事件、人物和环境因素对揭示教学逻辑的形成十分重要。

教学逻辑的形成经历了“情境的评鉴—问题的确定—目标的求解—论据的提取—逻辑的链接—行动中反思—信念的确证”等一系列过程，并且不同发展阶段的教师在教学逻辑生成各环节的表现明显不同。在情境评鉴方面，新手教师一般无视具体教学情境差异的存在，将教学实践

---

① 张光陆：《教师理解与教师实践智慧的生成》，《教师教育研究》2009 年第 4 期。

的过程理解为将一般教学原则付诸实施的过程；而优秀教师一般具有情境辨识的能力和敏感性，能够在对教学情境“相似”和“差异”分析的基础上，灵活选择教学策略。在问题界定方面，新手教师一般无视教学问题的存在，以常态化的方式对待教学中的问题，且对教学问题的理解一般停留在常识性思维水平；而优秀教师往往能够以“开放”“负责”“关心”的态度对待教学实践，具有敏锐的问题敏感性，且对教学问题的理解处在教育学思维水平。在目标求解方面，受“本体论”知识观支配的新手教师在教学目标的选择上往往过于关注学生认知领域的发展；而受“主体论”知识观支配的优秀教师在教学目标的选择上关注学生在多个领域的发展。在论据的提取方面，优秀教师在认知的倾向性、深刻性、清晰性、多样性和结构性方面均优于新手教师。在逻辑链接方面，新手教师遵循的是自我假定的原则，优秀教师遵循的是“实践验证”与“理性反思”的原则。在行动中反思方面，新手教师和优秀教师在反思意识、态度、方式和能力方面均存在显著差异。在信念确证方面，新手教师对教学逻辑的确证往往是一次性的、零散的，而优秀教师对教学逻辑的确证往往是多次的、打包式的。不仅如此，不同发展阶段的教师，其教学逻辑发展的水平也存在显著差异。新手和优秀教师分别处于教学逻辑发展连续统中的一端。从认知深度来看，新手教师处于教学逻辑发展连续统中经验的水平，优秀教师则处于理性水平；从认知广度来看，新手教师处于教学逻辑发展连续统中松散的水平，优秀教师处于紧密水平；从表征的丰富程度来看，新手教师处于教学逻辑发展连续统中机械的水平，优秀教师处于灵活的水平；从主体的觉知程度来看，新手教师处于教学逻辑发展连续统中自在的水平，优秀教师处于自觉的水平。“识别—评价—应用”等一系列行动是使处于潜隐状态的教学逻辑显性化，使不合理的教学逻辑得以重构与发展的有效模式。

三　多学科理论为教学逻辑的研究提供理论基础

具身认知科学理论、缄默知识理论以及反思性教学理论分别从不同的视角为我们进一步深化理解教学逻辑的形成和促进教学逻辑的发展提供了重要的理论基础。其中，具身认知科学理论提出的“身体作为主体参与认知的形成”“认知是身体嵌入环境的适应性活动”“认知是连续进化的动态活动”的观点，引发了我们对教学逻辑建构主体、教学逻辑建构方式以及教学逻辑建构过程的思考；缄默知识理论中提出的“缄默知识是高度个人化的知识”“缄默知识是一种优先性知识”“缄默知识是一种情境化知识”“缄默知识的习得依赖个人的识知能力”“缄默知识的习得离不开社会文化的影响”“缄默知识的发展在于经验的重塑”等观点，引发了我们对教师个人系数、已有缄默知识优先作用、情境、个人识知能力、社会文化以及经验在教学逻辑形成与发展中作用的重视。反思性教学理论中提出的“反思性教学以教师实践知识为知识基础”“以问题的产生和探究为内在动力”“以系统的观点为反思方法”“以个体探索与群体协作互补为行动方式”“以理论与实践的互动为根本保障”“以促进师生的共同发展为价值诉求”等观点，对教学逻辑的发展具有重要的启示价值。

四　教学逻辑的发展具有鲜明的个体差异性和动态变化性

作为教师个人教学存在的内在依据或规则，教学逻辑呈现出鲜明的个体差异，这种差异既表现在教师个人对微观教学问题的理解与处理方面，又表现在对整体教学环节的设计与实施方面。从对微观教学问题的理解与处理来看，在对“学习任务的选择与组织”“学习任务的实施”“学生参与方式的选择”“提问主体的选择”“提问着眼点的确定”“评价主体的选择”“评价方式的选择”“互动方式的选择”以及“如何处理学生理解中的问题”等九大教学基本问题的处理和思考来看，不同教师教学行动处理背后所持的教学逻辑存在显著差异，反映了背后所持有的逻辑起点、经验认识以及推理过程等的不同。从对教师整体教学环节的设计与实施来看，不同教师对整体教学环节的设计与实施呈现出不同的稳定性，主要表现为“讲练型”“解释型”和“探究建构型”三种基本的教学逻辑类型。每种类型的教学逻辑都有其不同的外在表征和内在依据。

教学逻辑除了具有鲜明的个体差异性，还具有动态变化性。这种动态变化性主要指教学逻辑不是一成不变的，教学逻辑总是处于不断的更新与变化之中。从不同发展阶段教师教学逻辑的发展情况来看，教师教学逻辑的发展呈现出以下主要变化特征：从价值诉求来看，经历了由“工具价值”向“发展价值”的转变；从认知性质来看，经历了由“静态主义数学教学认识论”向“动态主义数学教学认识论”的转变；从认知程度来看，经历了由“浅表”向“深刻”的转变；从知识提取来看，经历了由“单一片面”向“知识统整”的转变；从逻辑链接来看，经历了由“自我假定”向“实践反思”的转变。教学逻辑正是在这样的发展过程中得以不断跃迁。导致教师教学逻辑变化的影响因素在这一过程中也发生了重要的改变：由“主观情感认同”趋向“理性的实践”；由“经验的局限与依赖”转向“经验的扩大与改造”；由“单一的发展模式”变为“融合的发展模式”以及由“简单与随意的思考”走向“审慎与自觉的反思”。

五　合理发展是教学逻辑研究的应有之义

教学逻辑研究的最终目的不仅在于教师能够向他人讲清自己教学行动的理由，为自己的教学决策和教学行动进行辩护，而且能够保证行动理由的合理性，促进自身教学实践的发展。可以说，合理发展是教学逻辑研究的应有之义。合理发展建立在对教学逻辑“先在存在”与“合理存在”之别的思考之上。一方面，教学逻辑是教师教学实践是其所是的内在根由，决定着教学实践的当下与未来，具有“先在性”。另一方面，“先在存在”不等于“合理存在”，教师还要对教学逻辑的合理性进行分析。正是基于这样的考虑，本书提出教学逻辑合理发展的问题。教学逻辑的合理发展就是教学逻辑按照“理”由低级到高级、由旧质到新质的变化。“教学规律之理”“教学价值之理”“教学现实之理”和“教学思维之理”是“理”的四个维度。教学逻辑的合理发展是“四理”协调统一的结果。替换和补充是教学逻辑合理发展的外延。

教学逻辑的合理发展不仅表现在对其内涵和外延的思考，更重要的是能够积极探寻推动教学逻辑发展的有效策略。为此，我们可以尝试从以下几个方面去提升教师的教学逻辑：一是教师要成为教学逻辑建构的自觉主体，在态度上和行动上具备相应的品质。二是恢复“身体”在教学逻辑建构中的合法地位，包括正确理解身体的内涵，重塑身体观；加强对教师身体史的研究；为身体实践培育良好的内外环境。三是加强对教师实践性知识的有效管理，包括注重对实践性知识的积累、甄别和优化；注重对实践性知识的学科转化以及为教师搭建实践性知识分享与更新的平台。四是促进专业教学理论与教师个人经验之间的对话。五是采取有效干预措施促进不同教师教学逻辑的发展，具体而言，对于新手教师，干预的关键在于暴露问题、深化理解、经验积累和转识成智；对于优秀教师，干预的关键在于经验分享、实践理论提炼、专业引领和卓越发展。六是积极发挥实践共同体在教学逻辑发展中的关键作用。

第二节　“教师个人教学逻辑研究”的反思

一　对“教学逻辑研究价值”的反思

教学逻辑作为一种既定性存在，是教师个人在教学习惯和场域的互构过程中经过行动的反复以及意识的沉淀而成，它像一只“看不见的手”隐藏在教师教学思维与教学行动的背后，对教师的教学实践起到一种规定和制约的作用，并进而影响教学实践的性质、发展方向和水平。因此，要想改变教师的教学实践，首先要改变对其教学实践起规定和制约作用的教学逻辑，它是促进教师教学实践改变的根本。然而，实践中由于受到意识沉淀作用的影响，教师已经习以为常，失去了对教学行动最初依据的思考和分析，将教学实践变成了一种具有天然合理性的存在。在这种情况下，教师教学行动背后的依据受到了遮蔽，由于得不到及时的问诊和发展，教师的教学实践很难发生根本的改变，这也是导致教学理念与教师教学实践出现两张皮的根本原因。教学逻辑研究最大的意义在于重新唤醒教师的教学主体意识，使其意识到教学逻辑的事实性存在及其实际所产生的影响，并能够意识到自身认知存在的问题。

参与研究的个案教师在访谈中均表达了对教学逻辑研究价值的肯定。比如L教师在访谈中表示：“通过你这个研究，我能够发现自己教学中的问题，平时自己教学中就是这样做的，没太意识到其中存在的问题，参加这个研究之后，可能自己在今后的教学中就会更加注意，比如原来不知道课堂上应该多与学生互动，现在知道了，以后就要注意。另外，自己在备课的时候要多跟课标靠一靠，用课标来指导实践，以免自己的教学走得太偏。”又如C教师在访谈中表示：“之前，很多教学的做法都是潜意识的，自己并没有清醒地意识到自己这样做是有依据的，通过参加这个研究就能发现自己意识中存在的问题，需要学习一些理论或者需要通过实践来修正原有的认识，然后再完善。”再如 T 教师在访谈中表示：“这个课题对于老师专业素质的提高挺有帮助，因为很多东西我去做了，但是我没想那么多，然后你问完之后，我再仔细回味一下、思考一下、深究一下，哦，原来是有那么多理论支撑，就觉得原来我在做这些事，不是胡乱的做，实际上这些东西是我那么多年经验作支撑指导着我，不是那种动物本能的，饿了要吃，渴了要喝，还是有东西指导着我这样做的。”通过本研究，教师能够更清醒地认识到教学行动背后教学逻辑的力量，教学逻辑与教师教学实践之间的紧密联系，以及保持对自身教学实践及其背后教学逻辑的高度敏感性。

二 对“教学逻辑发展”的反思

教学逻辑研究的根本在于促进教学逻辑的发展，而教学逻辑的发展受到教师个人主观因素和外在客观因素的双重制约。一方面，教师的反思态度、反思水平和知识水平制约着教学逻辑的发展。教师只有成为“反思实践者”，从伦理层面进行反思，才能使教学实践摆脱技术手段的束缚，真正促进学生的发展。教师只有形成自觉的反思习惯，把反思变成一种教学生活态度和需要，才能促进自身教学逻辑的可持续发展。然而，现实中，教师的教学反思态度和水平还有待得到极大的提升。对于非优秀的教师来说，他们的教学反思大多居留于“技术层面”，只关心教学策略在促进教学目标实现方面的“有效性”，忽视对教学目标本身正当性的思考。而且，他们的反思往往比较简单、随意，在他们眼中，反思似乎可有可无，反思的存在更多是一种外在的要求。对于优秀教师而言，他们往往能够从伦理层面和技术层面的双重视角进行反思，既能够考虑教学目标的正当性，又能考虑教学策略的有效性。而且，他们能够以审慎、自觉的态度对待反思，他们会在教学前、教学中、教学后进行系统的反思。但即便是优秀教师，这种自觉的反思习惯也有可能由于各种内外因素的影响受到破坏，阻碍教学实践的持续改进。因此，要想推动教学逻辑的可持续发展，教师个人必须更好地实施反思管理。此外，教师个人的知识水平也制约着教学逻辑的发展。教师只有不断地进行理论学习、积累实践经验以及加强理论与实践的有效对话，才能建构更高水平的教学逻辑。

另一方面，教学逻辑的发展仅仅依靠教师个人的努力是不够的，还需外界为教师教学逻辑的外显化和反思提供各种机会和支持，这主要指在教师成长的过程中能够持续关注教师个人的认知结构并使其得到改进，特别是做好“转换期”时期教师“认知结构”的分析，即做好对“学生生涯—师范教育”过渡期认知结构、对“师范教育—入职”过渡期认知结构以及对“在职期间”认知结构的分析。对“转换期”时期教师“认知结构”的分析能够让教师清醒地认识到自身认知结构的问题。这就需要在整个教师教育过程中，通过多种途径暴露教师以往认知结构的问题。具体而言，在师范教育阶段，可以通过课程学习、案例分析、微格、教育实习等途径带出以往学徒经历的影响。在入职阶段，可以通过教学展示、教学观摩与研讨、教学叙事等带出师范教育经历的影响。在工作相对稳定之后，可以继续通过各种教学展示、观摩、交流、研讨以及教学叙事等途径带出工作环境的影响。总之，教学逻辑的持续改进与发展事实上是教师认知结构不断被暴露、分析、批判与重建的过程。

因此，可以说，教学逻辑的发展是一项长期而艰巨的任务，既对教师个人提出了较高的要求，同时又对外界提出了较高的帮助诉求。只有个人的持续发展和教师教育的持续配合，教学逻辑才能获得可持续发展。

参考文献

中文著作

陈波:《逻辑学导论》，中国人民大学出版社 2003 年版。

陈波:《逻辑哲学研究》，中国人民大学出版社 2013 年版。

陈向明:《质的研究方法与社会科学研究》，教育科学出版社 2000 年版。

陈向明:《搭建实践与理论之桥——教师实践性知识研究》，教育科学出版社 2011 年版。

程树铭:《逻辑学》，科学出版社 2009 年版。

邓友超:《教师实践智慧及其养成》，教育科学出版社 2007 年版。

顿继安:《从“备学生”转向“研究学生”——基于学生研究的数学教学》，教育科学出版社 2015 年版。

范良火:《教师教学知识发展研究》，华东师范大学出版社 2003 年版。

费多益:《寓身认知心理学》，上海教育出版社 2010 年版。

姜勇、洪秀敏、庞丽娟:《教师自主发展及其内在机制》，北京师范大学出版社 2009 年版。

李琼:《教师专业发展的知识基础——教学专长研究》，北京师范大学出版社 2009 年版。

李森、张家军、王天平:《有效教学新论》，广东教育出版社 2010 年版。

马云鹏:《课程与教学论》，中央广播电视大学出版社 2005 年版。

潘慧玲:《教育研究的取径——概念与应用》，华东师范大学出版社 2005 年版。

申继亮:《教学反思与行动研究》，北京师范大学出版社 2006 年版。

石中英:《知识转型与教育改革》，教育科学出版社 2001 年版。

石中英：《教育哲学》，北京师范大学出版社 2007 年版。

孙正聿：《哲学通论》（修订版），复旦大学出版社 2005 年版。

孙正聿：《理论思维的前提批判》，中国人民大学出版社 2010 年版。

涂荣豹：《数学教学认识论》，南京师范大学出版社 2004 年版。

王庆坤：《教育哲学——一种哲学价值论视角的研究》，华中师范大学出版社 2006 年版。

王习胜、张建军：《逻辑的社会功能》，北京大学出版社 2010 年版。

吴立岗：《教学的原理、模式和活动》，广西教育出版社 1998 年版。

吴卫东：《教师个人知识研究——以小学数学教师为例》，教育科学出版社 2011 年版。

吴亚萍、庞庆举：《学校转型中的教学改革》，教育科学出版社 2011 年版。

夏甄陶：《认识的主—客体相关原理》，湖北教育出版社 1996 年版。

谢翌：《教师信念论》，广东高等教育出版社 2010 年版。

熊川武：《反思性教学》，华东师范大学出版社 1999 年版。

徐继存：《教学理论反思与建设》，甘肃教育出版社 2000 年版。

徐章韬：《面向教学的数学知识——基于数学发生发展的视角》，科学出版社 2013 年版。

杨国荣：《人类行动与实践智慧》，生活·读书·新知三联书店 2013 年版。

易凌云：《教师个人教育观念》，教育科学出版社 2010 年版。

于伟：《现代性与教育》，北京师范大学出版社 2006 年版。

张华：《课程与教学论》，上海教育出版社 2001 年版。

张立昌、郝文武：《教学哲学》，中国社会科学出版社 2011 年版。

赵汀阳：《论可能生活——一种关于幸福和公正的理论》，中国人民大学出版社 2004 年版。

郑毓信：《数学教育哲学》，四川教育出版社 2001 年版。

郑毓信：《数学教育新论：走向专业成长》，人民教育出版社 2011 年版。

钟启泉：《学科教学论基础》，华东师范大学出版社 2001 年版。

中文期刊

彬彬：《教师开发利用课程资源实践过程中的三境界——对教师开发利用

课程资源实证调查的思考》,《基础教育》2014 年第 4 期。
蔡春:《个人知识:教育实现“转识成智”的关键》,《教育研究》2006 年第 1 期。
蔡华:《西方缄默知识理论的源流》,《求索》2013 年第 5 期。
陈大伟:《教师如何运用和发展教育假设》,《中小学教师培训》2011 年第 8 期。
陈建华:《教师要超越经验层次上的教育常识》,《教育研究》2012 年第 10 期。
陈向明:《实践性知识:教师专业发展的知识基础》,《北京大学教育评论》2003 年第 1 期。
陈向明:《对教师实践性知识构成要素的探讨》,《教育研究》2009 年第 10 期。
程良宏:《教师的课程理解及其向教学行为的转化》,《全球教育展望》2013 年第 1 期。
程亮:《“实践智慧”视野中的教育实践》,《华东师范大学学报》(教育科学版)2008 年第 3 期。
董辉、张晨:《国外新手教师与专家教师比较研究综述》,《哈尔滨师范大学社会科学学报》2014 年第 2 期。
杜萍、田慧生:《论教学智慧的内涵、特征与生成要素》,《教育研究》2007 年第 6 期。
冯向东:《教育科学的理论与实践逻辑——关于布迪厄实践逻辑的方法论意蕴》,《高等教育研究》2012 年第 2 期。
郭晓娜:《教师教学信念研究的现状、意义及趋势》,《外国教育研究》2008 年第 10 期。
郭元祥:《教育理论与教育实践关系的逻辑考察》,《华中师范大学学报》(人文社科版)1999 年第 1 期。
郭元祥:《知识的教育学立场》,《教育研究与实验》2009 年第 5 期。
贺斌:《默会知识研究:概述与启示》,《全球教育展望》2013 年第 5 期。
洪明:《“反思实践”思想及其在教师教育中的争议——来自舍恩、舒尔曼和范斯特马切尔的争论》,《比较教育研究》2004 年第 10 期。
黄友初:《美国的教师教学知识研究——以 MKT 理论的发展为例》,《比较教育研究》2015 年第 4 期。

贾利帅：《身体意识的觉醒：理解当代教师发展的新视阈》，《当代教育科学》2016 年第 2 期。

蒋晓：《美国教育工作者的教育哲学探析》，《外国教育动态》1988 年第 3 期。

康丽颖：《教师教育研究的实践意蕴——布迪厄实践理论对我国教师教育研究的启示》，《比较教育研究》2006 年第 7 期。

赖建辉：《国外“专家型与新手型教师”研究述评》，《教学与管理》2002 年第 6 期。

李白鹤：《波兰尼的“默会认识”思想研究》，《武汉大学学报》（哲学社会科学版）2006 年第 4 期。

李德华：《新手教师实践性知识的建构——从教师生活史分析》，《当代教育科学》2005 年第 12 期。

李栋等：《“转识成智”：课程知识教学的“破”与“立”》，《教育理论与实践》2015 年第 7 期。

李恒威、盛晓明：《认知的具身化》，《科学学研究》2006 年第 2 期。

李琼、倪玉菁、萧宁波：《小学数学教师的学科知识：专家与非专家教师的对比分析》，《教育学报》2005 年第 6 期。

李森、高岩：《教师教学决策的情感机制与实践策略》，《课程·教材·教法》2012 年第 10 期。

李姗姗：《福柯的自我建构理论及其教育意义》，《东北师大学报》（哲学社会科学版）2008 年第 4 期。

李政涛：《从教学方法到教学方法论——兼论现代教学转型过程中的方法论转换》，《教育理论与实践》2008 年第 11 期。

连榕：《专家—新手型教师研究述评》，《福建省社会主义学院学报》2001 年第 4 期。

林一钢、潘国文：《探析教师实践性知识及其生成机制》，《全球教育展望》2013 年第 10 期。

刘加霞、申继亮：《国外教学反思内涵研究述评》，《比较教育研究》2003 年第 10 期。

刘小兰：《个人理论视角下教师专业化发展的困境》，《教育导刊》2012

年第 5 期。

龙宝新：《论教育理论的退化与应对》，《华东师范大学学报》（教育科学版）2012 年第 2 期。

卢真金：《反思性教学及其历史发展》，《全球教育展望》2001 年第 2 期。

卢真金：《反思性教学的五种传统》，《比较教育研究》2002 年第 1 期。

罗儒国：《教师身体的异化与重建》，《大学教育科学》2010 年第 4 期。

马家安：《实践推理与教师行动的意义拓展》，《安徽师范大学学报》（人文社会科学版）2015 年第 1 期。

孟凡丽、程良宏：《教师专业发展路径的理论逻辑和实践逻辑及其批判》，《教师教育研究》2010 年第 4 期。

苗学杰：《学徒观察与学习教学——“先入之见”对师范生学习教学影响研究的三十年异域检视》，《外国教育研究》2014 年第 7 期。

南纪稳、张立昌：《教学规律研究：必要性及研究逻辑》，《教育研究》2010 年第 12 期。

尼克·温鲁普等：《教师知识和教学的知识基础》，《北京大学教育评论》2008 年第 1 期。

宁连华：《动态数学观——数学探究学习的本体论基础》，《徐州师范大学学报》（自然科学版）2006 年第 2 期。

潘苏东、白芸：《作为“质的研究”方法之一的个案研究法的发展》，《全球教育展望》2002 年第 8 期。

邱关军：《从离身到具身：当代教学思维方式的转型》，《教育理论与实践》2013 年第 1 期。

沈文选：《数学教育与教育数学》，《湖南师范大学教育科学学报》2003 年第 2 期。

盛晓明、李恒威：《情境认知》，《科学学研究》2007 年第 5 期。

石中英：《论教育实践的逻辑》，《教育研究》2006 年第 1 期。

苏启敏：《教学活动的实践逻辑》，《中国教育学刊》2013 年第 9 期。

涂艳国、王卫华：《论教师的教学惯习对教学机智的影响》，《教育研究》2008 年第 9 期。

王春晖：《CFG 教师专业发展新模式——以一项越南外语教师教育的研究为例》，《全球教育展望》2011 年第 5 期。

王帅、方红：《教师个体经验价值辩证与实践突破》，《全球教育展望》2011年第4期。

王中男：《考试文化：课程评价改革的深层桎梏》，《华东师范大学学报》（教育科学版）2013年第1期。

吴德芳：《论教师的实践智慧》，《教育理论与实践》2003年第4期。

吴国林等：《试论实践推理》，《自然辩证法研究》2015年第1期。

吴月芹、仲建国：《行为主义与认知派两种学习理论概观》，《南京航空航天大学学报》（社会科学版）2002年第4期。

伍红林：《中小学教师的理论学习与实践转化》，《教育发展研究》2010年第22期。

伍叶琴：《教师学习的现实深描与学者想象——基于成人教育哲学视域结构的分析》，《教师教育研究》2013年第5期。

谢延龙：《教师个人教育哲学：教育家生成的必由之路》，《现代教育管理》2012年第1期。

辛涛、申继亮：《论教师的教育观念》，《北京师范大学学报》（社会科学版）1999年第1期。

邢秀茶等：《考试文化、成功文化到主体发展文化——学校文化样态现状与展望》，《全球教育展望》2012年第7期。

徐继存：《教学研究意味着什么——兼论教学论研究者的责任与使命》，《课程·教材·教法》2015年第2期。

闫宾：《教学实践的逻辑特性探究——基于布迪厄“实践逻辑”的视角》，《教育导刊》2011年第2期。

阎亚军：《教师教学行为方式变革的实践逻辑》，《教育学术月刊》2009年第11期。

杨孝斌、涂荣豹、李玲：《学科教学的二重原理与实践探索》，《教学与管理》2010年第2期。

杨秀玉、常波：《教育实习的认识论分析：基于建构主义理论》，《外国教育研究》2010年第11期。

姚林群：《新课程三维目标与深度教学：兼谈学生情感态度与价值观的培养》，《课程·教材·教法》2011年第5期。

易凌云、庞丽娟：《教师个人教育观念的基本理论问题：内涵、结构与特征》，《湖南师范大学教育科学学报》2006 年第 4 期。
于海波、马云鹏：《论教学反思的内涵、向度和策略》，《教育研究与实验》2006 年第 6 期。
于海波：《论教师的哲学素养》，《社会科学战线》2011 年第 9 期。
郁振华：《波兰尼的默会认识论》，《自然辩证法研究》2001 年第 8 期。
郁振华：《从表达问题看默会知识》，《哲学研究》2003 年第 5 期。
郁振华：《范例、规则和默会认识》，《华东师范大学学报》（哲学社会科学版）2008 年第 4 期。
郁振华：《“没有认知主体的认识论”之批判：波普、哈克和波兰尼》，《哲学分析》2010 年第 1 期。
袁维新、吴庆麟：《问题解决：涵义、过程与教学模式》，《心理科学》2010 年第 1 期。
张光陆：《教师理解与教师实践智慧的生成》，《教师教育研究》2009 年第 4 期。
张九洲：《知识观转变与课程改革——从现代到后现代》，《大理学院学报》2008 年第 7 期。
张军凤：《教师的专业身份认同》，《教育发展研究》2007 年第 4 期。
张立忠、熊梅：《论教师实践性知识的内涵与结构》，《课程·教材·教法》2010 年第 4 期。
张良：《论具身认知理论的课程与教学意蕴》，《全球教育展望》2013 年第 4 期。
张释元、陈向明、邱霞燕：《师范实习生教师专业身份建构》，《教师教育研究》2015 年第 4 期。
张中：《主体、自我与生存》，《理论与现代化》2013 年第 3 期。
赵炳辉、熊梅：《教师课程意识与专业成长》，《教师教育研究》2008 年第 1 期。
钟启泉：《教学实践辨》，《上海教育科研》1996 年第 2 期。
仲秀英、周先进：《教师专业发展：反思性教学的视角》，《中国教育学刊》2006 年第 11 期。
周成海：《基于行为主义学习理论的教学：主要特征与信念基础》，《教育理论与实践》2011 年第 11 期。

周文彰:《思维逻辑的来源和本质》,《中州学刊》1989 年第 1 期。

朱元春:《对教师教育中教育实践的重新审视》,《教师教育研究》2007 年第 5 期。

中译著作

［美］克里斯·阿吉里斯、唐纳德·舍恩:《实践理论——提高专业效能》,邢清清、赵宁宁译,教育科学出版社 2008 年版。

［加］马克斯·范梅南:《教学机智——教育智慧的意蕴》,李树英译,教育科学出版社 2001 年版。

［美］帕克·帕尔默:《教学勇气——漫步教师心灵》,吴国珍等译,教育科学出版社 2001 年版。

［法］皮埃尔·布迪厄:《实践感》,蒋梓骅译,译林出版社 2003 年版。

［法］皮埃尔·布尔迪厄:《实践理性:关于行为理论》,谭立德译,生活·读书·新知三联书店 2007 年版。

［美］Ralph Fessler,Judith C. Christensen:《教师职业生涯周期——教师专业发展指导》,董丽敏、高耀明等译,中国轻工业出版社 2005 年版。

［美］唐纳德·A. 舍恩:《培养反映的实践者》,郝彩虹等译,教育科学出版社 2008 年版。

［美］威廉·威伦等:《有效教学决策》,李森、王纬虹等译,教育科学出版社 2008 年版。

［美］约翰·杜威:《我们怎样思维·经验与教育》,姜文闵译,人民教育出版社 2005 年版。

［美］约翰·杜威:《确定性的寻求——关于知行关系的研究》,傅统先译,上海人民出版社 2004 年版。

［日］佐藤学:《课程与教师》,钟启泉译,教育科学出版社 2012 年版。

［法］皮埃尔·布迪厄:《实践感》,蒋梓骅译,译林出版社 2003 年版。

中文学位论文

陈静静:《教师实践性知识及其生成机制研究》,博士学位论文,华东师范大学,2009 年。

方明:《缄默知识面面观——有关缄默知识的心理学探讨》,博士学位论文，南京师范大学，2002 年。
高忠明：《中学初任物理教师专业成长研究》，博士学位论文，西南大学，2009 年。
郭艳敏：《高中专家与新手型数学教师课堂教学比较研究》，硕士学位论文，辽宁师范大学，2009 年。
黄小平：《教师教育的改革：反思性教学和反思型教师教育研究》，硕士学位论文，江西师范大学，2004 年。
姜美玲：《教师实践性知识研究》，博士学位论文，华东师范大学，2006 年。
金爱冬：《数学教师信念变化特征及其影响因素研究》，博士学位论文，东北师范大学，2013 年。
金熳然：《论教育理论的生成逻辑》，硕士学位论文，东北师范大学，2014 年。
李丹：《幼儿教师实践性知识发展研究》，博士学位论文，西南大学，2010 年。
李德林：《教学个性研究》，博士学位论文，山东师范大学，2010 年。
李利：《职前教师实践性知识发展研究》，博士学位论文，苏州大学，2012 年。
脱中菲：《小学数学教师信念结构及特征的个案研究》，博士学位论文，东北师范大学，2014 年。
杨翠蓉：《小学数学专家教师和新教师教学过程中的认知比较研究》，博士学位论文，华东师范大学，2006 年。
杨清溪：《合理发展：基础教育发展新路径研究》，博士学位论文，东北师范大学，2015 年。
杨晓平：《中小学教师非正式学习研究》，博士学位论文，西南大学，2014 年。
张海波：《教育问题的前提批判》，博士学位论文，东北师范大学，2011 年。
张海芳：《哈耶克的知识观探析》，硕士学位论文，山东师范大学，2006 年。
张立新：《教师实践性知识形成机制研究》，博士学位论文，上海师范大学，2008 年。

张立忠：《课堂教学视域下的教师实践性知识研究》，博士学位论文，东北师范大学，2011 年。

赵艳红：《教学智慧：教师权衡的艺术》，博士学位论文，西南大学，2013 年。

英文文献

Any B. M. Tsui, *Understanding Expertise in Teaching*: Case Studies of Second Language Teachers, New York: Cambridge University Press, 2003.

Berliner, D. C. , "The Nature of Expertise in Teaching", in F. K. Oser, A. Dick and J. L. Patry, eds. , *Effective and Responsible Teaching*: *The New Synthesis*, San Francisco, CA: Jossey-Bass, 1992.

Berliner, D. C, "Teacher Expertise", Inl. W. Anderson, eds. , *International Encyclopedia of Teaching and Teacher Education* (*2nd*), Oxford, New York: Pergamon, 1995.

Borko, H. and Ralph T. P, "Learning to Teach", In R. Calfee and D, Berlincr, eds. , *Handbook of Education Psychology*: *New of Education Psychology*, New York: Macmillan Library Reference, 1996.

David Clarke D and Hilary Hollingsworth, "Elaborating A Model of Teacher Professional Growth", *Teaching and Education*, Vol. 18, No. 8, 2002.

Deborah Loewenberg Ball, Mark Hoover Thames and Geoffrey Phelps, "Content Knowledge for Teaching: What Makes It Special?" *Journal of Teacher Education*, Vol. 59, No. 5, 2008.

Delores Westerman, "Expert and Novice Teacher Decision Making", *Journal of Teacher Education*, Vol. 42, No. 4, 1991.

Dorothy Vasquez-levy, "The Use of Practical Arguments in Clarifying and Changing Practical Reasoning and Classroom Practices: Two Cases", *Journal of Curriculum Studies*, Vol. 25, No. 2, 1993.

Freema Elbaz, *Teacher Thinking*: *A Study of Practical Knowledge*, London: Croom Helm, 1983.

George J. Posner, Kenneth A. Strike, Peter W. Hewson and William

A. Gertzog, "Accommodation of a Scientific Conception: Toward a Theory of Conceptual Change", *Science Education*, Vol. 66, No. 2, 1982.

Gary D. Fenstermacher and Virginia Richardson, "The Elicitation and Reconstruction of Practical Arguments in Teaching", *Journal of Curriculum Studies*. Vol. 25, No. 2, 1993.

Greta Morine-Dershimer, "Practical Examples of the Practical Argument: A Case in Point", *Educational Theory*, Vol. 37, No. 4, 1987.

Gaea Leinhardt, "Expertise in Mathematics Teaching", *Educational Leadership*, Vol. 43, No. 7, 1986.

HildaBorko and Carol Livingston, "Cognition and Improvisation: Differences in Mathematics Instruction by Expert and Novice Teachers", *American Educational Research Journal*, Vol. 26, No. 4, 1989.

Hugh Munby, "The Dubious Place of Practical Arguments and Scientific Knowledge in the Thinking of Teachers", *Educational Theory*, Vol. 37, No. 4, 1987.

Ikujiro Nonaka, Ryoko Toyamaand Noboru Konno, "SECI, Ba and Leadership: A Unified Model of Dynamic Knowledge Creation", *Long Range Planning*, Vol. 33, No. 1, 2000.

Ikujiro Nonaka, "The Knowledge-Creating Company", *Harvard Business Review*, Vol. 69, No. 6, 1991.

Israel, Scheffler, "University Scholarship and The Education of Teachers", *Teachers College Record*, Vol. 70, No. 1, 1968.

Joan L. Fogarty, Margaret C. Wang and Roy Creek, "A Descriptive Study of Experienced and Novice Teachers' Interactive Instructional Thoughts and Actions", *Journal of Educational Research*, Vol. 77, No. 1, 1983.

John Olson, "Making Sense of Teaching: Cognition vs Culture", *Journal of Curriculum Studies*, Vol. 20, No. 2, 1988.

Karen E. Johnson, "Learning to Teach: Instructional Actions and Decisions of Preservice ESL Teachers", *TESOL Quarterly*, Vol. 26, No. 3, 1992.

Kathy Carter, Katherine Cusbing, Donna Sabers, Pamela Stein and DavidBerliner, "Expert-Novice Differences in Perceiving and Processing Visual Classroom Information", *Journal of Teacher Education*, Vol. 39, No. 3, 1988.

King and Patricia M. , *Developing Reflective Judgment: Understanding and Promoting Intellectual Growth and Critical Thinking in Adolescents and Adults*, San Francisco: Josse-Bass, 1994.

Knenth Tobin, "Changing Metaphors and Beliefs: A Master Switch for Teaching", *Theory Into Practice*, Vol. 29, No. 2, 1990.

Lee S. Shulamn, "Those Who Understand: Knowledge Growth in Teaching", *Educational Researcher*, Vol. 15, No. 2, 1986.

Lee S. Shulman, "Knowledge and Teaching: Foundations of the New Reform", *Harvard Educational Review*, Vol. 57, No. 1, 1987.

Lois Duffee and Glen Aikenhead, "Curriculum Change, Student Evaluation and Teacher Practical Knowledge", *Journal of Science Education*, Vol. 76, No. 5, March 1992, pp. 493 – 506.

Mark A. Smylie, "Teachers'Views of the Effectiveness of Sources of Learning to Teach", *Elementary School Journal*, Vol. 89, No. 5, 1989.

Michaela Borg, "Key concepts in ELT the apprenticeship of observation", *ELT Journal*, Vol. 58, No. 3, 2004.

Michelene T. H. Chi, Paul J. Feltovich and Robert Glaser, "Categorization and Representation of Physics Problems by Experts and Novices", *Cognitive Science*, Vol. 5, 1981.

Pamela Brown Clarridge and David C. Berliner, "Perceptions of Students Behavior as A Function of Expertise", *Journal of Classroom Interaction*, Vol. 26, No. 1, 1991.

Penelope L. Peterson and Michelle A. Comeaux, "Teachers' Schemata for Classroom Events: The Mental Scaffolding of Teachers'Thinking during Classroom Instruction", *Teaching and Teacher Education*, Vol. 3, No. 4, June 1987.

Shirley Pendlebury, "Practical Arguments, Rationalization and Imagination in Teachers'Practical Reasoning: A Critical Discussion", *Journal of Curriculum Studies*, Vol. 25, No. 2, 1993.

Virginia Richardson, "The Role of Attitudes and Beliefs in Learning to Teach", In J. Sikula, eds. , *Handbook of Research on Teacher Education*, New York: Macmillan, 1996.

附　　录

附录一：教师半结构式访谈提纲

一　L 教师访谈提纲

（一）L 教师第一次访谈提纲

1. 请简单介绍一下你个人的背景，比如教龄、学历、哪个学校毕业、所学专业、目前教授的学科、工作经历等？

2. 在你的教学中，为何如此重视“考试”？

3. 在教学中，用于讲新课的时间比较少，而更多的是练习，你是如何考虑的？

4. 你在平时的备课中主要参考哪些资料？课堂教学中如何实施课前的教学计划？

5. 和备课、批改作业相比，你反思的时间多吗？一般什么时候反思，如何反思？

6. 你认为教师专业发展分为几个阶段，自己目前处于哪一个阶段？

（二）L 教师第二次访谈提纲

1. 在上次访谈中你提到“不了解学生在想什么”，在学情分析方面你是怎么做的？

2. 上次访谈你谈到语数双教，你对语文和数学的职业定位有没有不同？

3. 你平时在参加语文和数学教研活动时，是如何表现的？

4. 咱班的数学成绩怎么样？

5. 在访谈中，你谈到自己目前处于“挺难”“跟不上趟”的阶段，主要有哪些表现？

6. 在职前职后发展过程中，有哪些关键事件或人物对你的影响比较大？

7. 你上学时数学成绩怎么样？你认为学好数学的关键是什么？

8. 对于职初教师，学校有哪些相关的活动帮助教师成长？你如何看待这些活动？

（三）L 教师第三次访谈提纲

1. 通常在一节课的教学设计中，你都考虑哪些因素？

2. 谈谈自己对数学、教学、学生、自我、课程、教学目标等的认识？

3. 你如何看待大赛课和平常课？

4. 为了职业发展，谈谈您都为此做了哪些努力？（比如平时的学习、阅读、订杂志、看课例、参加培训、教学探索与尝试、大赛课、写反思日记、科研课题和论文等）

5. 为了职业发展，除了自身努力，还得到了哪些帮助？（比如师傅、同事、教研组长、一些其他活动）

6. 为了提高自身的专业发展水平，还需要哪些帮助？

7. 评价一下本研究的价值？

二　C 教师访谈提纲

（一）C 教师第一次访谈提纲

1. 请简单介绍一下你个人的背景，比如教龄、学历、哪个学校毕业、所学专业、目前教授的学科、工作经历等？

2. 在你的教学中，特别重视讲，你是如何考虑的？

3. 你如何看待新课程提出的“三维目标”？

4. 教学中，总是会有学生在其他学生发言的时候举手，为什么没有叫他们？

5. 你在平时的备课中主要参考哪些资料？课堂教学中对于一些超出教学进度的答案，教师基本回答“还没讲到那里呢”你是如何考虑的？

6. 你认为教师专业发展分为几个阶段，自己目前处于哪一个阶段？

（二）C 教师第二次访谈提纲

1. 你对语文和数学的职业定位有没有不同？

2. 在职前职后发展过程中，有哪些关键事件或人物对你的影响比较大？

3. 你本科和硕士阶段学的都是教育理论，你如何看待它们对你工作的影响？

4. 和备课、批改作业相比，你反思的时间多吗？一般什么时候反思，如何反思？

5. 如果按照职前、职后划分，职前对于你从事教师职业最大的帮助在哪些方面？职后对于你从事教师职业最大的帮助在哪些方面？

6. 为了职业发展，谈谈您都为此做了哪些努力？（比如平时的学习、阅读、订杂志、看课例、参加培训、教学探索与尝试、大赛课、写反思日记、科研课题和论文等）

7. 对于职初教师，学校有哪些相关的活动帮助教师成长？你如何看待这些活动？

（三）C 教师第三次访谈提纲

1. 以前访谈中，你谈到自己本科和硕士都是学教育理论的，对于小学数学教学之前有过了解和接触吗？

2. 谈谈对数学、教学、学生、课程、自我、教学目标等的认识？

3. 通常在一节课的教学设计中，你都考虑哪些因素？

4. 目前职业发展中存在的主要问题是什么？还需要哪些帮助？

5. 评价一下本研究的价值？

三　T 教师访谈提纲

（一）T 教师第一次访谈提纲

1. 请简单介绍一下你个人的背景，比如教龄、学历、哪个学校毕业、所学专业、目前教授的学科、工作经历等？

2. 谈谈工作中对你影响比较大的几件事？

3. 有没有对你影响比较大的关键人物，比如名师、学校领导、家人等？他们的哪些方面对你影响比较大？

4. 你认为自己成长的关键因素是什么？

5. 为了职业发展，谈谈您都为此做了哪些努力？（比如平时的学习、阅读、订杂志、看课例、参加培训、教学探索与尝试、大赛课、写反思

日记、科研课题和论文等）

6. 你认为教师专业发展分为几个阶段，自己目前处于哪一个阶段？

（二）T 教师第二次访谈提纲

1. 上次访谈中，你谈到对你影响比较大的几件事，基本都是成功的教学体验，有没有不如意的地方，比如遭到别人的非议等？

2. 上次访谈中，你谈到工作调动的问题，为什么婉言拒绝了别人的邀请？

3. 谈谈你的教学反思？（反思的时间、反思的方式、反思的内容、反思的来源、反思的过程等）

4. 谈谈成长过程中外部环境的影响，比如学校倡导的理念、学校的规章制度、学校促进教师专业发展的机制等。

5. 你一般通过哪些途径了解自己的教学效果？

6. 你一般什么情况下会改变自己的教学？

7. 上次访谈中，你谈到经验在你成长过程中起了关键的作用，能不能具体说说你对经验的理解？（比如对经验作用的认识、你都积累了哪些经验？）

（三）T 教师第三次访谈提纲

1. 你在数学教学中更看重什么？谈谈对数学、教学、学生、课程、自我等的认识？

2. 谈谈对自身教学风格的认识？

3. 通常在一节课的教学设计中，你都考虑哪些因素？

4. 作为教研组长、名师工作室成员，是否比别人有更多的发展机会和资源？

5. 你自身的职业追求是什么？

6. 你主持或参与的课题有哪些？谈谈参与科学研究对自身发展的影响？

7. 目前职业发展中存在的主要问题是什么？还需要哪些帮助？

8. 评价一下本研究的价值？

附录二：课堂教学逐字稿（节选）

一 L教师课堂教学逐字稿

《小小图书馆》一课教学流程

T：有一道特别简单的题，在算草本上，用两种方法算一算213 + 139，来复习一下前面学过的内容，咱们一共学了哪三种方法？

S：列竖式，画竖线，用计数器的方法

T：咱们没有工具，就用两种方法。第一种方法可以作为答案，第二种方法可以作为检验

S：学生操作

T：找同学说说你的答案是多少？

S：352

T：你在画竖线的时候，注意了哪几点内容？

S：不要忘记画箭头

S：画的时候要加上数字

S：每一次画完之后要把得数写上

T：这几点都做到的检查一下，举手。列竖式的时候要注意什么？

S：不要忘记加1

S：横式答案不要忘了

S：不要忘记写加号

S：数位要对齐

T：这堂课我们要学习新的内容，题目是什么呀？

S：小小图书馆

T：不要小看小小图书馆，里面有很多要学习的问题。观察这幅图和表格，谁能说说，得到了哪些数学信息？

S：我知道连环画有118本

T：她说话很完整，谁还能说说？

S：我知道故事书有239本

S：我知道科技书有57本

续表

T：现在，老师给大家提出了一个新问题，故事书比连环画多多少本？找同学列算式

S：239 - 118

T：应该用什么法？

S：减法

T：在进行比较的时候，比多多少，少多少，用减法。从加法到减法有什么不同呢？还是用三种不同的方法，第一种用竖线的方法，跟老师一起把竖线补充完整。我找一个同学告诉我为什么把239写在右边了？

S：怕不够减

T：越往左，数越小。咱们要把118分解成哪些步骤？

S：100，10，8

T：首先减100，100是一个很大的一段，再减10，最后减8，比10要小一点，自己试着画一画。竖线要真实的反映数的大小。对比加法的竖线，有什么区别，一个向右画，一个向左画。

S：学生自己完成

T：再来看看，用计数器，首先出现239，拿走118

T：在列竖式的时候，从左边还是右边算的，从哪位开始算，再最右边，所以咱们在拿走的时候，从右边开始拿，演示用计数器计算的过程。还剩多少？

S：121

T：咱们最常用的方法是什么呀？

S：列竖式

T：自己试一试列竖式，看看你的竖式能不能比老师对的整齐

S：学生操作

T：科技书比连环画少多少本？找学生列算式

S：118 - 57

T：用你喜欢的方式练一练。这次没有百位，先减多少，再减多少。（教师大屏幕出示有错误的计算方法，让学生挑出错误）看第一种方法（数线方法）有什么问题？

S：没有箭头，箭头画的不标准

T：第二种方法哪错了？（计数器的方法）

S：应该从个位开始算

T：把你的数学书打开49页，读一读小女孩说的话

S：故事书比科技书多多少本？

T：239 - 57这个算式除了小女孩说的问题，还能解决什么问题？

S：三本书一共多少本？

T：这个算式可以解决什么问题？

S：学生根据数自己编题

续表

T：完全脱离开这个题，以前考试的时候也出现过这个错误，把这个题放到这个大环境，还能解决什么问题？239 代表什么？57 代表什么？两者相减，能解决什么问题？

S：科技书比故事书少多少本？

T：听清了吗？这个算式能解决两个数学问题，现在 118 - 57 这个算式能解决哪些数学问题？先观察这些数字代表什么，然后再想能解决什么问题？

S：科技书比连环画少多少本？

S：连环画比科技书多多少本？

T：根据这些数据，还能提出哪些问题？

S：故事书和连环画一共多少本？

S：列算式

T：有一个特别重点的词？

S：一共

T：用什么法呀？

S：加法

T：批评学生没有认真听回答，还能提出什么问题？

S：三种书一共多少本？

S：学生列算式

T：看看这堂课的练习题 50 页，第一题，大家做一做第一题，先减多少，再减多少

S：266 - 100 = 166

T：接下来减多少

S：166 - 20

T：166 里大概有几个 20 呀，大概有 4 个

T：146 - 4 = 142，跟我一样举手，表扬这些同学，第二个直接说算式

T：第二题作为家庭作业，用两种方法。

T：看第三题的第一题得多少，是怎么算出来的？

S：580 - 300

T：第二题得多少？

S：210

T：算法是什么？

S：560 - 350

T：第三题是多少？

S：320 - 80

T：最后一题

S：470 + 240

续表

T：减法是越减越少的，求被减数，所以用加法，他说得是对的
出示第 4 题大屏幕，怎样走最近呢？经过哪？
S：从上边这条路走
T：这条路到底有多少，还要经过计算检验才行，从上边走需要走多少米，找同学列示
S：144 +128
T：第二条路是多少？
S：213 +230
T：在练习本上快速算出答案是多少？接下来进行比较

二　C 教师课堂教学逐字稿

《小小图书馆》一课教学流程

T：同学们你们课下的时候喜欢看图书吗？
S：喜欢
T：喜欢的举手？
S：学生举手
T：你都会到哪里去看书？
S：图书馆
S：自己买的书
S：上书店里看
T：这节课老师想带你们到图书馆去看书，想不想去？
S：想
T：出示图书馆的图片，现在我们来到了小小图书馆，出示大屏幕，同时板书，看大屏幕，有很多同学在安静的看书，同时右边有个表格，你发现了哪些数学信息？
S：我知道了故事书 239 本，连环画 118 本，科技书 57 本
T：非常好，谁还能完整的说一说？
S：学生重复一遍
T：你能不能根据这些数学信息提出一个数学问题？
S：故事书比科技书多多少本？
S：故事书和连环画一共有多少本？
S：故事书、连环画和科技书一共多少本？

续表

S：故事书比连环画多多少本?

S：连环画和科技书一共多少本?

S：连环画比故事书少多少本?

T：跟故事书比连环画多多少本是一个问题，可以反过来说

S：故事书和科技书一共多少本?

T：刚才提的问题中有这样一个问题“故事书比连环画多多少本?”大家一起读

T：怎么列算式?

S：239 - 118

T：同意吗?

S：同意

T：因为故事书 239 本，连环画 118 本，问多多少本，就用?

S：239 - 118

T：非常好。用你喜欢的方法在本上算一算，开始。教师走动。刚才有同学没有算，而是用估算的方法，估计了一下它的结果，谁能估一下，结果大概是多少?

S：估计的结果大概是 121

T：大家都往这看，如果要用估算的方法，我们需要把这些数看成是接近的整十整百的数，239 最接近多少?

S：240

T：118 呢?

S：120

T：教师板书里 240 - 120 = 120，如果我们想要知道结果到底是多少，我们需要怎样做?

S：我们还要精确的计算

T：教师板书 239 - 118，并列出竖式，我们在列竖式的时候要注意什么?

S：数位要对齐

T：什么数位?

S：相同数位要对齐

T：然后怎么办?

S：画横线。

T：教师板书，然后从哪一位开始算起?

S：从个位开始算。

T：表扬坐姿端正的同学个位 9 减 8 等于?

S：1

T：十位 3 减 1 等于?

续表

S：2

T：百位2减1等于？

S：1

T：所以最后结果是？

S：121

T：完事了吗？

S：没有，横式要写得数

T：结果是121，教师板书横式结果。跟他算法一样的举手，有没有不同的方法？

S：用竖线的方法

T：在本上画了吗？

S：没有

T：那能不能跟大家说一下你的方法？大家看一下大屏幕，我们首先画一条数线，然后在直线上标出一个点，写上239，然后呢？

S：前面回答问题的学生接着回答，把118分成三份，100，10和8，然后用239－100等于139，然后用139减去10等于129，用129减去8等于121

T：其实这个方法也很简单，口算也可以算出来，非常好。

T：还有什么方法？

S：拨珠子

T：也就是计数器的方法

S：老师，拨珠子有点麻烦

T：我们先不说麻烦不麻烦，它也是一种方法，说用拨珠子方法的同学，你看现在大屏幕上计数器表示的数是多少？

S：239

T：同意吗？

S：同意

T：239减118，我们从个位算起，个位要减多少？

S：减8

T：个位原来是9，减掉8个珠子剩多少？

S：1

T：十位原来是3个珠子，减掉1个珠子剩多少？

S：2

T：百位原来是2个珠子，减掉1个珠子剩多少？

S：1

续表

T：刚才还有一个问题，科技书比连环画少多少本？找同学列算式

S：118 - 57

T：估计一下结果是多少，把这两个数看成是接近的数，再相加就是估算的结果

S：60 本

T：跟大家说一说你是怎么估计的？

S：把 118 换成 120，把 57 换成 60

T：结果到底是多少，用你喜欢的方法算一算

S：学生操作

T：找同学说一下

S：用竖线的方法

T：大屏幕展示一名学生完成的情况，你能看明白这种方法吗？首先把 57 分成多少份？

S：50 和 7

T：先用 118 减去 50 等于？

S：68

T：再用 68 接着减？

S：7

T：等于？

S：61

T：这种方法简单不简单？

S：简单

T：还有什么方法？

S：列竖式

T：带领大家看一名学生完成的情况，他写得是比较干净的，所以我会让他来展示。共同看运算过程，大家首先观察相同数位是不是对齐了？

S：是

T：从个位算起，8 减 7 等于 1，然后展示的这位同学来解释一下，十位上发生了什么情况？

S：1 减 5 不够减

T：大家看一下十位上 1 减 5 够不够减？

S：不够

T：不够减怎么办？

S：向百位借 1

T：向百位借 1，标一个借位点，然后从百位借的 1 相当于多少？

续表

S：10

T：相当于10，10减5等于5再加1等于6，所以最后结果是61，或者10加1等于11，11减5等于6，还有什么方法？刚才数线的方法说过了，竖式的方法说过了，还有什么方法？

S：拨珠子的方法

T：让一名学生到前边展示拨珠子的方法。同时提醒学生每一步应注意的问题。

S：学生在教师提示下完成每一步拨珠子的过程

T：我们重点学习列竖式的方法，教师板书列竖式的过程。今天我们重点学习三位数减法，首先写什么？

S：118

T：然后写什么？

S：减

T：教师板书，在写下边57的时候应该注意什么问题？

S：7要跟8对齐，5要跟1对齐

T：也就是？

S：相同数位要对齐

T：然后呢？

S：用格尺

T：然后从哪位算起？

S：从个位算起

T：个位8减7等于

S：1

T：十位1减5够不够减？

S：不够

T：那怎么办？

S：向百位借1

T：向百位借1，百位借的1相当于10，10加1等于11，11减5等于6，我这样写对不对？

S：不对，没有写借位点

T：因为我从百位借了一个1，所以要标上借位点。我们今天学了三种方法，重点学了列竖式的方法，一个是不用退位，一个是用退位，而且是三位数退位减法，现在找同学来总结在用列竖式的方法时需要注意什么问题？

T：首先写竖式的时候？

S：相同数位要对齐

续表

T：非常棒，然后从哪一位开始算起
S：个位
T：如果不够减怎么办？
S：从前一位借 1
T：还有补充的吗？
S：如果十位不够向百位借 1，不要忘记标点
T：这叫什么点？
S：借位点
T：现在笑笑提了一个问题，一个算式 239 - 57 能解决什么问题？
S：故事书比科技书多多少本？
S：科技树比故事书少多少本？
T：太棒了，可以解决两个问题，这个该怎么计算呢，在本上算一算

三　T 教师课堂教学逐字稿

《小小图书馆》一课教学流程

T：你知道了图中哪些数学信息？看谁积极举手发言
S：我知道了故事书有 239 本，连环画有 118 本，科技书有 57 本
T：在他发言中，谁动了，他说的很全面，很完整，但声音有点小，谁能大声说一遍
S：重复一遍
T：谁能根据这些信息，提出数学问题？
S：故事书和连环画一共有多少本？
S：连环画比科技书多多少本？
T：这个问题，老师把它写到黑板上，还有不一样的问题吗？
S：三种书一共多少本？
S：连环画和故事书一共多少本？
S：故事书比连环画多多少本？
T：这也是书中的问题，怎么用数学方法解决？
S：239 - 118
T：现在请你估计一下，它的差大约是多少？

续表

S：大约是 120
T：谁同意他的结果？
S：举手
T：你是怎么估计出你的结果的？
S：把 239 看成 240，把 118 看成 120，240 - 120 等于 120
T：听清了吗？谁跟他的方法是一样的？那接下来，动笔试一试，看看结果到底是多少？看看结果跟估计的是否接近？谁完成任务了，用你的坐姿告诉我，注意姿势，格尺，页面的布局等问题，指导个别学生，批评不听讲，看课外书的同学，谁完成任务了，坐好告诉我，再给 30 秒的时间，思考一下，你怎么才能跟大家介绍清楚，谁来？
S：我是用竖式计算的
T：你上前边来写。表扬表现好的学生，让一名学生到黑板写。大声说
S：8 - 9，应该是 9 - 8 等于 1
T：你先算的是哪位？
S：个位。9 - 8 等于 1，再算十位 3 - 1 等于 2，再算百位 2 - 1 等于 1，等于 121
T：同意吗？
S：同意
T：它的计算结果是多少？
S：210
T：谁跟他的方法一样。你是怎么算的？
S：再次重复
T：表扬这名积极举手发言的同学，比以前有进步，他们两的共同点是什么？
S：都先算个位
T；也就是说，他们在计算的时候都是从哪位开始算
S：个位
T：然后一步一步的计算，这就是我们列竖式的计算方法，我们刚才估算的结果是多少？
S：120
T：计算结果是多少？
S：121
T：估算的结果跟计算的结果接不接近？
S：接近
T：告诉我们一个什么事情？
S：估算的结果和实际结果很接近
T：如果算对了正确的估算方法，估算的结果和实际结果是很接近的

续表

S：还有一种方法，把118分解，100，10，8

T：这方法你看懂了吗？口算的方法？这个方法适合什么时候使用？

S：小数

T：大数用竖式计算。再看第二个问题，谁能把这个问题再说一下

S：连环画比科技书多多少本？

T：这个问题，自己列出算式，解答，谁愿意到前边来，找最前边的同学，表扬写完坐直的同学，特别规矩，表扬其他有进步的同学。表扬坚持做好的同学，非常有耐心。看看黑板，你想说什么？

S：没有借位

T：先看第一步，对不对，跟刚才的题一样不？哪不一样？

S：第二题十位不够减

T：十位不够减，怎么办？

S：从百位借1

T：怎么表示借1，在百位上边点小圆点，表示借1，借来的看作多少，教师讲解，十位是多少？

S：11减5

T：批评没有听课的同学，刚才说哪忘了，谁帮帮我

S：重复借位的过程

T：听清了吗？谁能替我再说一遍？同时批评手玩的同学

S：十位上的1不够减向百位借1，从百位借1点个点，从百位借1当10和十位的1相加是11，11 -5等于6

T：表扬，她不仅认真听别人说，把怎么向百位借1说清楚了，还有谁能说？

S：重复，把借说成进

T：减法要借，什么法进1

S：加法

T：重新说一遍

S：重复

T：个位和十位都算完了，接下来算哪一位？

S：百位

T：百位的零为什么不用写？

S：回答

T：最高位的前一位不用写，没有意义。这两道题除了运算数字是三位数，还有什么不同？

S：第二个借1

续表

T：第二个是退位减法，它的计算方法你掌握了吗？在练习本上列出横式 239 - 57，动笔算，找四名同学一起到黑板上来做，其他同学抓紧，找同学到黑板判题，表明第一名检查的同学正在一步步检查，其他同学负责检查到黑板检查的同学。再次强调 0 的问题。改变一下 339 - 157，动笔算一算，找一名学生到黑板写。看百位，现在百位是几？ S：是 2 T：为什么是 2？ S：被借走了。 T：大家会了吧，把数学书打开 50 页，第一题画一画，填一天，我们一起来画，先想想画几步？而且在画的时候要注意什么？你说，我画，谁跟我合作？说三遍把手放下，放身体两侧 S：画一个长点的弧，减 100，画个箭头，然后再画一个比他的一半小很多，箭头，写上减 20，竖线，再画一个更小的，减 4，在最后的竖线上表上数字。142 T：好，都看这个图，跟你想的一样不？ 这三条弧线为什么一个比一个短？ S：数越来越小，所以弧线一个比一个小 T：对呀。像他这样画会不会。自己动手，把第一个图完成，第二个我不带着你画了，自己独立完成，表扬有进步的同学，谁能告诉我结果是多少？ S：说出结果 T：第二题，2 分钟，列竖式，在本上计算，把结果写在数学书上，不仅有速度，而且有质量，要写得又快又好，写完了，检查。谁没完成，举手，再给 1 分钟时间。找学生对题 其中一名（叫焦点）是最前边的同学，两道题结果都不正确，谁四道题都对了，错的赶紧改正，批评焦点竖式在哪呢？做完的看第三题，焦点改没？焦点积极发言老师表扬，但是计算要准确。

附录三：刺激—回忆访谈实录（节选）

一　T 教师典型教学片段访谈

研：在你的教学中出现了一些书上没有的内容，比如在《小小图书馆》中，除了书上的问题，你还出示了“339 - 157”的问题让学生计算，你是如何考虑的？

T：这道题是百位上也需要再减一下，其实这个难度只是一小部分，学生基本上能够解决，这个难度不是一下子提高，是一个逐步提高的过程，这个问题就是稍微麻烦一点，让学生多算一步，因为前边的问题学生解决的挺顺利的，所以我就想再加深一步，如果前边的问题学生不会，我可能还会出一个类似的问题让学生再算，完全根据学生当时的学习情况来定。

研：在《平行四边形》一课也是如此，你呈现了一个平行四边形、长方形、正方形的关系图，你是怎么考虑的？

T：学生要是不提，我没打算讲，因为这堂课的知识点已经很多了，你再抛给学生，学生就乱了。

研：我问一下，这个知识点是不是已经超出了这堂课的范围？

T：是

研：那为什么还呈现了这个图？

T：呈现了是因为有的孩子已经思考到更深层次的问题了，一堂课不能光照顾大多数，一些尖子学生你也得让他吃饱，否则他对数学就不感兴趣了，都会的东西，你让他听啥呀，既然孩子能想到，他善于思考，就很可佳，我通过画图的方式，可以很简便很直观的告诉他，我这个问题不是针对所有的学生讲的，是针对那些思维跟得上的学生来讲的。

二　T 教师典型课例访谈

研：在《小小图书馆》一课，导入时为什么选择了书中主题图？

T：书中创设的情境还可以，比较联系学生的生活，让学生知道数学与生活的联系，体会数学的价值。所以我选择了书中的主题图。

研：问学生知道了哪些数学信息，并根据这些信息，提出数学问题，是如何考虑的？

T：让学生提出数学问题是为了培养学生提问的能力，这也是数学上一个重要能力的培养。而要想让学生提出问题，首先应该让学生说出知道了哪些数学信息，只有读懂了图中数字所表示的意义，学生才能根据这些数字提出数学问题。

研：在讲计算之前，为什么让学生先估一估？

T：培养学生的估算意识，他自己先试着估一估，他自己有了实践的经验，然后他再去提炼方法，有一个从实践到理论的提升过程，如果我先讲，就是我给他的了。而且学生有估算的经验，让他自己估一估，对能够进行正确估算的孩子来说就是巩固，对没有掌握估算方法的孩子来说就需要再学一遍。估算的价值不是老师告诉学生的，而是学生在解决问题的过程中亲自体验的，所以在这里讲完列竖式计算的结果之后，让学生体会估算的价值。

研：为什么让学生先动笔算一算？

T：必须要让学生有一个实践的经历，在实践的过程中提炼方法，就像什么都没做你让学生说，他什么都说不出来，而且学生之前在一年级的时候已经学过百以内的减法，已经具备一定的基础，让学生算一算可以帮助学生回忆以前学过的知识，学会知识的迁移。

研：学生算完之后，为什么让学生汇报各自的算法？

T：学生要是自己能讲出来就说明他掌握了，让他通过他的嘴把理解讲出来，比我告诉他，他听要好得多，学生是学习的主体，教师是主导，而且本身这节课也有交流算法的目的，学生也愿意说，他会了他都愿意说，如果都是你在说，你不知道他听没听，你能在他的发言中知道他会没会。如果他明白，他就会讲清楚，如果他自己糊涂，他就说不明白。

研：学生说出口算方法后，让学生对两种方法进行比较，是如何考虑的？

T：让学生说口算的过程跟前边的道理是一样的，让学生比较两种方法是在总结和归纳，让学生学会具体情况具体分析，灵活掌握解决问题的策略，进一步深化对知识的理解。同时有简便的方法就要让学生掌握简便的方法，这种简便不是我告诉学生的，而是他自己体会、感受的过程。

研：在讲“连环画比科技书多多少本”时，让学生自己先算一算？

T：让学生先算一算，是让学生有一个实践的过程，更能发挥学生的主体性，如果是我直接讲就是我直接给他的了，在自己做的过程中学生可能会发现计算中与前面问题不一样的地方，印象会更深刻。

研：找一名学生到黑板上来写，是如何考虑的，你一般都会选什么样的学生？

T：我叫的孩子一般是可能会也可能不会的孩子，让他板演一下我想看看他到底会不会，这实际上是针对不同层次学生的一种练习形式。我心里没底的孩子如果会了，那么其他学生也就可能都会了。

研：学生写完之后，让所有学生看黑板，是如何考虑的？

T：这实际上让学生学会检查，检查的孩子身份和角色发生变化了，他由共同学习者变成了教师的角色，孩子特别愿意干这事，而且在检查别人的时候也是在检查自己，做题的孩子心里可能是不服气的，他做题的时候可能没认真，但如果听说别的孩子要检查，他就可能自己再检查一遍，发现自己到底有没有问题，所以无论对于检查，还是被检查的孩子来说，对他们来说都是有很大的好处的。

研：当发现上黑板做题的同学写错了，教师让其他同学帮助改正过来，是如何考虑的？

T：改错是数学学习当中很重要的环节，哪个孩子都不能保证自己所学的都会，出错很正常，但改错的过程也很重要，把错误改正过来了，才能在头脑中形成正确的认识，下次他才能不犯同样的错误。

研：讲完书上两个例题之后，让学生进行比较，看看有什么相同和不同，是如何考虑的？

T：从旧知识当中抽取新知识，跟旧知识相同的部分就用原来的老方法解决，重点要解决新问题，这样的话才能提高课堂学习的效率。而且能在学生头脑中形成一个清晰的知识网，前面我们学习的是不退位的，现在我们学习的是退位的内容。两部分知识的不同点就是这堂课的重点，这个重点解决了，那么这堂课也就会了。

研：让学生重复借位的过程，是如何考虑的？

T：突出重点，而且学生不能光知道怎么做，而且要知道为什么要这样做，他把为什么弄懂了，你不用讲怎么做，他也知道该怎么做。

研：直接出示算式 239 − 57 让学生计算，没有让学生根据算式提出问题，是如何考虑的？

T：在讲这个问题的时候，之所以没有按照书中的安排让学生根据算式提出问题，是因为这堂课要讲的是计算，它是以小小图书馆为载体讲计算的知识，培养学生提出问题的能力可以贯穿到一到六年的教学中，不一定非要每堂课都要让学生提问。教材给的只是一个例子，你实际上是在用教材教，而不是教教材，你可以创造性地用教材，有用的我可以拿来用，也可以把它扩大化，根据课堂的实际情况和教学内容确定。

研：第二题百位上都写 1 了，为什么上次百位上的零不写，这次都写了，为什么强调这块？

T：这是一个易错点，学生可能就会出错，所以想强调一下，及时地提醒大家。

研：出示 339 - 157 的问题，这是书上没有的内容，是如何考虑的？

T：出示 339 - 157 这道题，就是增加一下难度，这道题是百位上也需要再减一下，其实这个难度只是一小部分，学生基本上能够解决，这个难度不是一下子提高，是一个逐步提高的过程，这个问题就是稍微麻烦一点，让学生多算一步。因为前边的问题学生解决的挺顺利的，所以我就想再加深一步，如果前边的问题学生不会，我可能还会出一个类似的问题让学生再算，完全根据学生当时的学习情况来定。

研：让学生重点观察百位是几减 1？这样处理的理由是？

T：这是与前边题不一样的地方，也是一个易错点，学生可能会出错，所以想强调一下，及时地提醒大家。

后　记

经过四年半的研究和反复修改，《教师个人教学逻辑研究》终于要出版了，也算了却了心中的一桩心愿。书中所呈现的研究思路、方法和内容是我从东北师范大学攻读博士学位，到后来获批教育部人文社会科学一般项目的过程中凝练而成的。

教师研究是我一直以来感兴趣的领域，教师个人教学逻辑研究为我打开了研究的新天地。教师的教学行动是偶然的吗？教师是如何进行教学行动决策的？制约教师教学行动的规则或依据是什么？这些问题始终萦绕在我的脑海。对这些问题的思考，让我逐渐深入教师的思维领域。一方面，我进行文献阅读；另一方面，我深入一线课堂，听课、访谈、收集资料。在理论与实践互动的研究过程中，从一开始对教学逻辑的模糊到越来越清晰，教学逻辑不再是空洞的概念和理论，它变得越来越具象，是教师身上可以看得见、摸得着的东西。随着研究的深入，我越来越意识到教学逻辑研究的重要性。教学逻辑可以说是国家教育政策落地的过滤器，它不仅规范着教师怎么想，而且规范着教师怎么做。基础教育课程改革若想取得成功，教学逻辑的改变是根本。

然而，研究之路并非一帆风顺，研究过程中遇到了各种各样的困难，但研究过程中总有贵人相助。为此，我要感谢东北师范大学于海波教授在研究过程中给予我的智慧引领和帮助，每次在研究陷入僵局的时候，于老师总能给我极具针对性的点拨和引导，每次都让我获益匪浅。我还要感谢我的硕士生导师马云鹏教授，感谢马老师引领我走上学术研究之路，更感谢马老师一直以来的关心和帮助。感谢东北师范大学刘学智教授、广州大学谢翌教授、海南师范大学任仕君教授、河南大学王晋教授、渤海大学赵彦俊教授对书稿提出的宝贵意见。还要感谢研究过程中，锦州实验学校孙燕鹏校长、佟瑶老师、串立红老师、刘馨蔚老师、赵丹老师、董笑老师的大力支持和帮助。

感谢长江师范学院教师教育学院冉隆锋院长为我个人发展提供的平台和空间，特别是在与一线校长和教师接触和互动的过程中，让我更加坚信了教师个人教学逻辑研究对学校、教师和学生发展的意义，也更加明确了自己身上所肩负的教师教育的责任。

感谢长江师范学院学科建设经费的支持，感谢中国社会科学出版社赵丽编辑在本书编辑过程中的专业付出。

最后，感谢我的家人，父母、先生和儿子，特别是父母一直以来为我“小家庭”的付出，帮助我照顾孩子，解除后顾之忧。

由于研究能力和时间有限，书中难免有疏漏和不当之处，敬请诸位学者批评指正。

董　静

2021 年 7 月 12 日